人間環境教育学
―教育生理・生態学的アプローチ―

鈴 木 路 子 著

発行　㈲家政教育社
発売　株式会社 建帛社

改題刊行に当たって

　『教育生理・生態学序説』の初版を発行して5年たって増刷を行なうに当たり，書名を変更して改めて本書の位置づけを再考したい。

　本書は，鈴木路子の教育学博士取得論文（昭和57年，東京大学大学院）の原本そのままを掲載したもので，基礎実験・現地調査・環境教育への展開の3視点から構成される。

　各章の研究目的とそのプロセス，結果を，平成20年～30年代における教育課題の解明に生かす教育教材として提供したい。人間は環境からの刺激を受けて発達する生理的適応能を再考し，成長過程の児童生徒の発達段階で異なる生理的反応を解釈し，独自の研究領域に応用展開する学部学生や大学院生の教科書として，できればと考える。

　地球温暖化現象が加速化する今日，熱中症による重篤な症状とその予防は，学校教育の現場では緊急課題である。群馬県伊勢崎市内小中学校全校が冷房校舎となっている。

　暑熱環境から，冷房環境への出入によって，皮膚表面温度は，どのような状態になるのか，年齢段階でどのように異なるかを考える教育生理学的配慮も必要となろう。

　本書に示された第1章の基礎実験は，現代にも通じる研究である。

　また人間の内部環境の恒常性を維持するために働く諸機能として，まず瞬間的に表れる自律神経系の反応に注目し，その生理学的反応の教育的意義を再考する。

　「子どもの心身不調和の根源は，自律神経系の不調和」と解す派生的思考を促し，日々の生活指導，健康管理に生かす力を育成していくためのカリキュラム設計にまで連動させたい。

　単純な実験の積み重ねが，多くの教育的課題解決の糸口になること，さらには物事の解明につながる研究力の育成に小中学生の時代からの自主研究として，ま

た日ごろの自身の健康現象を理解していくために大いに役立てるための教材としていければ幸いである。

　ここで、第5章「環境教育への展開」は、第1章から、第4章までの研究内容を生かしたカリキュラム編成となっている。現在の「環境教育」は、各教科の内容と連動し、総合学習として展開され、教育基本法の改正（追加点）「生命を尊び、自然を大切にし、環境保全に寄与する態度を養うこと」につながる。各省庁との連携によるESDも見事である。1970年代から、今日に至る日本国の環境問題解決の糸口を、国際的に提示することも日本国の役割であろう。東京福祉大学教育学部には、従来の「教育学専攻」に「国際教育専攻」が加わった。国際レベルで活躍する環境カウンセラーの養成も視野に入れた「人間が生まれ、成長し、生きていくための必要不可欠な空気・水・土壌・食べ物等の汚染問題」と「人工環境の高度化」がもたらす人類の「生きる力」への脅威を十分に認識することができる「環境教育への展開」は、今後の課題となろう。

　　平成29年2月1日

鈴木路子
（東京福祉大学大学院教育学研究科長・教授・教育学博士）

は じ め に

教育の原点は，より良い命の存続にある

　教育の根源は，「人の命」のより良い存続にある。「生きる」「生きている」という現象は，環境との相互作用として出現するものであり，進化の過程を経て，存続し続けるものと理解される。胎内での受精卵は，胚葉分裂を重ね，母体環境の中で細胞から組織へ，組織から器官へ，器官から系，そして統合された個体が形成され，母胎内から外界に誕生する。ポートマンは，その著『人間はどこまで動物か』（岩波書店）で，「人間は生理的早産である」と述べられた。寝返り，はいはい，おすわり，立つまでの期間は10か月余り，立ち，歩く，走るまでの時間は更にかかる。言語の発達や人とのコミュニケイションの過程を経て，心や体の発達や人格形成等，教育過程の長い道のりが，生活生存の場としての家庭・学校・地域における生命の営みの中で達成される。一日一日の暮らしを営む場としての学校環境と教育課程の在り方は，その後の人生に対して大きな影響を与え続けるものである。

　胎内における個としての胎児の成長過程も，生物学的進化の過程から，更に出生後の個を取り巻く家庭，学校，地域，国家，国際，社会環境的な組織集団としての社会規範を含めた生活生存の場で，人格が形成され，勤労世代としての次世代の育成に努め，老化し，生涯を閉じる。教育とはすなわち，環境と人との相互作用そのものであり，幾世代を超えた時系列の中から，総合してその存在を理解することが出来る。多様化した教育課題の解決には，時系列的に見た視点を導入し，生物学的適応，生理学的適応，行動的適応，社会文化的適応の4方向からの専門的アプローチが必要であろう。

　本書のねらいは，学校教育の現場に医学生物学的適応（発育発達を基盤にした環境への生理的適応能力）をまず「生きている」「生きる力」の基礎基本と考え，

大学院博士課程で手掛けた単純な発想（仮説）を実験に移して検証してきた結果，そこから得られた自律神経系の発達の成人への移行期が，体温調節能力の発達過程の背景に存在していることや，その後，インドネシアやブラジルの日系人，現地の子どもの発達過程に地域差と共により大きな年齢差（暦年齢差）が存在することをデータの中から再発見，再認識し続けてきた。

現地で行なった調査データは，博士課程で行なった実験データから得られた法則から読み取れる部分が多く，いつでもどこでも人間の生物学的存在は，「系統発生は個体発生を繰り返す」という現象，すなわち遺伝子のレベルでのプログラムの再現に環境刺激が大きく一役買っていることをもっと教師は，学校教育の場の主役である教師の養成機関で位置づけてゆきたいと考えた。

地球の存続の危機と人命―被災地の人々の叡智

平成23年3月11日，東日本を襲った大震災は，想定外という人智の限界を知らしめた。震度9という未然の大地震，数十メートルの津波，そして安全神話の中で存在していた原子力発電所の爆発という3重苦の環境下に晒された我々は，科学万能の時代と共にその上に築かれた職域，組織・社会システム，日本国家の教育そのものに大きな揺さぶりがかけられた。教育の中での危機管理能力の重要性は勿論のことであるが，合理性，利便性と人間の生き方の中に地球規模での人類の存続を常日頃の生き方の根底に置いた教育がどの程度なされてきたものかを改めて考える契機を否応なしに与えられた。

津波によって失われた土地，建物，生産物，人の命を飲み込み，人の生活の場を半永久的に奪い，原発からの放射性物質は，土壌や作物，畜産に影響を与え，人の生活の場を，そして地域住民の健康や胎児・乳幼児等，成長過程の子ども，そして次世代へも影を落とし，海を越え，海外にまで影響を及ぼし，及ぼされつつある。生存の場としての環境に国境はない。中国からの黄砂や大気汚染の影響も，東日本の大震災も，我々は共通の人間環境問題としての捉え方が，必要であろう。身近な生活環境を，地域を十分に理解し，人間の生命の尊厳を定着させつつ，地球規模での人間生態系としての人類の存続を学校教育課程の中心的位置づけが今こそ必要な時期にあると言っても過言ではない。

そして改めて，砂漠思考から，森林思考へ，誘導される教育内容の必要性を考えさせられる。すなわち環境は人間そのものであって，人間が都合よく利用するものではないことを。循環型社会の考え方，すなわち森林思考（東洋的思考）の導入と共に科学万能時代への終止符が打たれた。「あきらめっぺ」―東電が，震災後数か月たった今，避難期間がどのくらいで，その後帰ってこられる時期の予測がつかぬ―という現状を受け止め，種付けした牛を処分し，廃業を丸ごと受け止めた住民の悲痛な叫びを「あきらめっぺ」という言葉で自らの状況を飲み込んだ。果敢に東電職員に抗議していた住民・同一人物が，時期が明示されなかった事実を受け止め，もう帰れないと，私はそう予測したと独り言のようにぽつんとつぶやいたこの東北人の心の文化を報道の場面から重く受け止めた。

復興に向けての努力を胸に生きていこうとする中で，これまで培ったすべてを「あきらめっぺ」の言葉を残した人々の叡智をここで重く，深く受け止め，教育の原点として，私たちの忘れてはいけない尊い叡智をここに感じた。

人々の心のよりどころに，たくさんの悲痛な現状を受け止め，柔軟に生きていこうとするその心意気は，日本古来の真の心の教育の根底が存在していることに初めて触れた思いであった。

地球存続の危機と人命の尊さを，自然環境からの脅威そして自然環境の中で育まれてきた人類の生命力を，「新たな教育の視点」として導入，提示していくことが緊急課題であり，教育内容・方法の抜本的改革を推し進める必要性が痛感された。

いざという時に子どもを守り，自身の命を守るために発揮する人の直観力や判断行動力，単なる知的構成の中で位置づけられた使命感を支える深い専門性・科学的知見を身に付けておくことが本来の教育の在り方ではないか？

知識は体験を通して会得した時，初めて活力をもって還元され，またたくさんの現場で表す子どもたちの心身状態，行動特性への課題化，課題解決化，更に教育方針を見出す時の直観力となっていくのではないか。

本書の出版の契機

本書は，鈴木路子が東京大学大学院教育学研究科博士課程で行なった一連の研

究過程を学校教育の臨床場面での課題に応用展開したものである。ここでは，人工気象室を用いた基礎実験と学校教育現場でのフィールド研究をまず提示し，小学校低学年から，高校生までのいわゆる学校教育課程で学ぶ児童・生徒の成長過程を教育生理・生態学的方法論としての提唱である。第1章は，実験室実験から開始される。学校教育の場で起こる様々な臨床教育現象を解明するために，人の命を育む土壌である人間の内部環境の恒常性を維持するための「体温調節能力の発達」に視点を当てた。昭和41（1996）年から開始された冷房室を想定した「人間環境試験室」を用い，そこに年齢段階の異なる児童・生徒を滞在させて，各種異なる室内温度環境下で反応する皮膚表面温度の反応パターンが，年齢段階で異なること，成人への移行期が，小学校5年生（10歳前後）にあることを連続3年間の経年変化から明らかにした。

　第2章は，実際の各種異なる地域環境に存在する学校の教室において，児童・生徒の学習意欲等の自覚症状等の実態把握を教室内温熱環境・空気環境との関連を明らかにした。すなわち，都市の全館冷暖房防音校舎の児童・生徒等の病欠や疾病り患傾向も含めて調査を試みた。寒冷地青森の僻地，6か所村への冬期暖房時の教室内温度と児童・生徒の反応，三沢基地での防音校舎内の児童の実態，山梨県は甲府盆地内にある裸保育の園児たち，宮崎県海浜部・山間部など，各種生気象学的に異なる生育地域での影響を主として疾病り患状況，病欠，自覚症状等から明らかにしようと試みた。

　第3章および終章は，教育生理学的な視点で行なった実験室実験と生気象学的に異なる寒冷地，温暖地，人工環境化が進んだ都市において学校生活を送る児童・生徒，幼児の寒冷血管反応や発育，疾病り患傾向，病欠等の異なることを明らかにしたフィールド調査，小児生態学的調査結果を用いた「環境教育学への展開」を図ったものである。

　ここでの終章は，実験研究およびフィールド調査から得られた研究結果を基に，学校教育の現場にどのように役立てていったらよいかに注目し，基礎研究結果を教材化した「環境教育」の授業展開である。昭和40年代当時は，環境問題は，公害として社会科および保健体育「保健」分野でのみ扱われていた。公害は，環境問題へ，そして環境教育が，総合学習として位置づけられる以前の社会背景を念

頭にお読みいただきたい。

　この部分は，今後更に揺れ動く地球規模での環境の変異に人類がどう対応してゆくか，教育哲学的視点の導入を人類の歴史，文化，人の暮らしなど，文化人類学的，人間生態学的視点との融合によってなされる今後の教員養成大学における教養教育課程の在り方にも触れた内容の展開が今後の課題である。

自然環境からの優しさに触れて

　生きていること，生き続けることを実感しつつ，日々の生活の中で，無為の心境で成すべきことを成す。無為の心境地で成すべきことに没頭している時，光，爽やかな微風，静寂なる空間，微音への感覚のみが心地良く過ぎてゆく。

　泣き止まぬ赤子を抱き続ける母，マンションの閉鎖された空間を「だっこ」しながらゆっくり移動する。空調の静かな音環境（低音白色騒音）の一定のリズム環境の中にふと留まる時，安らぎを感じる。すると赤ん坊の泣き声が，次第次第に収まっていくことに気付く。この気付き，この反応。この空間に合った空調の白色騒音とその音圧，一定のリズムは，胎児にとっての胎内環境のそれと類似した体験知（感覚体験知）であったのか？

　単なる偶然と思われるこの現象は，音圧・リズム・音色等，音環境刺激に対する出生後の児の感覚反応と情緒・情動反応との相互関係等への法則性に導かれる。

　従来の科学知では，説明のつかぬ，忘れ去られた原始体験，感覚知が，その後の人格形成にどのような影響を与えているのかについて，人間教育として，環境心理生理学的視点を幼子の人間教育課程に導入することが必要であり，この根源的な成長過程への理解は，社会病理現象である児童虐待・いじめ・セクハラ・パワハラへの直接的防衛力になってゆくことが，人の心の教育課程として位置づけられる。急がば回れ，人間の根源的理解と共存の心の教育こそ「教育の原点」であり，現代教育への警鐘となるものである。

　教育学とは，日々の何気ない暮らしの中に存在する。暮らしを大切にすること，児の成長過程の一こま一こまは，暮らしの中に存在する。

　窓を開けて，ベランダの芝生を通って爽やかに吹き込む風に，赤子は，びっくりしたような不思議そうな眼をして，風がどこから？と探すように首を動かし，

目を見張る。

　生まれたての赤ん坊は，母胎内から外界に出て，皮膚を介した感覚機能が極めて敏感である。成長するに従って，空気環境や音，光に対して，余りにも慣れ，命を育む大切な環境への感動は，無意識の世界へ押しやられ，人は常に大脳皮質をフル回転させ，時間に追われ，予測を立て，中長期計画を常に念頭に置いた行動をする。

　ぼんやりと無為の心境で空を見上げ，雲の浮かんだ光と透明な空気を感じた時，体内時計がリセットされるそんな寸暇はいつの間にか忘れ去られ，科学的知識と大脳皮質レベルでの思考万能時代に入っていくのが，世の常である。

　多難な問題を抱えているが，科学の先端の生き積む道は，究極的には人類のより良い存続が自然環境へのより良い理解と調和がそのすべてを包括していることへの気付きであることをここに再度提示することは，今後の課題である。組織論，人工論，自然克服論ではなく，今こそ科学技術の発展が，砂漠思考から，森林思考への移行期をここに迎えたことにある種の安堵を覚えるものである。そして改めて日本の文化と伝統を人の生き方や価値観にしっかり導入される教育の在り方を検討することも今後の学校教育改革としての課題であろう。

本研究の背景となった養護教諭との出会い

　昭和41年（1966年），東京大学教育学部の地下にあった健康教育学大学院生室に養護教諭の先生が二人来訪された。当時大場義夫助教授（医学博士，衛生学）に相談があってやって来られたようであった。院生室兼実験室（地下室）で実験準備をしていた私が応待した。「すしづめ教室内の空気環境の実態調査」や医学部公衆衛生の諸先生方が労働環境衛生実態調査に大きな価値観と感動を持って自分のすべての生活をそこに没頭していた私は，連日連夜研究室で過ごし，日曜も祭日も，全く自分の意識にのぼらない状態であった。2人の養護教諭の先生曰く，「児童・生徒が教室で，あくびをしたり，授業に集中出来なかったりしている現状がある。その原因を探って対策を立てたい，子どものために何かしたいんです」とのことであった。

　学校教育の現場の先生方は，いつも，いつも，児童・生徒のため，熱心に現場

の現象を見つめ，考え，どうしたら良いかを模索する。大学院生で常に研究，特に実験研究に没頭したい私に新たな感動と「養護教諭」の意識世界に目を見張ることとなった。

「それは，教室の温熱環境が原因です。」

教室内温熱環境は，児童・生徒の心身状態と学習意欲は直結し，適切な温度管理がいかに重要であるかを力説した。人は，新鮮な空気と室内空気の入れ替え（換気）の必要性を認識するが，換気は結果的に，「温度環境条件の自然調節に導かれることに，人はもっと注目されなければいけない」とのウインスロウの指摘を提示した（Winslow, Temperature and Human Life）。夢中で読んでいた文献は，早速に役立った。そして，教室内の児童・生徒の心身状態に注目する養護教諭の職業魂に感動した。研究は実生活と直結し，実生活，生きるための過程に直結する必要がある。研究室と学校教育の現場は，常に連携，繋がっていることを心の底で（大脳皮質よりもっと深い部分で）体験したひと時であった。

東京大学での研究生活は，極めて長く昭和45年以降まで続いた。東京都職員として保育士の養成に当たった3年間，東京学芸大学での教員養成生活30年間，平成8年からは連合大学院博士課程の院生の博士学位取得論文の指導に当たった8年間，学部学生，院生含めた研究指導は，正に30余年，課題を見付け，研究企画書を書き，調査実験，データ収集分析等，共に考え，研究活動へと実践行動に移る研究生活であった。

東京学芸大学から東京福祉大学へ

平成16年3月，東京学芸大学教授，同大学院連合学校教育学研究科後期博士課程㊥教授（平成8年設立）であった筆者は，東京学芸大学を退官した。退官までの数年間は，東京学芸大学に養護教諭養成課程を設置するための基礎資料作りに没頭した。

養護教諭養成の必要性を東京都養護教諭部会との連携で調査したり，カリキュラム開発のための養成大学の実態を調べている時期に，東京福祉大学創立者中島恒雄博士（教育学）から，社会福祉学部に保育児童学科を新設するので教授として赴任しないかとのお話をいただいた。そこで，保育士養成も大切であるが，現

在多くの課題を持つ学校教育,児童・生徒等の心身の健康を守る「養護教諭の社会的意義,養成の必要性」を語った。

創立者中島博士は,即断即決,東京福祉大学で養護教諭養成を行なう。課程認定の準備をしようということとなった。退官一年前のことである。

当時の群馬県には,養護教諭養成を行なう大学は皆無であった。

当時の生沼教務課長と共に資料作りから,実習校を受けていただくための市町村の教育委員会を回り,文部省から認可を受けた際,実習生を受け入れていただく了承をとった。県内の当時72市町村の教育委員会を車で回った。群馬県の自然環境を満喫しながら,ナビに従い運転した。年度末の3月,関越自動車道の途上にて,携帯の電話が鳴った。文部省からの認可が下りたとの知らせであった。その時の喜びの瞬間は,今でも脳裏に焼き付いている。

養成課程が認可され,学生が受講し,第1種免許を取得し,学校教育界に巣立って,平成20年〜22年度私立大学事業団による研究プロジェクト『福祉の理念を基盤にした「養護教諭」養成課程設置とその成果に関する実証的研究―学生の教育実践体験場面から見た授業過程への改善』が,教育・学習方法等改善支援経費が受理された。ここでの研究の理念は,昭和40年代に出会った「養護教諭」の先生の臨床体験からの問題提起にその原点があること,また上記プロジェクト研究計画の背景に存在する博士課程学位取得論文の環境と人間の相互作用,そして自然環境刺激の児童・生徒等の環境適応能力の発達過程を明らかにした基礎科学を論文として集大成したものがその背景にあることを改めて認識したいと考えた。

この出版は,鈴木の長期的展望の中の一端である教育学博士学位取得論文「学習環境としての室内至適温度に関する教育生理学的研究―小児の温度環境への適応能力の発達に視点をおいて―」(昭和57年6月)をこの研究プロジェクトを支える基盤としたい。

平成23年度東京福祉大学大学院教育学研究科臨床教育学専攻の新設と今後の課題

さて,平成20年〜22年度の研究プロジェクトの成果は,平成23年4月,東京福祉大学教育学研究科臨床教育学専攻(修士課程)の届け出による設置による認可

に導かれた。

　臨床教育学とは，正に臨床教育の現場である学校と教育研究の場である大学との有機的な連携をその狙いとしている。そして学校臨床場面での児童・生徒等の成長過程やそこで表出する心身状態，適応能・環境との相互作用等の理解に役立つ教育生理学的アプローチを位置づけたい。中村雄二郎著『臨床の知』『哲学入門—生きることの確かな基礎』『共通感覚論』等に一貫して流れている共通概念である。教育哲学を基盤にすることの必要不可欠であること，生きることへの哲学的深化なしに，科学的方法論による基礎知識を学生に伝授しても，学生の方がもっと豊かな感性を持ち，可能性を持っているそんな素晴らしい存在に，従来の科学的思考を基盤に価値基準を置いたむなしさを感じた。毎年，今年度で終止符をと思いつつ，時の流れの中で，精一杯，頭の表層部のみをフル回転させ，時間いっぱい，体の続く限り仕事をしても，ここで完成ということなく8年目を迎えた。根底を流れる基礎および応用研究に没頭する隙間時間を持つことの大切さ，これが自分の生きる根底，研究を基盤にした「教員・養護教諭の養成，人材育成」に当たること，すなわち，「教育臨床学」「臨床教育学」の構築が，現代の学校教育課程および学士教育課程に必要不可欠であること，その方法論の開発と研究成果をもっと学生・院生と共存することによって創出することが出来ないであろうか？

　日々の授業過程で学生の発する言葉，意見，感性の表出をもっと良く記述し，学生の学びや体験を共通感覚として，心に留めた資質力量ある教員（養護教諭等）養成の充実を図ってゆきたい。

教育学分野のパラダイムの変換

　東日本大震災の日は，教育学分野のパラダイムの変換の契機となった。

　被災地現場での教育は，教育の場としての学校の存在そのものを大きく揺るがした。直接に100人中の大半の児童を津波でさらわれた小学校の保護者，教師，児童自身の大きな痛手は，目を覆うものであった。津波の後の原発による放射線の影響も含めて，住民および学童の健康影響を長期的に診断する検診も現在進行中である。現地での実態把握と施策，危機管理マニュアル，新たな放射線健康影

響の児童への影響評価に関する疫学調査，学習指導要領への放射線防護医学の導入等々，学校教育界への教育課題は山積しつつある現状を見つめつつ，教育学分野に新たに人間の生命の存続と地球環境との直結した相互作用を教育の原点としたパラダイム変換が緊急課題であることを繰り返しここに提示するものである。

　本書の出版予定が既にゲラが出来上がっていたにもかかわらず序文の作成で手間取った時間が，この事件を教育の原点を改めて問いただし，近代科学の有効性と限界性を問い詰め，カリキュラムの変容を促し，個としての人の生き方と環境への依存度，そして人間中心主義が，自然環境の広大な仕組みとその原理に目をそむけてきたことへの警鐘を改めて認識せざるを得ない事態を目の当たりにしたのであった。

　人間の尊厳は，自然環境と共に存在し，自然環境の無為なる破壊は，我々人類の内面環境破壊につながる。人の心の尊厳は，人の生き方とその地の歴史文化の中で育まれる。

　人間の宗教観も含めて，歴史文化，人間生態系の中で，改めて個々を見つめ，個々の生き方を見つめ，立ちふさがる多くの課題を受け止め，すべての無から出発する。人間にとっての有限な環境社会をどのように理解し，人の成長過程に作用しているか，作用していくか，広い人間－生態系としての視野で，己の存在の尊さを今一度かみしめ，新たなアプローチとしての「教育生理学」「教育生態学」の構築に努めてゆくための序説としたい。

　世代を超えた長期にわたるゆっくりとした時間を過ごした大学院博士課程の院生時代，出産・育児を行ないながらの実験調査，学校教育現場での諸先生方，教育委員会の諸先生，そして全身全霊で4人の子育て支援をし続けた曾祖母，故阿久津ひての霊に深謝しつつ，「福祉の理念を基盤にした養護教諭の養成」カリキュラム開発に実証データを充足し続け，資質力量ある教員・養護教諭の育成に全身全霊を捧げたいと考える。

　最後にこのような場をいただいた私立大学事業団および東京福祉大学創設者中島博士に深謝する。

　　　　平成23年7月

目　　次

はじめに……………………………………………………………………… 1

序論　学習環境としての室内至適温度に関する教育生理学的アプローチ………17

第1章　小児の体温調節能力の発達―皮膚温を指標にした経年的実験研
　　　　究を介して―……………………………………………………………23
　第1節　夏季冷暖房環境下での小児の皮膚温変動に関する実験―年齢
　　　　　段階別に見た特性―（実験Ⅰ，昭和42年度）……………………24
　　1．実験目的とその意義……………………………………………………24
　　2．実験対象者の選定………………………………………………………25
　　3．実験方法…………………………………………………………………29
　　4．実験装置―人工温度可変装置について………………………………31
　　5．実験条件の設定…………………………………………………………33
　　6．被験者の形態発育………………………………………………………34
　　7．実験結果（昭和42年度）………………………………………………34
　　　(1)　身体各部皮膚温の経時的変化……………………………………34
　　　(2)　経時的に見た皮膚温低下パターンの回帰直線への当てはめ…44
　　8．考察………………………………………………………………………55
　　9．結論………………………………………………………………………56
　第2節　夏季冷房環境下での小児の皮膚温変化に関する継続実験―年
　　　　　齢段階別に見た特性と精神作業負荷の影響―（実験Ⅱ，昭和43
　　　　　年度）…………………………………………………………………58
　　1．実験目的とその意義……………………………………………………58
　　2．実験対象と方法…………………………………………………………59
　　3．実験結果と寸考…………………………………………………………59
　　　(1)　学年別に見た皮膚温の低下度と低下パターンについて………59
　　　(2)　最小2乗法による2次曲線当てはめ結果………………………66
　　　(3)　クレペリン作業を負荷した際の皮膚温低下への影響…………66

4．結論（昭和43年度実験）……………………………………………74
　第3節　夏季冷房環境下での小児の皮膚温変動に関する継続実験―3か年の継続実験による年齢段階別特性の追証―（実験Ⅲ，昭和44年度）…………………………………………………………………75
　　1．実験目的…………………………………………………………75
　　2．実験対象と方法…………………………………………………90
　　3．実験結果と寸考…………………………………………………90
　　　(1) 身体各部皮膚温の経時的変化について………………………90
　　4．結論………………………………………………………………90
　第4節　夏季冷房環境下での小児の皮膚温および酸素消費量の変動に関する実験―物理的体温調節，化学的体温調節の変動に関する年齢差の検討―（実験Ⅳ，昭和45年度）……………………………91
　　1．実験目的および仮説……………………………………………91
　　2．実験方法…………………………………………………………92
　　3．実験結果と寸考…………………………………………………93
　　　(1) 高・低2つの環境下での酸素消費量の増減について………93
　　　(2) 皮膚温の低下の様相……………………………………………93
　　4．総合考察および結論―小児の体温調節能力の発達に視点を置いて―……………………………………………………………………97
　　　参考文献……………………………………………………………100

第2章　教室内環境と子どもの学習意欲―教育現場での問題点― ……………103
　第1節　冬季暖房時の室内温度条件が，児童の体感，疲労感および学習意欲に及ぼす影響に関する現地調査―建築様式・暖房法の異なる東京都と青森県の小・中学校7校の例から―（現地調査Ⅰ，昭和45年度）…………………………………………………………104
　　1．調査の視点および方法…………………………………………104
　　　(1) 環境側の問題として……………………………………………105
　　　(2) 学童側の問題として……………………………………………106
　　2．調査対象・期間および調査手順………………………………108
　　　(1) 被験校の選定……………………………………………………108

(2) 実験期間と日時 …………………………………………………109
　3．調査結果とその考察 ………………………………………………111
　(1) 地域・暖房法・建築様式別に見た教室内温度条件の実態 …111
　(2) 児童の全身性・局所性温度感覚から見た教室内温度環境の評価 …………………………………………………………………118
　(3) 児童の自覚症状から見た教室内温度環境の評価 ……………120
　(4) 児童の体感・疲労感および学習意欲に関する因子分析 ……123
　4．考察：学習環境としての教室内温度環境上の諸問題として …128
　(1) 全館冷暖房二重窓防音校舎の場合 ……………………………128
　(2) 寒冷僻地における木造ストーブ暖房の場合 …………………131
　(3) 環境教育への導入―日常の生徒の保健管理と保健指導の実践（主に教師と家庭に対して）― ………………………………136
　5．結論 ……………………………………………………………………137
第2節　冬季暖房時の室内温度条件が児童の心身および学習能率に及ぼす影響に関する実験的研究―特に過剰暖房による教室内温度環境が児童の思考作業に及ぼす影響に視点を置いて―（実験Ⅰ，昭和52年度） ……………………………………………………139
　1．実験目的とその背景 ………………………………………………139
　2．実験仮説 ……………………………………………………………140
　3．実験方法 ……………………………………………………………142
　(1) 実験条件の設定 …………………………………………………142
　(2) 測定項目 …………………………………………………………142
　(3) 実験手順 …………………………………………………………144
　4．実験結果とその考察 ………………………………………………146
　(1) 学習負荷としてのクレペリン作業と創造性検査結果について ……146
　(2) 学習と温度環境負荷が生理的諸反応に及ぼす影響について ………150
　5．結論 ……………………………………………………………………152
第3節　冬季暖房時の教室内温度環境が児童の健康に及ぼす影響に関する追跡調査―寒冷地青森県下の木造校舎と全館冷暖房二重窓防音校舎における室内温度環境と児童の咽頭粘膜付着菌についての比較検討―（現地調査Ⅱ，昭和57年度） …………………154

まえがき …………………………………………………………………………154
1．調査目的と仮説 ………………………………………………………………154
　(1)　仮説 …………………………………………………………………………155
2．調査対象と方法 ………………………………………………………………155
3．調査結果 ………………………………………………………………………157
　(1)　学校別に見た年間平均病欠日数の年次推移 ……………………………157
　(2)　学校別に見た温熱条件の経時的変化と児童の温度感覚 ………………158
　(3)　深部体温の経時的変化 ……………………………………………………160
　(4)　児童の咽頭におけるぶどう球菌保有率と教室内の落下細菌，
　　　空中浮遊細菌について ……………………………………………………165
4．考察 ……………………………………………………………………………166
5．結論 ……………………………………………………………………………167
　参考文献 …………………………………………………………………………168

第3章　子どもの温度適応能の発達と生育環境―日本の各種気象環境下で生育する小児の局所耐寒性― ……………………………………………169

第1節　ヒトの耐寒性の獲得に関する適応生理学的検討 ………………………170
1．耐寒性測定の方法論 …………………………………………………………171
2．ヒトの局所耐寒性の民族差 …………………………………………………175
3．局所性耐寒性の訓練効果 ……………………………………………………177
第2節　寒冷血管反応による局所耐寒性―小児の適応能の発達の指標としての検討― ……………………………………………………………178
1．刺激温，刺激時間の検討 ……………………………………………………178
2．浸水前指温に対する各値の回帰式，標準偏差および RI の算出法について …………………………………………………………………182
　参考文献 …………………………………………………………………………190

第4章　温度環境の違いが小児の局所耐寒性および病欠に及ぼす影響について―現地調査― ……………………………………………………193

1．研究目的および方法 …………………………………………………………193
　(1)　東京都　工業地域 …………………………………………………………193

(2) 青森県　市街地域 ……………………………………………194
　　(3) 山梨県　農村地域 ……………………………………………194
　　(4) 宮崎県　山間部 ………………………………………………195
2．結果（その1）山梨県のはだか保育園児と東京の全館冷暖房防
　音二重窓校舎児童の寒冷血管反応および病欠・疾病罹患傾向につ
　いて ……………………………………………………………………196
　　(1) 実験目的 ………………………………………………………196
　　(2) 実験対象と方法 ………………………………………………197
　　(3) 結果（実験Ⅰ：夏季） ………………………………………198
　　(4) 考察（実験Ⅰ） ………………………………………………205
　　(5) 結果（実験Ⅱ：秋季） ………………………………………208
　　(6) 考察（実験Ⅱ） ………………………………………………215
　　(7) 結論と今後の課題 ……………………………………………219
3．結果（その2）山梨県某小学校における児童の血管反応，病欠・
　疾病罹患傾向についてのはだか保育園卒園児と非卒園児との比較
　検討 ……………………………………………………………………220
　　(1) 実験目的 ………………………………………………………220
　　(2) 実験の対象と方法 ……………………………………………221
　　(3) 実験結果 ………………………………………………………221
　　(4) 結論 ……………………………………………………………223
4．結果（その3）青森県M市全館冷暖房二重窓防音校舎と同県農
　村地域の木造平屋建てN小学校児童の寒冷血管反応および病欠・
　疾病罹患傾向について ………………………………………………224
　　(1) 実験目的 ………………………………………………………224
　　(2) 対象 ……………………………………………………………225
　　(3) 結果 ……………………………………………………………225
　　(4) 考察 ……………………………………………………………234
　　(5) 結論 ……………………………………………………………239
5．結果（その4）九州宮崎県下の海浜部と山間部における小学校・
　保育園（幼稚園）児童寒冷血管反応および病欠・疾病罹患傾向に
　ついて …………………………………………………………………240

(1) 実験目的 ……………………………………………………240
　　(2) 実験対象 ……………………………………………………241
　　(3) 結果 …………………………………………………………241
　　(4) 抗凍傷指数（RI）およびその他の耐寒性評価票について …………249
　　(5) 考察 …………………………………………………………250
　　(6) 結論と今後の課題 …………………………………………254
　6．総括と今後の課題 ……………………………………………254
　　参考文献 …………………………………………………………257
　　謝　辞 ……………………………………………………………257

第5章　環境教育への展開—本研究結果の保健教育カリキュラムへの位置づけと教材の構造化の試み— ……………………………259

まえがき ………………………………………………………………259
第1節　保健教育内容，領域「保健と環境」のカリキュラム化に当たって ……………………………………………………………………260
第2節　我が国の保健教科内容に見られる環境教育の変遷 ……………262
　1．中学校教科書に見られる「環境と健康」に関する内容の変遷 ………262
第3節　環境教育のカリキュラム編成の試み ……………………………269
　1．カリキュラム編成の視点と構造化 …………………………………269
　　(1) 第1段階（cognitive domain）として ……………………………270
　　(2) 第2段階（affective domain）として ……………………………270
　　(3) 第3段階（action domain）として ………………………………270
　2．本研究結果を教材としての授業案の作成 …………………………271
第4節　保健科で扱う環境教育内容と総合カリキュラムとしての内容の検討 …………………………………………………………………275
第5節　結　論 …………………………………………………………277
　　参考文献 …………………………………………………………279

おわりに ………………………………………………………………281

　著者略歴 ………………………………………………………………292

序論　学習環境としての室内至適温度に関する教育生理学的アプローチ

　児童にとって学校での生活は，一つには1日のうちの何時間かをある物理化学的環境の下で過ごすということを意味し，もう一つには教育の行なわれる場，ここでは特に健康教育の実践の場であるという意味を持つ。
　したがって，例えば，教室の温度条件と児童の問題を考える時に，
　1．温度条件→心身への影響→学習能率という軸と，
　2．環境教育→児童→温度条件の評価→主体的により良い環境形成，
という軸との二つの側面があることを重視したい。
　1．について言えば，ある温度環境を与えた場合，その温度条件が小児の心身に与える影響について，児童を生物学的に確認した上でその生理学的諸変化を捉えることがまず必要であり，更に心理学的諸変化も考え合わせていかなければならない。
　ある温度条件が児童の心身に及ぼす影響がどのように「学習能率」の変化に関係してくるかという部分は心理学的要因が大きく関与していると思われるが，ここでは比較的生理学的要因を重視して考えた。
　すなわち，本研究は，この第一の軸に視点を置いて，実験的にある温度ストレスを与えた場合，生体側の心身反応様式が年齢によってどう異なっていて，それらが体温調節能力の発達とどう関係づけられるのかということと，いくつかの教育の現場における温度環境とその時の児童・生徒の心身状態とを関連づけて把握することにより，学習能率および発育発達から見て，教室の至適温度とそれを維持するための個別対策を考察した。これらの結果を素材にして，環境教育の一環として，温度環境についての認識を高めさせ，自身の環境をどう捉え，どう対処すべきかという基本的態度を養わせる方法に言及した。
　ここで，小児の心身への影響を見ていく場合，学校環境なるがために生じる測

定方法上の限界から,生体反応としては,皮膚表面温度の分布状態とその変化,体温,心拍,血圧,脈拍等の測定を導入し,また自覚的疲労感,学習意欲,全身的温度感覚などを質問紙法により捉え,それらを総合して学習意欲を阻害すると思われる環境温度条件を明らかにしようとした。また,教室の暖房のききすぎや冷房のききすぎなどの人工温度環境の実態を明らかにし,年齢別の至適温度を再検討するとともに,教室内温度管理の具体的対策を提案した。

ここから出された結果は,上記の第二の軸である温度条件の評価の基礎資料となり,更に自分たちが学習している教室内の温度をどのように感じ,その時の心身の状態を把握させるという試みとそれを通して得られた結果は,健康教育の教材として利用しうるとともに,主体—環境系を子どもたちに身近な問題から再認識させる教育的働きかけにもなり得ると思われる。

以上のように,本研究の究極的なねらいは,温度環境と児童(小児)というテーマを通じて,学校保健の場に立脚した小児生態学の体系化に資するとともに,環境教育の素材と一方法論を提供しようとするものである。

本研究は,著者が,昭和41(1966)年度博士課程進学時に,故須藤春一教授より頂いたテーマ「学童の皮膚温に関する健康教育学的研究」より出発し,健康教育学独自の問題意識を実験およびフィールド・ワークを通して試みた一方法論の展開である。

ここでの考え方の基本的枠組みは,今後私が一生かけて行なっていく健康教育学への自然科学的・人文科学的アプローチの基礎でもあり,本研究はその一つの余白部分を埋めるものである。

私はここで,何か一つのテーマ,いわゆる人間の健康と関わりのある一つのテーマを通して,そこには健康教育学独自の目的と接近方法が存在するのではないか,それを自分なりに実証的につかんでみたいという強い要求が本研究となった。

すなわち,児童がある温度条件の室内に滞在している時,その室内の温度環境は児童にとってどのような意味を持つものであろうかという疑問は常日頃考えさせられることである。子どもたちはいったい,その室内温をどのように感じ,また生体の環境順応過程としてどのように受け止めていくものなのか,それらは子

どもたちの心理的側面，すなわち漠然とした学習意欲にどの程度の影響があるものか，またそこには主体側の条件としての年齢差や個人差がどのように介在しているものかは，教育の現場で健康指導に携わる者にとって重要な課題であろうことを痛感した。

　ここで，これらの単純ないくつかの疑問点を追求してみようと20年間にわたって実験・調査を試み，健康教育学の特殊性を生かした方法論の展開をねらった。その際，研究を進めるに当たっての手掛かりは，
　　1．温熱生理学的な考察の必要性から，第1章で扱う皮膚温を中心とした末梢性耐寒体温保持調節の側面での本実験結果と既に出されている薬理学領域での体温保持調節機構についての研究成果，その他物療内科・労働科学・産業衛生分野の研究成果を十分吟味した上で，皮膚温を中心とした調節作用を発育発達の側面から検討すること，
　　2．学校教育の現場で生じている小児の健康に関連する諸問題を系統的に把握し，いくつかの学校環境管理上の具体的な対策および環境保健教育に結び付く基礎を本研究の一貫した体系の中から提示することの2点に絞られた。
健康教育学分野で行なわれる実験計画上の特殊性としては，
　　1．教育の場での子どもの健康に関連する諸問題は，単一の要因で成立するものではなく，いわゆる多変量的な考え方を導入せねばならぬ問題が多いこと，
　　2．最終的には，（環境教育）→（児童）→（環境評価）→（主体的により良い環境形成）という第二の軸に応用することが健康教育学的実験研究の重要なねらいなので，その限りでの実験領域とその結果の厳密さが要求されるとともに，実験の対象者は教育の対象者でもあることが重要になってくると思われる。
具体的には，

　第一段階として，出来るだけ生体側に現れる諸現象を単一的な要因に分析し，いわゆる環境刺激と環境順応能の年齢的な機序を主として皮膚温を指標にして検討した。

　ここで用いた方法論は，温熱生理学の領域のそれを基礎としたものであることは言うまでもない。しかし従来のこの分野では，発育途上にある幼児も含めて小

学生・中学生から，成人への移行期までの一連の年齢層の問題を扱った研究は少なく，またこれだけの幅の年齢層について，年齢段階での特性に注目した研究は皆無と言ってもよい。

第二段階として，第2章で扱う学校教育現場での環境衛生管理上の諸問題が出てこよう。

すなわち，第2章では冬季暖房時の教室内温度条件の実態と児童側からの主体的な訴えとの総合的な関連性を多変量解析の一つの手法としての因子分析法を用いて分析を試みたわけであるが，ここから出された諸因子の関連は，学校環境衛生管理の実践と直接的に結び付く有効な資料となろう。

第三段階としては，厳しい寒冷地の自然環境下で生育してきた児童，温暖な自然環境下の児童，更に都市の人工冷暖房設備によって自然の厳しい温度刺激から保護されて生育してきた児童，これら各環境下で生育する児童の温度環境への適応能力の発達の違いを見るために，IBP (International Biological Program, 国際生物事業計画) で検討された局所性耐寒性テスト（吉村寿人ら）と疾病罹患傾向・病欠など疫学統計を用いて，全国4地域，12の保育所・幼稚園・小学校の児童368例を対象に現地調査を行ない，分析を試みた。

以上を総合して，人と気候環境（温度）とのつながりを，ある学習環境という限局された教室の微気候環境の問題から，その微気候を作り出す建築様式，空調など環境工学の領域を含め，更にそれらを取り巻く地域の気象条件など生気象学的領域へと視点を広げてきた。

そして，そこに滞在する主体側については，その室内の微気候環境下での生理的心理的諸反応の年齢的消長を明らかにすることを第1のステップにして，更にそれらが学習能率とどう関わっていくかを検討した。すなわち，ある時点でのある環境下での生体反応を体温調節能力の発達と学習に関わる自覚症状の側面から，温熱環境の評価を試みたわけである。

更に第3章では，小児の発育発達という長期的視点に立って，生育環境が小児の温度環境への生理的発達や疾病への抵抗力とどう関わっているのかを明らかにする方向へ展開された。

私自身の興味をも含めて，本研究を幼小児期の適応能の発達と環境保健の在り

方を考える基礎的研究の第一歩と考えたい。

図序-1 主体環境系として捉えた温度環境の意味づけ

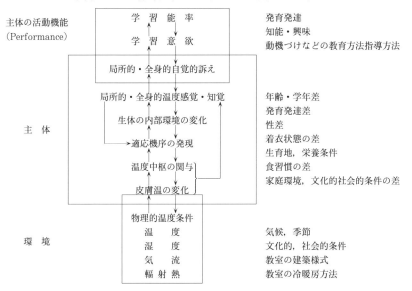

図序-2 基礎実験研究模式図

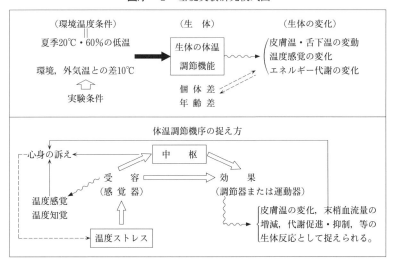

図序-3　現地調査における考え方の模式図

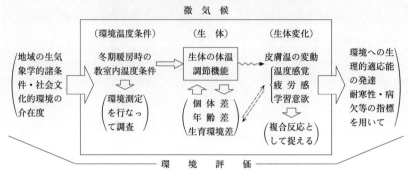

第1章 小児の体温調節能力の発達
―皮膚温を指標にした経年的実験研究を介して―

　皮膚温を体温調節機序の出現のために初期反応として，また物理的対寒体温保持調節の機序そのものとして注目し，夏季の暑熱環境に順応した生体が外気温度差10℃もある冷房環境に入室，滞在した時の小児の皮膚温低下の様相を観察し，そこから年齢的因子がその反応差にどのように関与しているかを見ようとした。

　三浦豊彦は至適温度の研究[1]の中で，至適温度を左右する多くの因子を挙げ，その一つとして年齢差を次のように述べている。

　すなわち，「年齢によって至適温度が相違する。身体の活動度の旺盛なものは産熱が盛んであるので青少年の快適度は低い方へ移動すると漠然と考えられている。しかしながら，実際的な資料はあまり見られていないというのが現実である」。

　本実験は，至適温度そのものの検討ではないが，その至適温度を決定する生理反応の年齢的消長は，基礎的実験研究として手掛けておかねばならない第一のステップである。しかし，前述のように，発育発達という視点から見た至適温度の検討も少ないし，更にその基礎として，ある同一環境からの温度刺激に対する生理的反応差の年齢的検討に関する資料も少なく，岡安敬三郎[2]が行なった2組の親子について中指温と手背温を観察したもの，また緒方維弘一門[16,21,23~25]が行なった体温調節機序としての体内温度分布，基礎代謝，口内温度の季節変動を，年齢的消長に視点を置いた研究があるのみで，本研究の第一の目的としての皮膚温を主体―環境系の接点として捉え，そこに年齢によって規定される因子を観察し，児童の至適温度に結び付けた研究は皆無である。

第1節　夏季冷暖房環境下での小児の皮膚温変動に関する実験
　―年齢段階別に見た特性―
（実験Ⅰ，昭和42年度）

1. 実験目的とその意義

　冷暖房が普及した結果，私たちは服装を一方の環境に合わせたまま他方の環境に出入りする機会を多く持つようになった。

　両方の環境の温度差と出入りの頻度とに応じて居住者に種々の好ましくない影響が見られることは既に指摘されているところである[3][4]。更に，冷房が学校や家庭にまで普及するに至っている現状では，冷房環境に出入りまたは滞在を余儀なくされる小児の環境保健管理に当たって，室内温度条件と在室児童の心身の諸反応を検討しておくことは必須と言えよう。

　すなわち，室内における垂直・水平温度分布と外気温差，気流分布，湿度，輻射熱などいわゆる温度条件のきめ細かい検討に始まって，その環境下での主体側の諸条件，例えば，年齢差，発育差，体質差また活動内容や滞在時間などきめ細かい検討が必要であるが，現実には，このような側面からの実験的基礎的データは少なく，衛生工学[5]～[13]領域に見られるが，学童を対象としたものは少ない[14]。

　大気汚染や騒音など地域環境からの問題も含めて，公立の小・中学校また保育所や幼稚園まで，全館冷暖房二重窓防音校舎などの高度の人工的建築が多くなり，自然環境との隔離が年々増大している。このような生活環境の変化が，小児の健康や環境適応能の発達にどのような影響を与えるかについての問題も重要な関心事であり，この点については第3章で触れる。ここでは，将来，学校における環境保健管理に関連する基礎的研究として，ある一定の温度刺激が生体に与えられた時に現れる生体の反応の年齢的消長を，皮膚温の低下パターンおよび低下度から明らかにし，体温調節能力の発達段階の特徴を見いだそうとした。

　昭和42（1967）年度に第1回実験を小学2年生，5年生，中学2年生，高校2

年生を対象に行なった。そこから明らかになった知見を更に追究するために，引き続き，同一被験者を43,44年度に継続実験を行ない，46年度には，42年度と同じ年齢層の被験者を選定し，酸素消費量の指標を加えて実験したので，各年度ごとの実験結果について個別に分析検討を試みる。

2. 実験対象者の選定

予備実験として，寒冷地で生育し内地留学で本学に学ぶ，青森県生3名，新潟県生の東京大学大学院生2名と東京在住・生育者の成人学生数名について，20℃，1時間全身冷気暴露の際の身体各部皮膚温の経時的変化と自覚症状をチェックし，更に回復過程も加えて観察した。その結果，寒冷地出身者は，自覚的耐寒性も，また皮膚温低下度とそのパターンにも東京在住者との違いが見られた。更に病虚

表1-1 被験者の生体計測結果（昭和42年）
Body hight and weight, and skin fold of the examinees in 1967

学年	Sub	身長	体重	皮脂厚	学年	Sub	身長	体重	皮脂厚
小学2年(男)	H.O	123.0	22.9	9.5	中学2年(男)	S.O	—	—	—
	Y.S	120.0	23.0	11.0		.O	—	—	—
	S.N	119.9	24.0	7.2		T.W	152.8	47.0	16.5
	M.H	124.0	26.0	12.0		T.K	156.6	48.8	9.0
	T.M	119.5	13.0	25.2		Y.S	154.2	42.4	7.2
小学2年(女)	T.K	欠	23.2	欠		K.N	欠	欠	欠
	Y.T	欠	22.5	欠	中学2年(女)	T.K	149.5	41.5	12.5
	N.S	欠	23.0	欠		K.O	152.5	45.0	16.0
	Y.S	120.5	19.5	7.0		M.S	155.5	45.3	12.6
	M.K	116.7	19.5	8.1		M.F	149.6	40.5	16.0
	A.H	欠	欠	欠		K.N	150.1	42.6	10.5
小学5年(男)	S.K	136.2	29.5	8.5	高2(男)	T.A	161.3	49.1	6.5
	K.S	136.6	31.7	14.5		.T	162.5	51.1	6.0
	K.I	137.9	31.9	10.7		H.S	165.8	51.7	5.8
	Y.T	139.4	27.5	10.8		K.S	161.6	53.4	9.0
	Y.Tu	136.4	32.4	12.0	高2(女)	Y.O	156.6	47.0	22.5
小学5年(女)	S.K	140.9	33.5	12.8		A.M	159.0	54.3	15.0
	M.B	138.6	30.3	11.0		E.A	153.6	51.5	23.5
	Y.M	137.5	25.5	6.2		N.K	157.8	47.0	13.0
	T.T	137.7	31.5	8.5		M.T	158.2	52.5	17.0
	K.U	140.3	33.4	11.0		M.N	—	—	—
	M.H	134.9	26.7	10.2					

表1-2 被験者の生体計測結果（昭和43年）

Body hight and weight, and skin fold of the examinees in 1968

学年	男女	被験者名	身長 cm	体重 kg	皮脂厚	比体重	対表面積 m²	肺活量	ピーク，フロー値
小学3年生 (8・9歳)	男子	小 弘 (H.O)	128.5	27.2	8.0	0.212	0.963	1840	200
		斎 由 (Y.S)	126.1	26.1	9.0	0.206	0.933	1520	160
		中 悟 (S.N)	120.0	26.6	8.0	0.222	0.912	2060	260
		細 雅 (M.H)	131.9	29.0	10.5	0.220	1.008	1870	260
		松 高 (T.M)	125.0	28.1	13.0	0.225	0.959	1780	200
	女子	栗 貴 (T.K)	128.6	26.0	12.0	0.202	0.945	1820	160
		立 陽 (Y.T)	124.3	23.2	8.0	0.187	0.878	1340	120
		須 信 (N.S)	131.4	25.4	7.0	0.193	0.948	欠	290
		菅 結 (Y.S)	126.2	21.8	欠	0.173	0.863	欠	200
		片 光 (M.K)	123.2	22.2	8.0	0.180	0.856	欠	260
		早 明 (A.H)	124.7	22.5	5.5	0.180	0.868	1880	160
小学6年生 (11・12歳)	男子	国 秀 (S.K)	145.3	35.2	7.5	0.242	1.172	3000	380
		鈴 勝 (K.S)	143.0	36.2	7.0	0.253	1.174	2620	360
		伊 邦 (K.I)	149.0	36.0	5.5	0.242	1.203	2370	380
		武 裕 (Y.T)	144.7	30.8	10.0	0.013	1.101	2300	220
		土 芳 (Y.Tu)	141.6	36.6	12.0	0.258	1.172	2400	340
	女子	喜 幸 (S.K)	147.0	35.9	14.0	0.244	1.191	1880	280
		馬 三 (M.B)	145.1	35.0	13.0	0.241	1.168	1840	150
		南 良 (Y.M)	145.3	29.8	7.0	0.205	1.088	2080	260
		高 珠 (T.H)	147.9	36.7	7.0	0.248	1.208	2360	220
		上 啓 (K.U)	147.7	39.2	10.2	0.265	1.242	1900	160
		藤 美 (M.H)	148.9	29.3	11.5	0.197	1.098	1340	180
中学3年生 (14・15歳) (一卵性双生児)	男子	新 貴 (T.S)	160.9	47.0	欠	0.292	1.425	4220	415
		新 勝 (K.S)	161.3	46.7	欠	0.290	1.424	4940	415
	女子	上 淳 (J.U)	155.8	47.0	欠	0.302	1.395	2800	欠
		上 泰 (K.U)	161.1	46.5	欠	0.289	1.420	3240	欠
		小 祥 (S.K)	162.3	47.0	7.0	0.290	1.434	3160	415
		小 史 (A.K)	161.8	46.5	欠	0.287	1.424	3460	400
		三 雅 (M.M)	160.3	52.0	19.0	0.324	1.522	2860	305
		三 友 (T.M)	161.5	51.0	11.0	0.316	1.482	2950	395
高校2年生 (16・17歳)	男子	臼 井 (U.)	160.4	51.5	7.5	0.321	1.481	3680	440
		大久保 (O.)	166.7	47.0	4.0	0.282	1.459	3680	500
		斎 藤 (S.H)	170.9	53.0	5.0	0.310	1.565	4030	440
		三 木 (M.)	171.9	60.9	6.0	0.354	1.671	3960	500
	女子	須 永 (Sn.)	158.0	53.0	13.0	0.335	1.485	3800	390
		石 渡 (I.)	164.5	54.1	17.0	0.329	1.540	2800	400
		杉 山 (Sy.)	151.6	50.0	15.0	0.330	1.408	3740	380
		鈴 木 (Ss.)	159.6	52.5	25.0	0.329	1.489	2840	350
		中 島 (N.)	150.4	44.2	15.5	0.294	1.326	2920	340
		関 口 (Se.)	欠	欠	欠	欠	欠	欠	欠

表1-3 被験者の生体計測結果（昭和44年）

Body hight and weight, and skin fold of the examinees in 1969

		被験者名	身 長 cm	体 重 kg	皮脂厚	比体重	対表面積 m²
小学4年生 (9・10歳)	男子	小 弘（H.O）	135.2	29.3	12.5	0.217	1.030
		斎 由（Y.S）	131.7	27.7	欠	0.237	0.987
		中 悟（S.N）	133.7	30.0	欠	0.224	1.033
		細 雅（M.H）	欠	欠	欠	欠	欠
		松 高（T.M）	132.0	29.6	11.5	欠	1.018
	女子	栗 貴（T.K）	137.2	28.0	10.0	0.204	1.019
		立 陽（Y.T）	133.3	27.0	11.5	0.203	0.984
		須 信（N.S）	141.1	29.1	8.0	0.206	1.331
		菅 結（Y.S）	136.4	25.0	7.5	0.183	0.965
		片 光（M.K）	132.5	25.0	8.0	0.189	1.192
		早 明（A.H）	135.5	25.8	6.0	0.190	0.975
中学1年生 (12・13歳)	男子	国 秀（S.K）	159.4	41.0	欠	0.257	1.333
		鈴 勝（K.S）	151.8	39.2	欠	0.260	1.005
		伊 邦（K.I）	160.3	44.8	欠	0.279	1.392
		武 裕（Y.T）	152.6	34.0	12.5	0.223	1.192
		土 芳（Y.Tu）	151.4	39.7	15.5	0.262	1.270
	女子	喜 幸（S.K）	153.1	41.4	14.5	0.270	1.304
		馬 三（M.B）	156.4	42.2	16.5	0.270	1.334
		南 良（Y.M）	154.7	34.6	7.5	0.224	1.212
		高 珠（T.T）	157.3	42.0	8.5	0.273	1.336
		上 啓（K.U）	154.1	43.7	16.0	0.284	1.341
		藤 美（M.H）	148.0	32.8	10.0	0.222	1.447

弱児や発達遅滞児，また風邪を引きやすく，引くと直りにくいなど過敏な反応を示す子ども等は除く必要があると考え，以下の条件の下に，被験者を選定した。すなわち，ここでは，あくまで平均的な健康児で特に強くも弱くもない都会の標準的児童を取り上げた。

① 身長，体重，胸囲が都平均の±1/2の範囲であること
② 健康体であり，特に重要な既往歴を持たぬこと
③ スポーツ選手として厳しい訓練を受けていないこと
④ 特に，肥満体やるいそう体は除く
⑤ 東京都およびその近郊地域に生育してきた児童であること

以上の条件に基づいて，表1-1～1-4に示す被験者を選定した。すなわち，昭和42年度第1回の実験では，小学校2年生（7歳児），小学校5

表1-4 被験者の生体計測結果（昭和46年）

Body hight and weight, and skin fold of the examinees in 1971

		被験者名	身 長 cm	体 重 kg	皮脂厚	比体重	対表面積 m²
小学2年生	男子	石 茂 （S.I）	127.1	29.0	欠	0.228	0.984
		村 順 （I.M）	119.2	24.8	8.5	0.208	0.880
		及 の （N.O）	120.4	22.2	8.3	0.184	0.843
		阿 五 （I.A）	118.6	20.2	8.0	0.170	0.801
		佐 勇 （I.S）	118.9	20.2	10.0	0.170	0.802
		佐 光 （M.S）	122.1	23.6	8.0	0.193	0.874
		加 孝 （K.K）	125.6	23.0	4.0	0.183	0.881
	女子	関 智 （T.S）	125.5	23.5	15.5	0.187	0.889
		福 （.F）	122.5	25.9	欠	0.211	0.913
		服 珠 （T.H）	115.4	18.9	14.0	0.250	0.763
		伊 正 （M.I）	129.7	27.8	欠	0.214	0.973
		森 薫 （K.M）	119.8	24.0	欠	0.200	0.870
		春 若 （W.K）	119.2	19.4	8.5	0.162	0.789
		生 智 （T.N）	121.6	29.2	19.0	0.240	0.958
		中 直 （N.N）	128.2	27.8	16.0	0.217	0.971
小学5年生	男子	篠 圭 （K.S）	141.6	35.8	10.0	0.253	1.161
		嶋 洋 （Y.S）	138.9	38.0	17.0	0.274	1.177
		小 邦 （K.O）	142.4	36.2	13.0	0.254	1.171
		蓮 善 （Y.H）	140.8	36.2	15.0	0.257	1.162
		小 昭 （A.O）	148.4	41.0	8.0	0.276	1.271
		荒 浩 （H.A）	149.2	45.2	21.5	0.303	1.332
		遠 正 （M.E）	136.4	33.2	欠	0.243	1.095
		三 典 （N.M）	139.4	36.0	欠	0.258	1.151
	女子	小 京 （K.O）	137.6	34.2	12.5	0.249	1.116
		岩 ひ （H.I）	137.6	34.6	12.0	0.251	1.122
		坂 朱 （A.S）	141.6	28.9	14.0	0.197	1.055
		分 順 （J.W）	141.2	30.0	14.0	0.212	1.071
		加 智 （T.K）	136.6	29.2	10.0	0.214	1.035
		今 栄 （E.I）	162.6	52.0	欠	0.320	1.501
		平 美 （M.H）	150.2	41.2	欠	0.274	1.284
		藍 圭 （K.A）	150.5	40.0	15.0	0.266	1.269
中学2年生	男子	内 有 （Y.U）	154.7	44.5	11.5	0.288	1.355
		山 典 （N.Y）	153.5	47.6	10.5	0.310	1.389
		岡 彩 （S.O）	157.5	46.0	12.0	0.292	1.392
		大 伸 （N.O）	163.5	57.0	11.5	0.349	1.569
		中 三 （M.N）	157.5	48.8	11.5	0.310	1.429
	女子	牧 公 （K.M）	165.1	55.5	欠	0.336	1.560
		北 章 （A.K）	162.1	59.3	欠	0.366	1.587
		久 健 （K.K）	161.4	48.2	欠	0.299	1.444
		斎 善 （Y.S）	163.6	47.8	欠	0.292	1.452
		市 勝 （K.I）	169.2	60.2	欠	0.356	1.644

年生（10歳児），中学2年生（13歳），高校2年生（16歳）の男女各4～6名，計43名を選定し，これら被験者を中心とした経年変化を昭和43年度，44年度と続け，更に46年度は，42年度と同年齢層の児童4群を新たに選定して第1回の実験結果を確かめた。

なお，選定された被験者のうち当日風邪を引き，データとして用いられなかったものや，年度により都合のつかなかった被験者は除かれ，また必要に応じ数人の被験者を加えた。

3．実験方法

実験手順のおよそを，図1－1に示す。皮膚温および舌下温の測定には多点式サーミスタ（SPD－6D，YC5338，タカラサーミスタ）を用いた。感熱部は接触式ペンシル型を改良して用い，測定が常に一定であるように，測定には著者が連続して細心の注意を払って行なった。測定部位は図1－1に示すように前額中央点，左手背中央点，左前腕伸側中央点の計6か所の皮膚温と舌下温である。

実験期間は昭和42年7月中旬～8月中旬，雨天日，異常気温日は除き，いわゆる猛暑晴天の連続日に集中的に行なった。そのため，実験室内温度は30℃±1℃，湿度は60～70％の状態が連続して得られた。人工気候室内温度は実験室内温度との差10℃の20℃±1℃の範囲で動的平衡状態を保つように操作した（人工気候室の精度および室内温度分布については実験開始前1か月間各温度条件を設定し，経時的に各地点測定を行なうことによって操作上の確認実験を行なった）。

被験者は，半そで白テトロンブラウス1（男子は同質のホンコンシャツ1），白木綿ショートパンツ1，下着上下各1，スポンジサンダル（ビーチ用サンダル）をはき，実験室内で身体計測を行なった後，長机に向かって腰掛け，自由にマンガ本を眺めながらの気楽な気分にさせ，気分，体調，暑熱感その他の自覚的諸症状の聞き取りを行ない約20分間滞在し，皮膚温，脈拍，舌下温の測定を行なった。

その後，実験室との差約10℃低温の人工気候室（20℃±1℃）に入室させ，10分ごとに皮膚温，舌下温等の測定と自覚症状を記入させ，約50分間の経時的変化を計測した。その後出室させ，10分後の回復程度を同上項目について測定した（図1－1参照）。冷気暴露時間の設定は，小・中学校の授業時間45～50分を想定

し，更に暴露温度等を考慮し，何回かの予備実験を試み，体寒反応が個人的差異となって現れ，しかも生体に過度な負担（例，寒過ぎるとか時間が長過ぎて飽きてくるなど）にならない程度の時間，温度として20℃±1℃，50分を設定した。

図1-1　実験手順
Procedure of the experiment

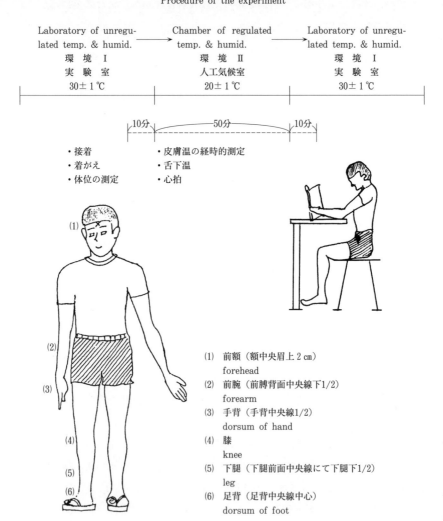

4. 実験装置—人工温度可変装置について

実験装置は, 昭和41年, 東京大学教育学部健康教育学実験室 (床面積31.8m²) に設置された図1－2に示すようなプレハブ人工温湿度可変装置 (大西熱学工業所製) を主に用いた。装置の概要は大西熱学工業所が設置後の試運転, 温湿度測定の詳細な点検をした後, 当研究室に引き渡された。

本装置が当研究室に引き渡された後, 引き続いて, 著者が試運転を試み, 昭和

図1－2　実験室内の構造と人工気候室配置状況
Arrangement of the laboratory room including the room of regulated temperature

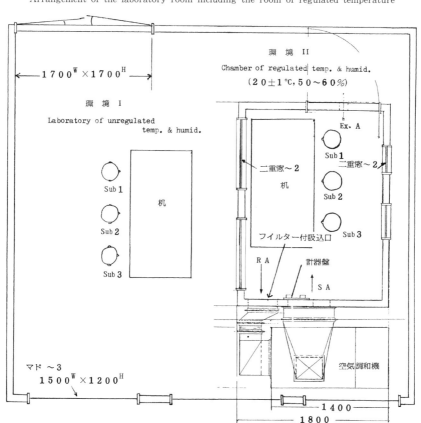

40年12月1日〜12月31日の1か月間，低温（5℃，10℃），中等温（20℃，25℃），高温（30℃，35℃）の6条件に加え，低湿度（30％），中等湿度（50％），高湿度（80％）の3条件を組み合わせ，温湿度の精度の測定点検と同時に気流，騒音，二酸化炭素量の測定等を行なった。また，目的の温湿度に至るまでの所要時間を測ると同時に，目的の温湿度に至った後の動的平衡状態がどのように保たれ，その変動幅がどのくらいかを見るために，冷凍機が作動し始める時の温湿度と気流，加湿機または加熱機が作動し始めるまでの時間と温湿度および気流等を測定した。

その結果，温度については，温度調節器の目盛盤の指針と恒温状態到達後の平均温度に一定した1℃のズレが生じていることが分かり，この点を考慮の上操作すれば，動的平衡状態は変動幅±0.5℃で，冷凍機，加熱機，加湿機が交互に自動切り換えになって作動していることが確認された（測定者1名在室，測定器具—アウグスト乾湿計）。

また在室人数と室のドアの開閉については，ドアは，在室児童の入退室時の2℃＋臨時の開閉は1℃以下，在室人数は実験者を含め4人以下という条件で行なったところ，調整装置の自動切り換え時間が短くなる。すなわち，人体温によって室内温が上昇する時間が短ければ，加熱機の作動時間が少なく，冷凍機への切り換わり時間が短くなり，かつ作動時間も相対的に長いという状態で，上記の条件での恒温状態が保たれることが確認された。

したがって温度の精度は，大西熱学工業所から提出された書類上の±2℃よりも更に精度が高いことが確認された。なお，著者は，恒温室内の測定には，実験中も連続して被験者に影響を与えない状態での温湿度測定を同様の条件で測定チェックしておくため，測定器はファンの音がするアスマン通風乾湿計を用いず，アウグスト乾湿計を常時机上に置きチェックした。したがって調節計器の目盛盤の指針と室内温（装置内温）の1℃のズレは，アスマン通風乾湿計とアウグスト乾湿計という測定器具の違いによるものと思われる。

湿度については，同説明書の「湿り空気線図（NC線図）」によって，乾湿温度と目的の相対湿度から湿球温度を読み取り湿度調節器の指針を合わせたが，高温高湿条件（30℃，80％）の設定時には，目的湿度よりも高く出てきて，80％ではなく飽和状態となり，窓には蒸気が水滴になるに至った。中等湿度の50〜60％の

範囲にあっては，精度±5％の範囲が保たれた。今回の実験条件は，冷房条件として，外気温より10℃低温の20℃に注目し，湿度はなりゆき50〜60％であるために，本装置の精度で十分であることを確認した。

騒音については，冷凍機作動時と，ファンのみの作動時では多少異なるが，最大時でも，室内にあっては60ホンを超えることはなかった。この点についても，在室児童が違和感を持ったり，訴えたりするほどの問題はないように思われた。

二酸化炭素量については，実験者1名，被験児童数最高3名の状態を1時間，開閉なしの状態で測定した結果，学校環境衛生基準の0.15％（1500ppm）を超えることはなかった。

なお，実験室内の構造と人工気候室配置状況を図1－2に示す。

5．実験条件の設定

30℃を超えようとする夏季の高温環境に順化している学童を温度差約10℃の冷房室（人工気候室）に急激に入室させ，50〜60分滞在させた時の学童の心身に及ぼされる影響を知るために，図1－1に示すような実験条件を設定した。すなわち，環境Ⅰは自然室内温度条件で教育学部棟の地下室にあり，7月下旬〜8月中旬の外気温30〜34℃の本実験期間中，本室内はほぼ30℃±1℃が保たれた。これに対し環境Ⅱは，人工温度可変装置である。人工気候室（人工温度可変装置）の温湿度コントロールは，乾球温度を20℃に，湿球温度を15℃にセットした場合，室内中央机上のアウグスト温湿度計は20℃±1℃の範囲で動的平衡状態を保ち，湿球温度は，16.5℃〜19.0℃であった。

気流は中央机上で0.10m/sec，給気口付近で0.40m/secでほぼ一定である。

サーモスタットは床上1.5mの壁面に位置し，自動的に冷凍機，加熱機（シーズ線ヒーター），加湿機（蒸気発生式）が交互にチェンジされ，エアーフィルターを通して0.40m/sec送風され，恒温状態が保たれた。

ここで，湿度についてであるが，温度範囲が28℃以上の場合は，湿度の多少によって温度感覚，皮膚温，発汗状態など生体側の諸反応は左右されるが，20℃前後の温度域では，ほとんど湿度の影響はないと考えてよく，したがって本実験条件も相対湿度60％台にセットし，実験中はその確認のための記録にとどめた。

6. 被験者の形態発育

被験者の形態発育を同一人について3年間,身長,体重,皮下脂肪厚,比体重,体表面積について検討した。表1－1～表1－4は,各年度共通の被験者に加えて,各々の年度で得られたその時だけの被験者の年齢・体位一覧表である。同一被験者の3年間の経年変化は図1－3に示した。なお,昭和46年度に改めてとり直した小学2年生,5年生,中学2年生の被験者については,表1－4のようであるが,昭和42年度に比して若干の体位の向上と,被験者の選定で小学5年生の場合,全国平均±1/2σの範囲を超える被験者が加わっていること,中学2年生女子はすべて平均±1/2σを超えていることを付記せねばならない。

昭和42年度は,身長,体重,胸囲が全国平均±1/2σの範囲内で選定された,いわゆる標準型の体型で,同一年齢層内での極端なばらつきは見られないが,図1－3によって3年間の変化を見ると,発育程度の速い者と遅い者のグループに分かれていることが認められよう。

皮脂厚は,男子の場合,学年が進むにつれ少なくなり,逆に女子は多くなることは認められるが,それぞれの年齢層内では,極端なやせや肥満は見られず,図1－4に示されたように皮膚温低下度と皮脂厚との関係もここでは低い。

7. 実験結果（昭和42年度）

(1) 身体各部皮膚温の経時的変化

夏季30℃の高温環境下（環境Ⅰ）の生体は,冬季に見られるような四肢末端の皮膚温を下げて放熱を防ぎ躯幹温を一定に保つ,いわゆる core（核）と shell（被核）[11]に分かれることなく,部位的差異の少ない一様な分布状態を示し,更には図1－5に示すように足背,手背など末梢部分の皮膚温が前額より高い,いわゆる放熱に有利な状態が見られる。このような条件下での被験者の温度感覚はすべて,「やや暑い」「暑い」「汗ばんでいる」など暑熱感を訴えた。

このような耐熱の放散に有利な生体反応を示している子どもたち,すなわち夏季の高温環境に順応していると認められる子どもたちを外気温より10℃低温の人工気候室（冷房室）に入室・滞在せしめた時の身体各部位の皮膚温の経時的変化

図1-3 身長・体重の年次変化
Yearly change of body height and body weight of the school children (1967〜1969)

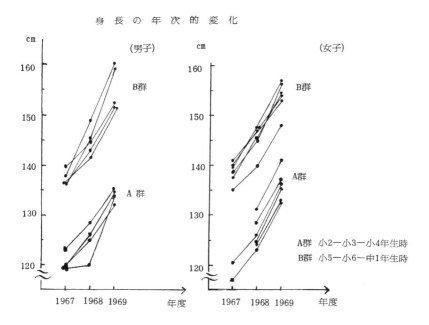

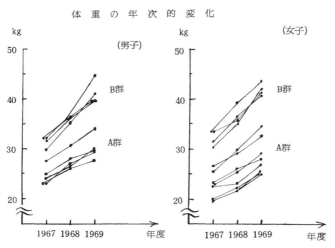

A群 小2→小3→小4年生時
B群 小5→小6→中1年生時

図1-4 学年別・男女別皮下脂肪厚(昭和42年度実験)

Skin hold by sex and school year (figures above), and the coefficient of correlation of it with the depression of skin temperature (tables below)

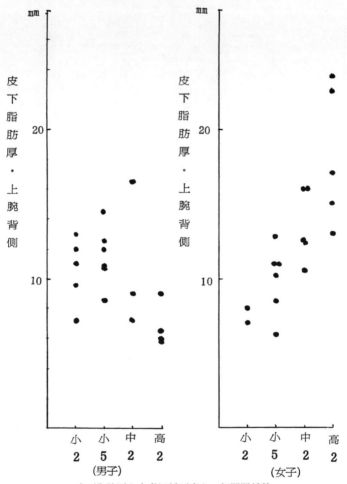

皮下脂肪厚と皮膚温低下度との相関関係数

		皮脂厚			皮脂厚			皮脂厚
ひざ	10分後 30 50	−0.050 −0.065 −0.113	足背	10分後 30 50	0.009 0.033 −0.061	前腕	10分後 30 50	0.139 0.153 0.129
下腿	10分後 30 50	0.073 0.018 −0.055	手背	10分後 30 50	0.026 0.026 0.053	前額	10分後 30 50	0.232 0.164 0.175

を男子の小2，小5，中2，高2について図1-9～図1-12，女子については図1-13～図1-16に示した。

① 部位別に見ると，一般に上肢より下肢の皮膚温に著しい低下が見られ，特に「ひざ」の低下度が大なることが認められる。

② 年齢段階別に見ると，小学2年生の低下度は他の学年に比べて最も大きく時間の経過に伴って連続的な低下現象が見られる。この現象は，更にこの環境下での滞在を続けた場合は低下し続けることが予想出来る。ここではこのパターンを低学年層の連続下降型と呼んでおく。小学5年生の場合は，小学2年生とかなり相違する。すなわち，低温環境内に入室後およそ10～20分後までは低下するが，その後は安定または上昇傾向を示すのである。この反応は，環境温度の急激な変化に対して，生体側の産熱と放熱の平衡が保たれた適応現象と見ることが出来よう。このようなパターンを下降後定常型ないし下降後上昇型とする。中学2年生では，低下度は少ないが，低下パターンは小学2年生と同じく連続下降型である。高校生は，高校2年生女子では各部位とも連続下降型は見られず低下定常または低下上昇型を示し，高校2年生男子は下肢の連続下降型を除けば，女子と同様である。

以上の結果から，年齢段階が最も低い小学校2年生の場合，皮膚温の低下度は最も大きく，またその変動パターンは連続下降型であること，小学5年生の場合は，中学2年生，小学2年生とは異なった，低下度の小さい下降後定常型ないし下降後上昇型を示すこと。中学2年生は初期の低下度の小さい連続下降型を，高校2年生は，初期の低下度の大きい下降後定常型を示す。学年別ないし年齢別のこれらの特徴はその後の4年間の同一被験者対象の継続データでほぼ確認された。

③ 男女別に見ると，図1-9～図1-16に示したように，男子には上記のような年齢段階差が見られるが，小学2年生女子では，その低下度と低下パターンは小学2年生男子と小学5年生男子の組み合わさった移行型が推察され，同様に小学5年生女子は中学2年生男子と小学5年生男子の中間の型が見られる。すなわち，男子を基準にすると，小学2年生女子は小学5年生男子に，小学5年生女子は中学2年生男子にそれぞれ似た変化を示している。中学以上の男女差についてははっきりした差は指摘出来ない。

図1-5 夏季の低温環境が児童の前額と四肢における皮膚温分布に与える影響（昭和42年）
The skin temperatures just before and after 50 min entering into a cooling room

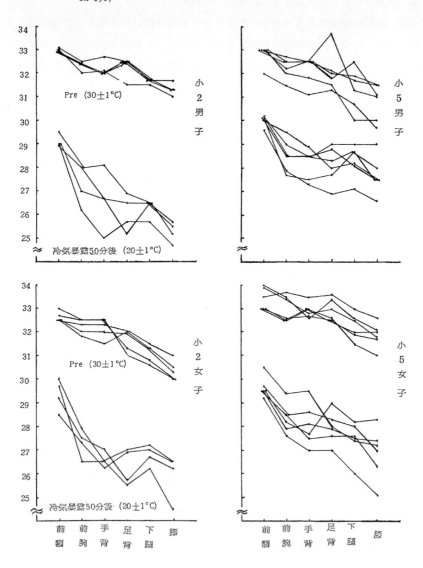

(1) 昭和42年度
in 1967

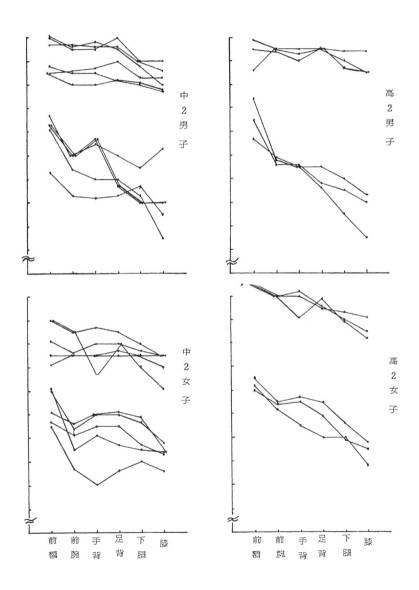

図1-6 夏季の低温環境が児童の前額と四肢における皮膚温分布に与える影響（昭和43年）
The skin temperatures just before and after 50 min entering into a cooling room

(2) 昭和43年度
in 1968

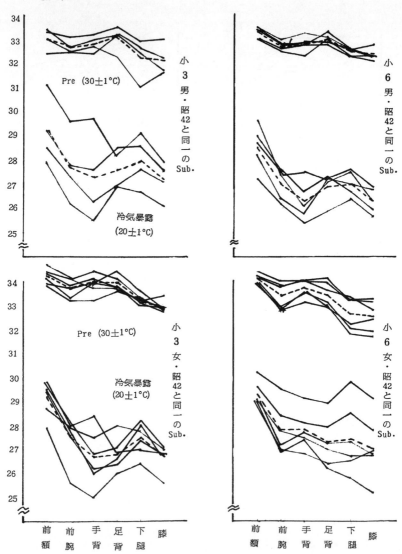

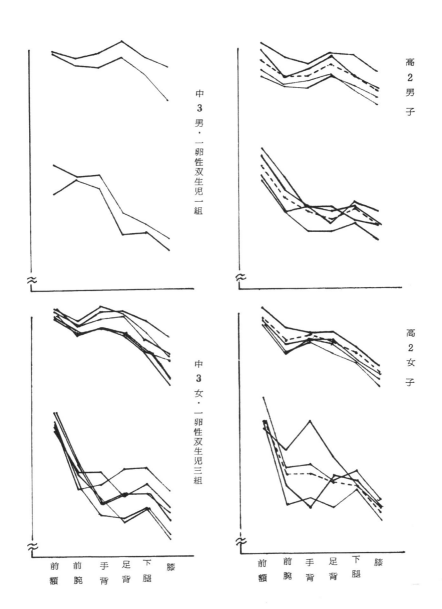

図1－7 夏季の低温環境が児童の前額と四肢における皮膚温分布に与える影響（昭和44年）
The skin temperatures just before and after 50 min entering into a cooling room

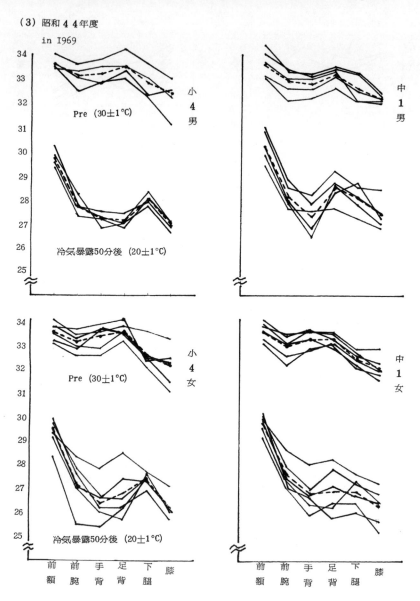

図1-8 夏季の低温環境が児童の前額と四肢における皮膚温分布に与える影響（昭和46年）
The skin temperatures just before and after 50 min entering into a cooling room

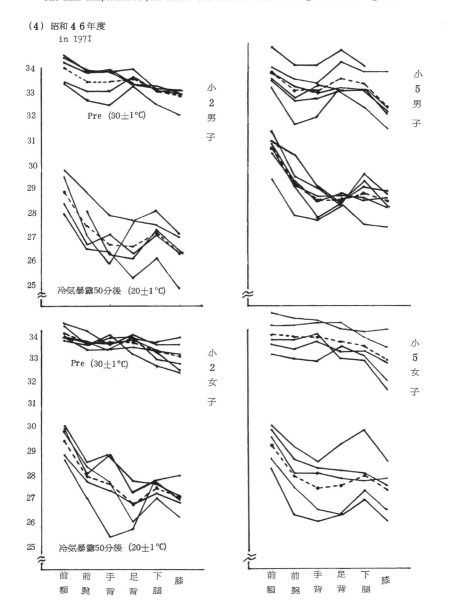

④ 年齢段階による個体差の現れ方の特徴について，同一学年内の発育差を出来るだけ少なくするように design された実験Ⅰのデータから個体差の最も出ている年齢段階を見ると，図1－9，図1－13の小学2年生では低下度，低下パターンとも個人差は少なく，女子の下肢の皮膚温に低下パターンのバラツキが見られるのを除いて，そのほとんどが低下度大なる連続下降型を示している。ここでの女子の下肢の皮膚温では，5名中3名が既に下降後定常型を示していることは，小学5年生のパターンへの移行を推察するものとして注目したい。図1－10，図1－14の小学5年生について，男子は下肢の低下度に差が見られるが，その他の部位では低下度，低下パターンとも差が少ない。女子では上下肢とも男子に比してバラツキが大きい。

図1－11，図1－15の中学2年生では，他学年に比して個体差が大きく，特に男子の低下度の個体差は著しい。

図1－12，図1－16の高校2年生については，男女とも比較的安定した型が見られ，個体間のバラツキも中学生の場合より少ない。

以上の結果より，年齢段階の最も低い小学2年生の場合，皮膚温の低下度は最も大きく，またその変動パターンは連続下降型であること。小学5年生の場合は，中学2年生，小学2年生とは異なった低下度の小さい低下定常型ないし低下上昇型を示すこと。中学2年生は初期の低下度の小さい連続下降型を，高校2年生は初期低下度の大きい低下定常型を示した。また個体差については，中学2年生が他の年齢層に比べて最も個体差の多い時期と言えよう。また女子の場合は，個体差の多く現れる時期もまた各年齢層で見られた皮膚温低下パターンも男子より早期にずれて現れていることが認められた。

(2) 経時的に見た皮膚温低下パターンの回帰直線への当てはめ

① 減衰曲線（指数関数）への当てはめ

一般に高温環境下で暖められた物体を急激に低温の環境に入れた時，物体の初期温度℃，時間 t 分後の物体の温度 X ℃は $X = X_0 E^{-kt}$ と表される。この関数は，物体が熱を奪われて環境温度に近づくにつれて，温度の低下率が小さくなることを示している。

ここで，最も低下度が大であった男子のひざの皮膚温を対数変換し，経時的に

図1-9 冷房室内および出室後10分における身体各部皮膚温の個人別経時的変動（小2，男子，昭和42年8月）

Depression and the recovery of skin temperature of four school boys of 2nd grade entering into a cooling room for 50 min and coming out of the room for 10 min

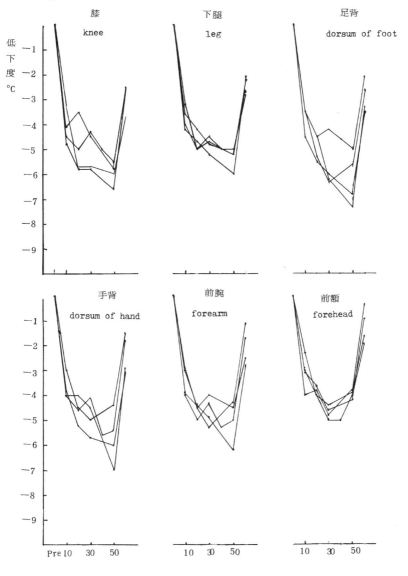

図 1 - 10　冷房室内および出室後10分における身体各部皮膚温の個人別経時的変動（小 5，男子，昭和42年 8 月）

Depression and the recovery of skin temperature of six school boys of 5th grade entering into a cooling room for 50 min and coming out of the room for 10 min

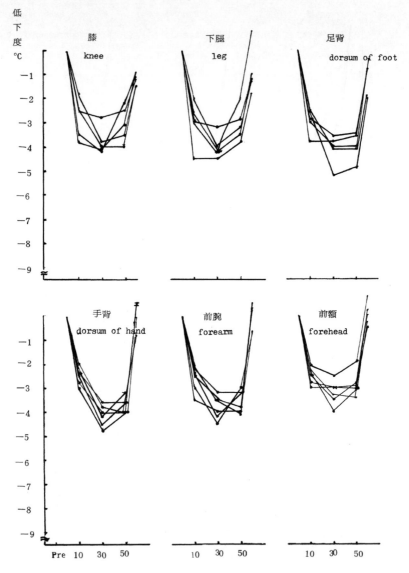

図1-11 冷房室内および出室後10分における身体各部皮膚温の個人別経時的変動(中2,男子,昭和42年7月)

Depression and the recovery of skin temperature of six junior high school boys of 2nd grade entering into a cooling room for 50 min and coming out of the room for 10 min

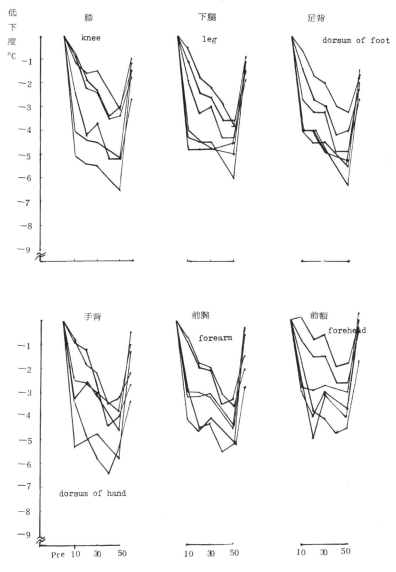

図1-12 冷房室内および出室後10分における身体各部皮膚温の個人別経時的変動（高2，男子，昭和42年8月）

Depression and the recovery of skin temperature of three high school boys of 2nd grade entering into a cooling room for 50 min and coming out of the room for 10 min

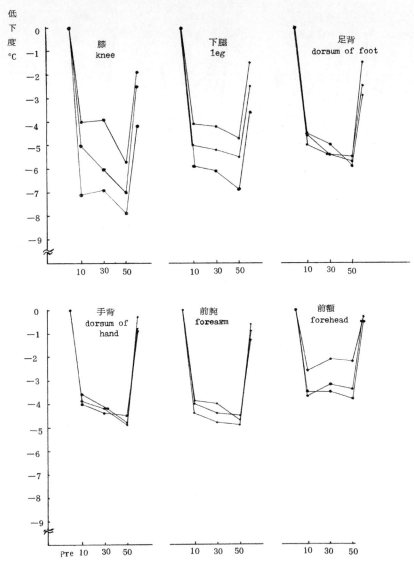

図1−13 冷房室内および出室後10分における身体各部皮膚温の個人別経時的変動（小2，女子，昭和42年8月）

Depression and the recovery of skin temperature of five school girls of 2nd grade entering into a cooling room for 50 min and coming out of the room for 10 min

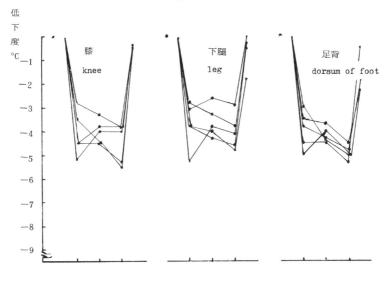

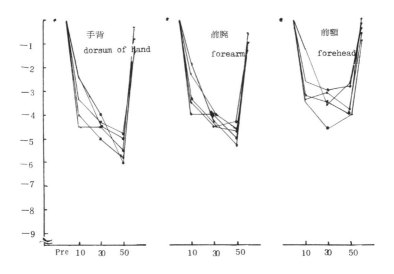

図1-14 冷房室内および出室後10分における身体各部皮膚温の個人別経時的変動（小5，女子，昭和42年8月）

Depression and the recovery of skin temperature of six school girls of 5th grade entering into a cooling room for 50 min and coming out of the room for 10 min

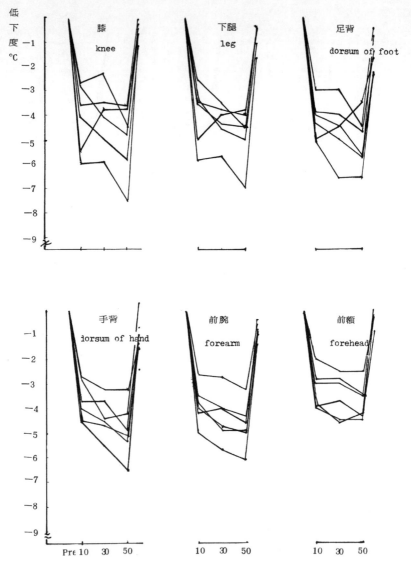

図1-15 冷房室内および出室後10分における身体各部皮膚温の個人別経時的変動（中2，女子，昭和42年8月）

Depression and the recovery of skin temperature of three school girls of 2nd grade entering into a cooling room for 50 min and coming out of the room for 10 min

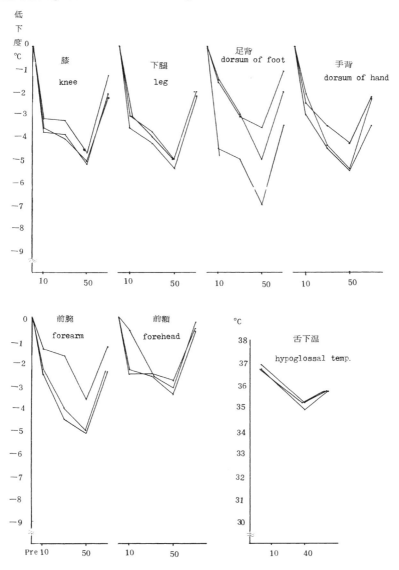

図1-16 冷房室内および出室後10分における身体各部皮膚温の個人別経時的変動（高2，女子，昭和42年8月）

Depression and the recovery of skin temperature of three high school girls entering into a cooling room for 50 min and coming out of the room for 10 min

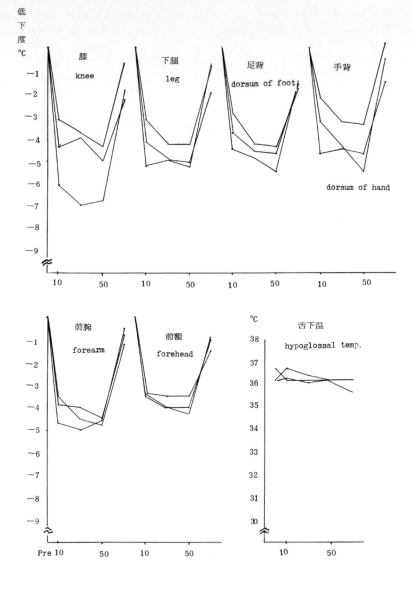

プロットしてみた結果，小学2年生を除いて，バラツキが大きく，直線にはならない。このことは，指数関数，すなわち生体をある一定の熱容量を持った物体と見なしこの物体が外気温より10℃低温の人工気候室に入室，50分間冷気暴露を受けた時の皮膚温は係数 k の指数関数曲線として低下していくという仮定は，小学2年生にややその傾向が認められる以外は，小5，中2，高2とも当てはまりにくく，成立し難い。

② 2次曲線への当てはめ

入室直後の皮膚温は急激に低下するが，時間経過にしたがい低下速度は緩くなり，ある一定時間経過後は，生体と環境温度との熱収支が平衡状態となる。この皮膚温低下の変化率が0になる点が何分後に到着するかは，年齢により，個人により異なるであろう。

以上のような考えの下に，皮膚温の経時的変動曲線は，2次曲線（$y = ax^2 + bx + c$）のある断面と仮定，皮膚温低下率の0になるまでの時間（$T = -b/2a$），温度（$X = -b^2/4a$），寒冷暴露開始の瞬間における皮膚温変化率の変動率（$2a$）を図1-17に示す。

寒冷暴露開始時の皮膚温の理論的変化率 b は，すべて負で各部位とも小学2年生の変化率が最も大である。すなわち低学年ほど皮膚温低下率は大なること，小学5年生，中学2年生になるほど変化率は小さくなり，高校2年生になると逆に増加することが示された。

次に t 分後の皮膚温変化速度である $2a$ について見ると，これも b と同様な傾向を示す。すなわち，低年齢ほど経時的に見た皮膚温変化速度は大であり，思春期としての中学校段階を境にして高校生になると逆戻りする傾向があると言えよう。

理論的最低皮膚温（$c - b^2/4a$）を見ると，これも小2が低く，小5，中2としだいに高くなり，高2では小2と小5の中間値を示す上記の a，b と同様の傾向が示された。

次に最低皮膚温を示すまでの時間であるが，これは個体差が大きいが，最も短時間で安定するのが小5，高2，小2がこれに続き，中2が最も長時間である。このことは，中2は経時的に変化率が小さく徐々にいつまでも低下をたどること

図1-17 冷気暴露による皮膚温変動パターンの理論式へのあてはめ（昭和42年）
Second order equation obtained by a least squared method for applying the time series of skin temperature change by cold exposure

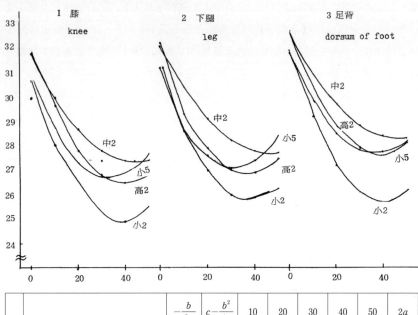

		$-\dfrac{b}{2a}$	$c-\dfrac{b^2}{4a}$	10	20	30	40	50	2a
小2	(grade 2)								
	1. $y = 0.0040x^2 - 0.3048x + 30.7$	38.1	24.9	28.1	26.2	25.2	24.9	25.5	
	2. $y = 0.0039x^2 - 0.2891x + 31.2$	37.1	25.8	28.7	27.0	26.0	25.9	26.2	
	3. $y = 0.0040x^2 - 0.3140x + 31.9$	39.3	25.7	29.2	27.2	26.1	25.7	26.2	
小5	(grade 5)								
	1. $y = 0.0036x^2 - 0.2399x + 30.7$	33.3	26.7	28.7	27.3	26.7	26.9	27.7	
	2. $y = 0.0041x^2 - 0.2596x + 31.2$	31.7	27.1	28.6	27.6	27.1	27.4	28.5	
	3. $y = 0.0032x^2 - 0.2316x + 31.8$	33.3	29.2	29.8	28.5	27.8	27.7	28.2	
中2	(J. high grade 2)								
	1. $y = 0.0023x^2 - 0.2021x + 31.8$	43.9	27.4	30.0	28.7	27.8	27.4	27.4	
	2. $y = 0.0021x^2 - 0.1922x + 32.1$	45.8	27.7	30.4	29.1	28.2	27.8	27.7	
	3. $y = 0.0020x^2 - 0.1887x + 32.7$	40.5	30.0	31.0	29.7	28.8	28.4	28.3	
高2	(high grade 2)								
	1. $y = 0.0035x^2 - 0.2761x + 31.9$	39.4	26.5	29.6	27.8	26.8	26.5	26.8	
	2. $y = 0.0040x^2 - 0.2934x + 32.2$	36.7	26.9	29.3	27.9	27.0	26.9	27.5	
	3. $y = 0.0035x^2 - 0.2693x + 32.8$	33.3	29.5	30.5	28.8	27.9	27.6	28.1	

を物語り，小2は中2ほどの長時間ではないが，37～40分後くらいまで，最も大なる変化率を示しながら低下の一途をたどることが示される。小5は変化率も中程度で安定までの時間は短く，いわゆる下降後定常または上昇のパターンが曲線当てはめの理論式からも推定することが出来た。

8．考察

本節（章）の実験研究で，体温調節機序の一つとしての皮膚温変動の様相は，連続下降型，下降定常または上昇型，低下度小なる連続下降型の4つのパターンに分類された。体温調節機序において皮膚温が演ずる役割を考慮するとその環境気温の急変に対する適応の仕方に，Insulative 型，Metabolic 型，およびその混合型が設定される。しかし，この Insulative 型として理解される低下度大なる連続下降型は，体温下降防止機構が発現せず長時間の在室では更に続いて下降することが予想された。

緒方維弘[16]は小児の体温調節能力について「小児は気候に対する馴化が弱く，体温は体内温度分布状態の均等的傾向が強く，したがって外的因子の影響を受けやすい」と述べている。このことは皮膚温の低下度を成人のそれと比較して外的因子の生体に及ぼす影響を推察する上で考察すべき視点を与えている。すなわち皮膚温度の低下は体温の恒常性を維持するための防御反応として体温調節能力の一つと考えられるが，小児の場合，体内温度分布状態の均等的傾向を有するため，その低下は深部温にまで及ぼされている可能性がある。その低下度と低下パターンには成人と差異がある，すなわち成人における皮膚温低下は体温保持の調節装置としての役割が大であるが，小児の場合，外界温度条件が身体に及ぼされる直接的影響として多大の注意を払わなければならない。

次に低下パターンとして特徴的な小学5年生について考えると，小学2年生の段階から中学2年生の段階へ移行する過渡的な現象と見られる。ここで男女の差に注目すると女子の方には中学2年生のパターンへの移行度合いが男子より大であると思われるパターン，すなわち下肢では低下定常型を示しているが上肢は中学2年生と著しく類似した連続下降型を示していること，更に小学2年生の低下パターンには小学2年生男子に見られたような急激な連続下降型と少し異なった

むしろ小学5年生のパターンに近づいていることがうかがえる。

以上の観察を総合して，低学年ほど体温の調節能力が未発達であることと対応することが，皮膚温低下度と低下の様相から推定することが出来，また一方では身体発達の男女差が皮膚温調節といった観点からも示されたことと思われる。岡安敬三郎[2]または[25]は41歳の父，13歳の長男，10歳の次男と36歳の父，6歳2か月の長男の2組の親子について中指温と手背温を22.4℃→4.8℃～5.0℃→22.4℃の3条件温度環境において観察した結果，環境気温条件が変化した時の年齢による反応差は寒冷暴露時では認められず寒冷から温暖所に復旧した際に特徴ある差異が見られるとしている。ここで，測定点が中指と手背の2点のみであること，冷気暴露の場合，下肢に及ぼされる影響の方がより大になるのではないか，この点での差異はどうであろうかなどの疑問点が残る。なお発達的観点から見た年齢的反応差についての総合的考察は，同一被験者についての追跡的3か年の縦断的観察を行なった後の結果を待つことにする。

9．結論

以上30℃を超える夏季に20℃±1℃の人工気候室に小学2年生，小学5年生，中学2年生，高校2年生の4つの年齢層の小児を50分間滞在させた時の身体各部6か所の皮膚温の経時的に見た低下度および低下パターンは各年齢層によって特徴ある反応として以下のような知見が得られた。

① 経時的に見た皮膚温低下は，男子では，小2→小5→中2の順で低下の程度にはっきりとした段階，すなわち年齢の低いほど低下度は大である傾向が認められた。女子においても同様の傾向であったが，前腕，前額においては既に小5で中2より低下度が少なくなっていた。

② 低下パターンは，小学2年生に連続低下現象が見られたが，小学5年生は中2，小2と異なり，入室後一旦下降はするが，その後は定常または上昇傾向を示す下降定常型または下降上昇型を示し，特にその傾向が大であった。中学2年生は，初期の低下度の小さい連続下降型を，高校2年生は初期下降度の大きい低下定常型を示した。

③ 経時的に見た部位別皮膚温の低下度と低下パターンの個人間のバラツキは

小学2年生にはほとんど認められなかった。小学5年生の男子は下肢の低下度に大きなバラツキが見られ，女子では，上，下肢ともに小2より大きなバラツキが大であった。中学2年生では，とりわけ男子に各部位とも低下度に大きなバラツキが見られた。女子の低下度は足背，手背，前額にバラツキが見られたが，その程度はあまり小5と変わらず，ひざ，下腿，前腕については，むしろ小5の方が大であった。高校2年生は，男女とも比較的安定しており，個人間のバラツキは少なかった。

　以上のような経時的に見た皮膚温低下パターンの年齢段階別に見た特徴を数量的に明らかにするために，理論式（回帰曲線）に当てはめてみた。その結果，

④　減衰曲線（指数関数）に対しては，小2を除いてバラツキが多く当てはまりが悪かった。

⑤　皮膚温の経時的変化曲線は，2次曲線のある断面と仮定し寒冷暴露開始時の理論的変化率 b，t 分後の変化率，理論的最低皮膚温を算出した，その結果

　　i　理論的変化率すべてで負で，各部位とも小2の変化率が最大で，小5，中2になるほど変化率は小さくなり，高2になると逆に増加することが示された。

　　ii　t 分後の皮膚温変化速度は，b と同様の傾向を示した。

　　iii　理論的最低皮膚温についても，小2が最も低く，小5，中2と次第に高くなった。

　　iv　最低皮膚温を示すまでの時間については，バラツキが大きいが，最も短時間で安定するのが小5で，高2，小2がこれに続き，中2が最も短時間であった。

以上，低学年ほど皮膚温低下率，皮膚温の変化速度は大であること，また，移行期と推定した小5の低下パターンが2次曲線への当てはめによる幾つかの理論値によって証明された。移行期の追試は3か年の継続実験の結果に待ちたい。

第2節　夏季冷房環境下での小児の皮膚温変化に関する継続実験
　　　　―年齢段階別に見た特性と精神作業負荷の影響―
　　　　　　　　（実験Ⅱ，昭和43年度）

1．実験目的とその意義

　実験Ⅰにおいて，小学2年生，小学5年生，中学2年生，高校2年生の男女各5～6名を夏季の室温30±1℃から約10℃低い温度環境の人工気候室に50分間滞在させた結果，低学年ほど身体各部の皮膚温の低下度が大きい傾向にあること，小学5年生男子と女子の一部および小学2年生女子の一部には低下後定常または低下後上昇のパターンが示されたこと，その他の学年は連続下降型を持つことが観察された。これらの現象は，低学年ほど体温調節能力が未発達であることと対応するもので小学2年生と中学2年生の連続下降型は質的に異なったもので小学2年生の場合は急激なる低温暴露に対する対寒理学的体温保持調節に主力を置く中で存在すると解釈され，また小学5年生に見られる特徴的反応（下降後定常型が小学2年生と中学2年生の移行期に当たる小学5年生に出現していること）は，小学5年生あたりを境に物理的および化学的体温調節機構に質的な変化の存在することを推測されるものである。これらの結果は，小学5年生対象に基礎体温の季節変動の様相を調査した田中博隆[23]，緒方維弘[24]が，小学5年生を成人への体温調節への移行期として注目していたこととも符合する。本研究は，やや低温ぎみに冷房環境で緩和な全身性の冷気暴露を受けた時の前額と四肢の末梢皮膚温変化の年齢段階を追ったところに特徴がある。

　この現象を実験Ⅰに引き続き同一被験者について3か年経年観察を行なえば，体温調節機構の移行期の存在の有無がより確かなものとなるであろう。

　第2節ではその2年目の結果を述べるが，同時に，これに加えて，精神的緊張を強いる学習負荷による皮膚温への影響も検討した。本実験によって夏季の冷房室内での学習至適温度条件の設定に当たって一つの有意義な判断資料を提供出来

よう。実験的に単純加算作業であるクレペリンを負荷することにより,かなりの精神的緊張感を与えて皮膚温の低下にどのような様相となって現れてくるものであるかを見ようとした。

2. 実験対象と方法

表1-1に示す,昭和42年度と同一の被験者である小学3年生(男子5名,女子6名),小学6年生(男子5名,女子6名),昨年とは別の中学3年生(男子2名,女子6名),高校2年生(男子4名,女子6名)について測定を行なった。ここで中学3年生の被験者は,個人差という点と関連して,一卵性双生児男子1組,女子3組を用いたものである。実験期間は昨年と同様7月～8月の酷暑日で午前9:30～午後3:30とし,その結果実験控室(環境Ⅰ,図1-2)の気温はほぼ29.5℃～31.5℃,気湿は61～69%であった。被験者はこの部屋で身体計測を行なった後,長机へ向かって自由にマンガ本を見ながらの気楽な気分で約20分間滞在させて皮膚温,舌下温などの測定を行なった。この時の暑熱感は暑い,やや暑い,汗ばむであった。その後,約10℃低温の乾球温度19.5～21.5℃,湿球温度15.5～17.9℃の人工気候室に入室させて,10・30・50・60分後の皮膚温と舌下温を測定し,再び実験控室(環境Ⅰ)に出て10分後に測定した。皮膚温の測定部位は昨年同様,ひざ,下腿伸側,足側,手背,前腕伸側,前額の6部位,着衣状態は,半袖白テトロンシャツと白木綿ショートパンツ,スポンジスリッパ,下着各1である。

3. 実験結果と寸考

(1) 学年別に見た皮膚温の低下度と低下パターンについて

図1-6～図1-42に示す。昨年度は小学2年生と中学2年生が連続下降型,小学5年生に下降後定常型が見られたが,今回は60分後も測定した結果,小3に最も急激な低下が50分時→60分時にかけて見られたが,10→50分間について見ると比較的定常の,昨年度小5に見られた傾向へ移行していく様相が小2の1年後の経過として今回の小3に現れている。更に低下度は小2の時よりも小さくなっている。一方,小6は昨年度とは全く異なった連続下降型を示した。これは昨年

図 1-18 冷房室内および出室後10分における身体各部皮膚温の個人別経時的変動（小3，男子，昭和43年7月）

Depression and the recovery of skin temperature of four school boys of 3rd grade entering into a cooling room for 50 min and coming out of the room for 10 min

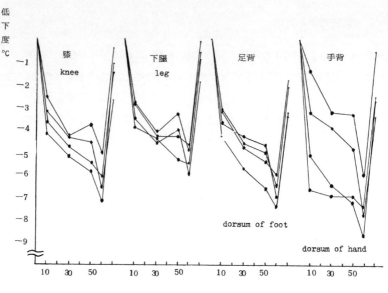

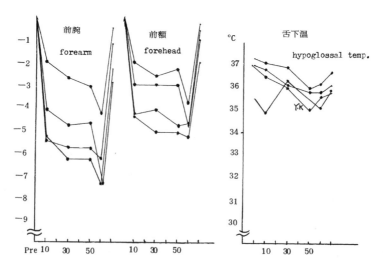

図1-19 冷房室内および出室後10分における身体各部皮膚温の個人別経時的変動（小6，男子，昭和43年8月）

Depression and the recovery of skin temperature of five school boys of 6th grade entering into a cooling room for 50 min and coming out of the room for 10 min

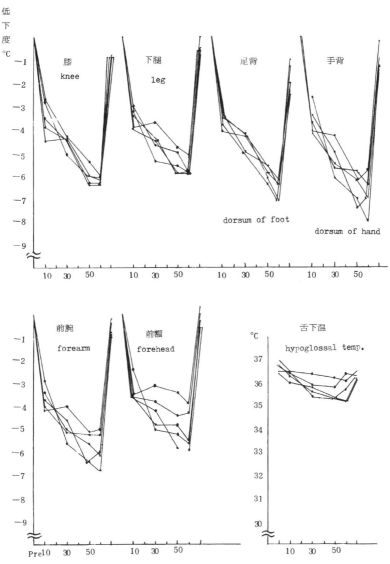

図1-20 冷房室内および出室後10分における身体各部皮膚温の個人別経時的変動（高2，男子，昭和43年8月）

Depression and the recovery of skin temperature of four high school boys of 2nd grade entering into a cooling room for 50 min and coming out of the room for 10 min

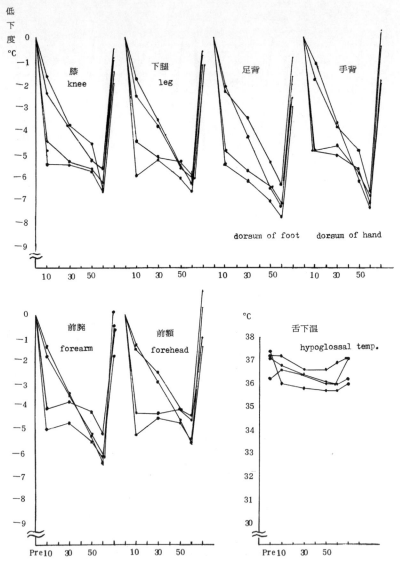

図1-21 冷房室内および出室後10分における身体各部皮膚温の個人別経時的変動（小3，女子，昭和43年7月）

Depression and the recovery of skin temperature of four school girls of 3rd grade entering into a cooling room for 50 min and coming out of the room for 10 min

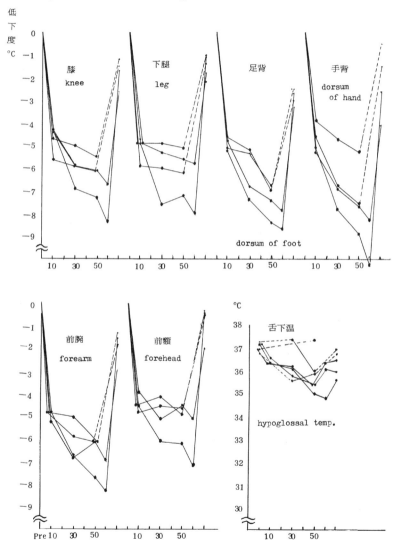

図1-22 冷房室内および出室後10分における身体各部皮膚温の個人別経時的変動（小6，女子，昭和43年8月）

Depression and the recovery of skin temperature of six school girls of 6th grade entering into a cooling room for 50 min and coming out of the room for 10 min

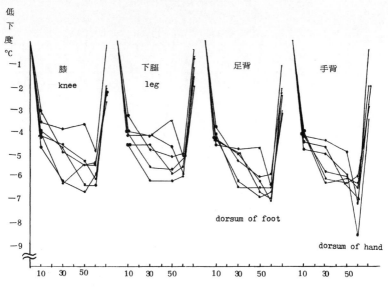

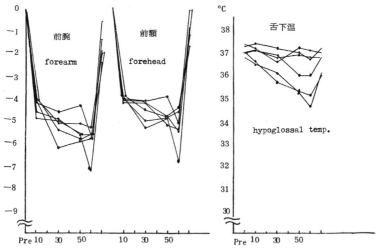

図1-23 冷房室内および出室後10分における身体各部皮膚温の個人別経時的変動（高2，女子，昭和43年8月）

Depression and the recovery of skin temperature of four high school girls of 2nd grade entering into a cooling room for 50 min and coming out of the room for 10 min

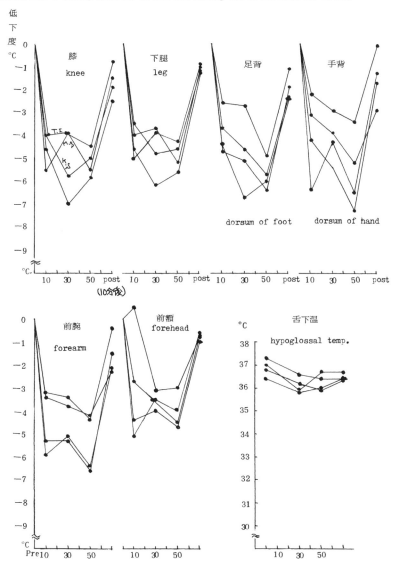

度の中2のパターンと同じである。高校2年生は女子の場合には昨年度と同様の下降傾向が見られる。

　男女別に見ると，今回の実験結果から，女子に年齢別のかなりはっきりした傾向，すなわち，低学年ほど低下度が大なることが認められた。一方，男子は小3，小6，高2の間で低下度が少なく，低下のパターンは小6，高2は同じ傾向を示している。ここで，男女とも注目すべき点は，小3の50→60分時の皮膚温の急激な低下である。このことは，この程度の冷気暴露を冷房室入室によって受けた場合，幼少な段階では入室後1時間たってもまだ環境温度の変化に対する体内温度の熱収支のバランスがとれてない状態をうかがわせる。

(2) 最小2乗法による2次曲線当てはめ結果

　図1−17・図1−24・図1−31に示す。昭和42年度に比して，1年後の係数 a，b，c と熱平衡に達するまでの時間（T）およびその際の皮膚温（X）は図1−24のごとくであるが，この点の検討は，3年目に当たる昭和44年度のデータと比較して第3節実験3において行なう。

(3) クレペリン作業を負荷した際の皮膚温低下への影響

　クレペリンを負荷した場合に現れる，リラックスした時の皮膚温低下傾向との違いは，年齢段階によって全く様相を異にしていた。すなわち，図1−25〜1−28に見られるように，男女とも高2がこの種の精神負荷によって最も皮膚温の低下度が大きく，更にリラックスしていた時に見られていた大きな個人差が精神負荷を与えた場合には顕著に小さくなる。小3，小6に精神負荷を与えた場合，皮膚温の低下度の個人差は，リラックスしている時と同程度またはそれより大きく，高2に見られたようなはっきりした傾向は見られなかった。このことは，クレペリン作業の受け止め方の個人差に基づくものと思われ，この種のもので低学年を含めて一様な精神緊張をもたらすことは困難であると思われた。

　さて，今回の結果から，クレペリンの受け止め方は各年齢層とも同じと言えないため，結論的なことは言えないが，比較的真剣に取り組み，実験の前提条件もかなり一定していた高2の場合から言えることは，学習に緊張が伴う場合の学習環境としての冷房の至適温度はくつろぐ時のそれとは異なった環境温度が要求されることが示唆された。

図1-24 冷気暴露による皮膚温変動パターンの理論式への当てはめ (昭和43年)

Second order equation obtained by a least squared method for applying the time series of skin temperature change by cold exposure

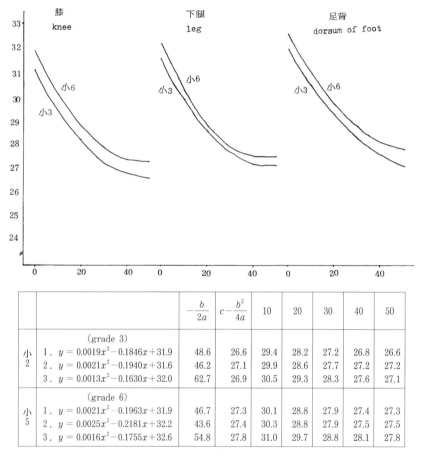

		$-\dfrac{b}{2a}$	$c-\dfrac{b^2}{4a}$	10	20	30	40	50
小2	(grade 3)							
	1. $y = 0.0019x^2-0.1846x+31.9$	48.6	26.6	29.4	28.2	27.2	26.8	26.6
	2. $y = 0.0021x^2-0.1940x+31.6$	46.2	27.1	29.9	28.6	27.7	27.2	27.2
	3. $y = 0.0013x^2-0.1630x+32.0$	62.7	26.9	30.5	29.3	28.3	27.6	27.1
小5	(grade 6)							
	1. $y = 0.0021x^2-0.1963x+31.9$	46.7	27.3	30.1	28.8	27.9	27.4	27.3
	2. $y = 0.0025x^2-0.2181x+32.2$	43.6	27.4	30.3	28.8	27.9	27.5	27.5
	3. $y = 0.0016x^2-0.1755x+32.6$	54.8	27.8	31.0	29.7	28.8	28.1	27.8

図1-25 冷房室内および出室後10分におけるクレペリン負荷時の身体各部皮膚温の経時的変動（男子，昭和43年7月8日）
Depression and the recovery of skin temperature of three male examinees entering into a cooling room for 50 min and coming out of the room for 10 min (loaded with Kraepelin Test)

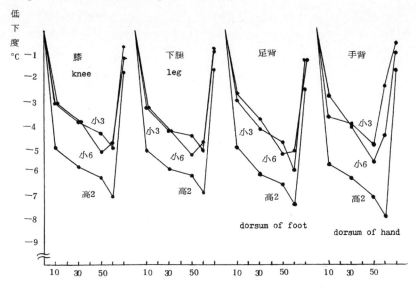

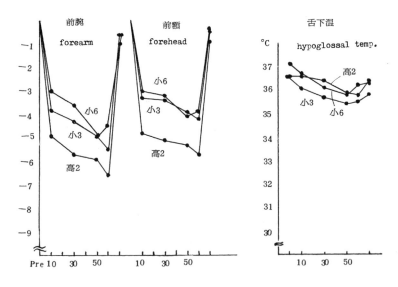

図1-26 冷房室内および出室後10分におけるクレペリン負荷時の身体各部皮膚温の経時的変(女子,昭和43年7月8日)
Depression and the recovery of skin temperature of three female examinees entering into a cooling room for 50 min and coming out of the room for 10 min (loaded with Kraepelin Test)

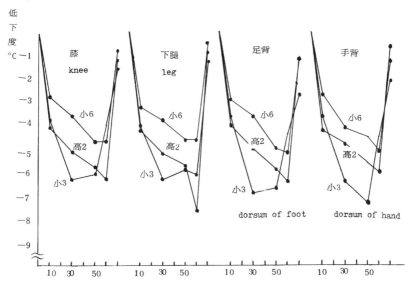

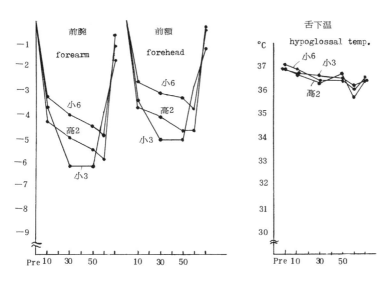

図1-27 冷房室内および出室後10分におけるクレペリン負荷時の身体各部皮膚温の経時的変動（高2，男子，昭和43年7月8日）

Depression and the recovery of skin temperature of four high school boys of 2nd grade entering into a cooling room for 50 min and coming out of the room for 10 min (loaded with Kraepelin Test)

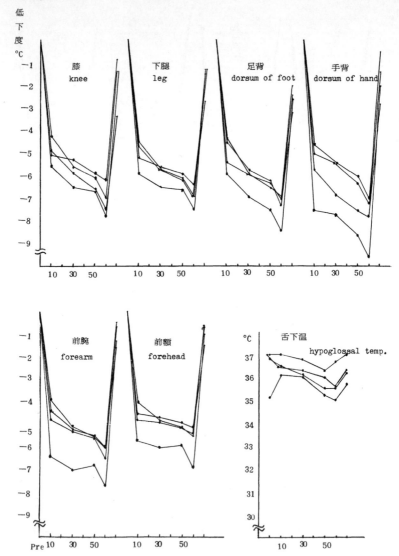

図1−28 冷房室内および出室後10分におけるクレペリン負荷時の身体各部皮膚温の経時的変動（高2，女子，昭和43年7月8日）

Depression and the recovery of skin temperature of five high school girls of 2nd grade entering into a cooling room for 50 min and coming out of the room for 10 min (loaded with Kraepelin Test)

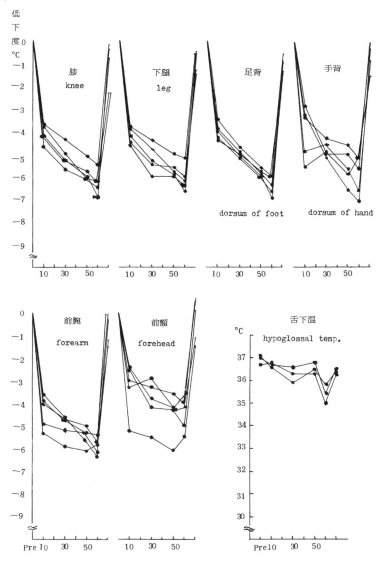

図1-29 冷房室内および出室後10分におけるクレペリン負荷時の身体各部皮膚温の経時的変動（小4，男子，昭和43年7月8日）

Depression and the recovery of skin temperature of four school boys of 4th grade entering into a cooling room for 50 min and coming out of the room for 10 min

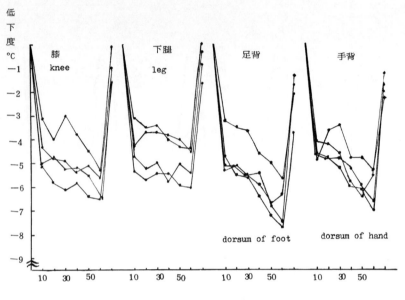

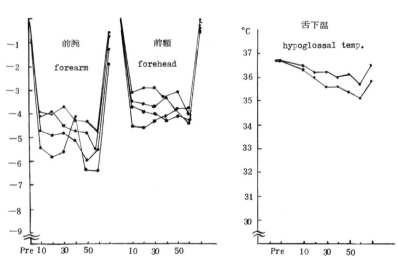

図1-30 冷房室内および出室後10分におけるクレペリン負荷時の身体各部皮膚温の経時的変動（小4，女子，昭和43年7月8日）

Depression and the recovery of skin temperature of five school girls of 4th grade entering into a cooling room for 50 min and coming out of the room for 10 min

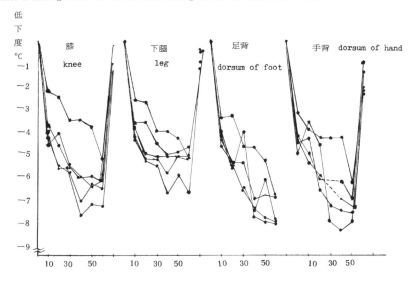

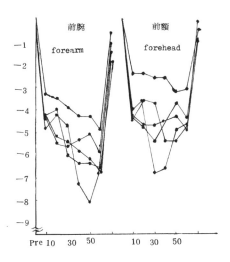

図1-31 冷気暴露による皮膚温変動パターンの理論式への当てはめ（昭和44年）
Second order equation obtained by a least squared method for applying the time series of skin temperature change by cold exposure

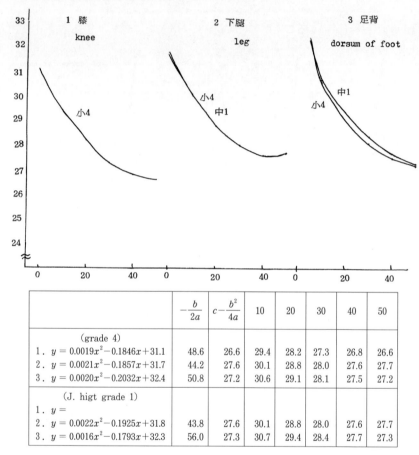

	$-\dfrac{b}{2a}$	$c-\dfrac{b^2}{4a}$	10	20	30	40	50
(grade 4)							
1. $y = 0.0019x^2 - 0.1846x + 31.1$	48.6	26.6	29.4	28.2	27.3	26.8	26.6
2. $y = 0.0021x^2 - 0.1857x + 31.7$	44.2	27.6	30.1	28.8	28.0	27.6	27.7
3. $y = 0.0020x^2 - 0.2032x + 32.4$	50.8	27.2	30.6	29.1	28.1	27.5	27.2
(J. higt grade 1)							
1. $y =$							
2. $y = 0.0022x^2 - 0.1925x + 31.8$	43.8	27.6	30.1	28.8	28.0	27.6	27.7
3. $y = 0.0016x^2 - 0.1793x + 32.3$	56.0	27.3	30.7	29.4	28.4	27.7	27.3

4. 結論（昭和43年度実験）

　夏季の室温より約10℃低い人工気候室に一定時間，児童・生徒を入室させ，前年と同一被験者につき皮膚温の測定を行なった。

　その結果，①皮膚温の低下度と低下パターンは年齢および性に関連しているこ

と。すなわち，昨年見られた小学5年生の下降定常型または低下上昇型のパターンは，この上下の年齢層の低下および低下パターンの移行的様相を示し，皮膚温調節機序の移行期であるとの強い証拠を提出するものである。またこの移行期に至る年齢は男女で異なることが確かめられた。②単純加算作業（クレペリン）を負荷した場合，高校生では男女とも皮膚温の低下がリラックスした場合よりも大きく現れ，このことは，学習につきものの精神的緊張と冷房による全身性の冷気暴露とは皮膚温に二重の低下原因を与えることが認められ，学習内容による精神的緊張度に応じた至適学習温度の根拠が示唆された。

第3節　夏季冷房環境下での小児の皮膚温変動に関する継続実験
―3か年の継続実験による年齢段階別特性の追証―
（実験Ⅲ，昭和44年度）

1．実験目的

皮膚温を指標にして，一般に普及している冷房室を想定した20℃±1℃の人工気候室に入室，50～60分間滞在した際の体温調節機序の年齢的反応差を見る目的で，昭和42年度から同一被験者について経年研究を行なったので，第3節ではその3回目の実験について述べる。

小学2年生，小学5年生を対象として行なった昭和42年度の実験と同一被験者が，昭和43年度には小学3年生，小学6年生へ，昭和44年度には小3，中1となって，結局小2～小4，小5～中1については同一被験者のデータ延べ146例が得られた。

ここでは，これらの年次的変化が皮膚温低下と低下パターンに何らかの関連があるものか否かを，小2の低下大なる連続低下型，小5の低下度中等度なる下降後定常または上昇型に注目し，年次的にこれらがどう変化していくか，すなわち，仮説小2で認められたパターンは，小5のパターンへ移行し，小5で認められたパターンは個人差大なる中2のパターンへ移行していくであろうことを更に確か

図1−32 冷房室内および出室後10分における身体各部皮膚温の個人別経時的変動（同一個人の逐年変化）（男子）

Depression and the recovery of skin temperature of a school boy entering into a cooling room for 50 min and coming out of the room for 10 min, a three years' follow up study

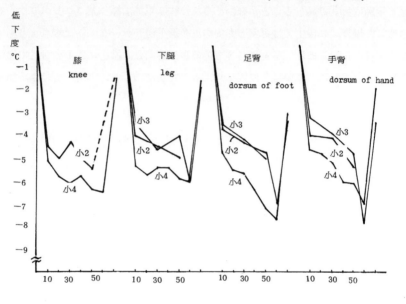
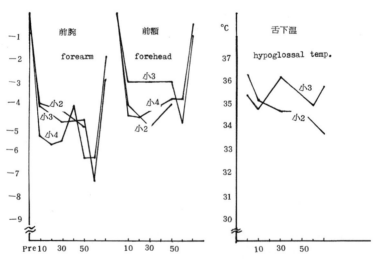

図1-33 冷房室内および出室後10分における身体各部皮膚温の個人別経時的変動（同一個人の逐年変化）（男子）
Depression and the recovery of skin temperature of a school boy entering into a cooling room for 50 min and coming out of the room for 10 min, a three years' follow up study

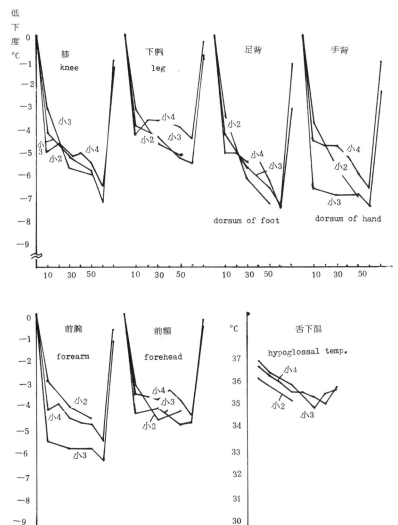

図1-34 冷房室内および出室後10分における身体各部皮膚温の個人別経時的変動（同一個人の逐年変化）（男子）

Depression and the recovery of skin temperature of a school boy entering into a cooling room for 50 min and coming out of the room for 10 min, a three years' follow up study

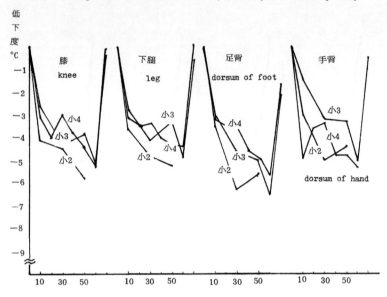

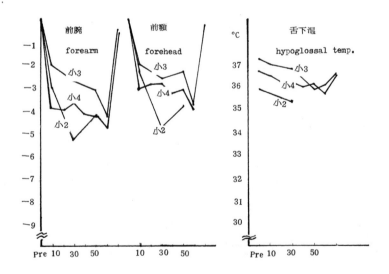

図1－35 冷房室内および出室後10分における身体各部皮膚温の個人別経時的変動（同一個人の逐年変化）（男子）

Depression and the recovery of skin temperature of a school boy entering into a cooling room for 50 min and coming out of the room for 10 min, a three years' follow up study

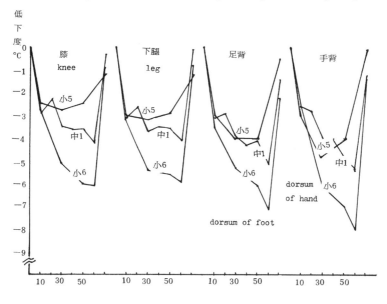

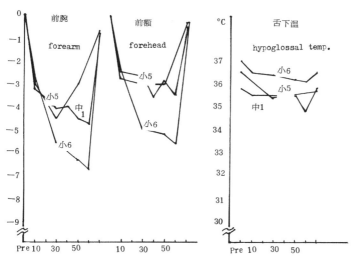

図1-36 冷房室内および出室後10分における身体各部皮膚温の個人別経時的変動（同一個人の逐年変化）（男子）

Depression and the recovery of skin temperature of a school boy entering into a cooling room for 50 min and coming out of the room for 10 min, a three years' follow up study

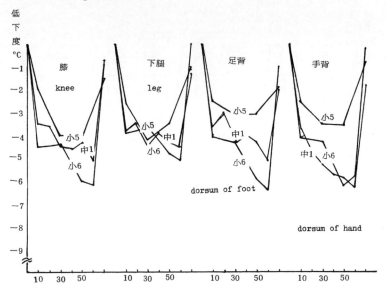

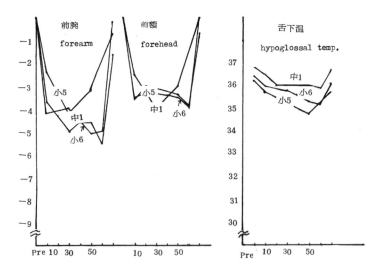

図1−37 冷房室内および出室後10分における身体各部皮膚温の個人別経時的変動（同一個人の逐年変化）（男子）

Depression and the recovery of skin temperature of a school boy entering into a cooling room for 50 min and coming out of the room for 10 min, a three years' follow up study

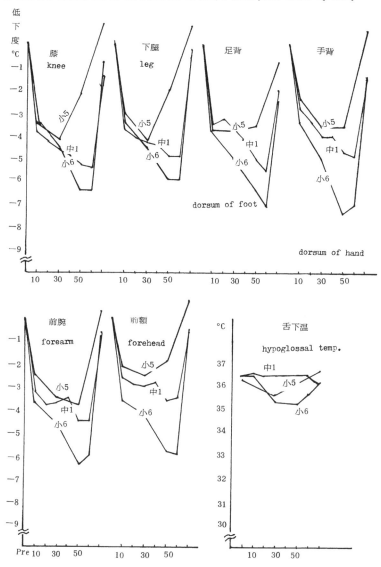

図1－38　冷房室内および出室後10分における身体各部皮膚温の個人別経時的変動（同一個人の逐年変化）（男子）

Depression and the recovery of skin temperature of a school boy entering into a cooling room for 50 min and coming out of the room for 10 min, a three years' follow up study

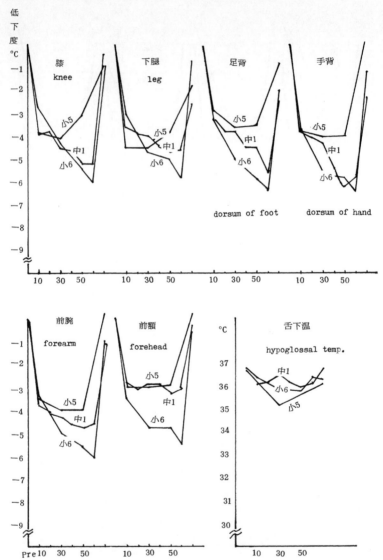

図1-39 冷房室内および出室後10分における身体各部皮膚温の個人別経時的変動（同一個人の逐年変化）（男子）

Depression and the recovery of skin temperature of a school boy entering into a cooling room for 50 min and coming out of the room for 10 min, a three years' follow up study

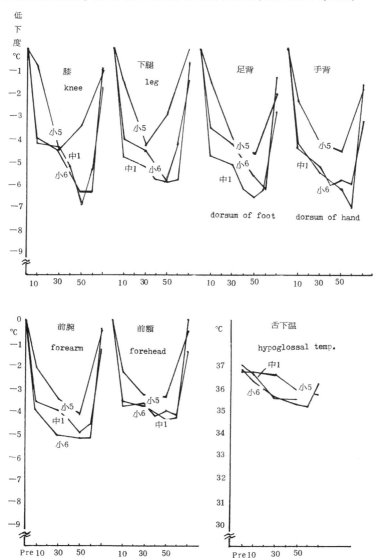

図1−40 冷房室内および出室後10分における身体各部皮膚温の個人別経時的変動（同一個人の逐年変化）（女子）

Depression and the recovery of skin temperature of a school girl entering into a cooling room for 50 min and coming out of the room for 10 min, a three years' follow up study

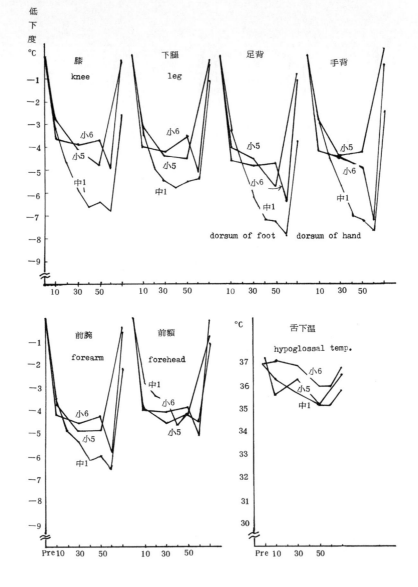

図1-41 冷房室内および出室後10分における身体各部皮膚温の個人別経時的変動（同一個人の逐年変化）（女子）
Depression and the recovery of skin temperature of a school girl entering into a cooling room for 50 min and coming out of the room for 10 min, a three years' follow up study

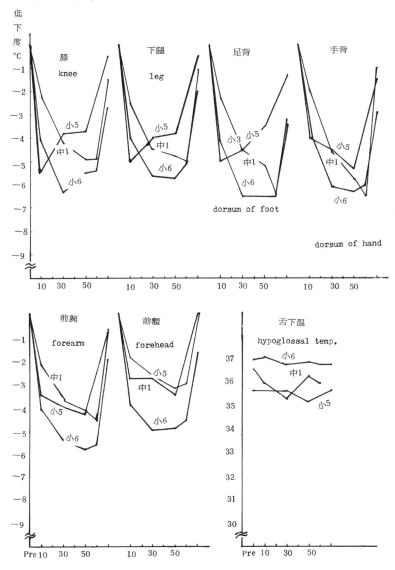

図1-42 冷房室内および出室後10分における身体各部皮膚温の個人別経時的変動（同一個人の逐年変化）（女子）

Depression and the recovery of skin temperature of a school girl entering into a cooling room for 50 min and coming out of the room for 10 min, a three years' follow up study

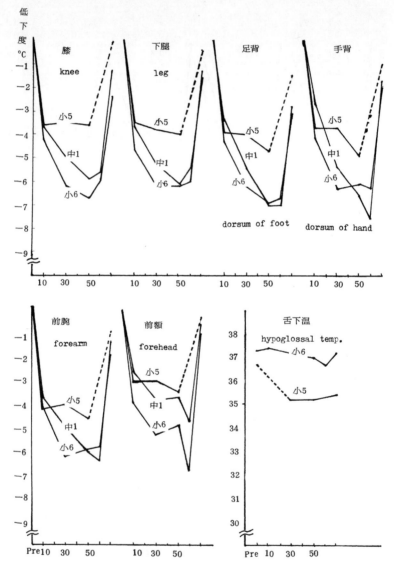

図 1 -43 冷房室内および出室後10分における身体各部皮膚温の個人別経時的変動（同一個人の逐年変化）（女子）

Depression and the recovery of skin temperature of a school girl entering into a cooling room for 50 min and coming out of the room for 10 min, a three years' follow up study

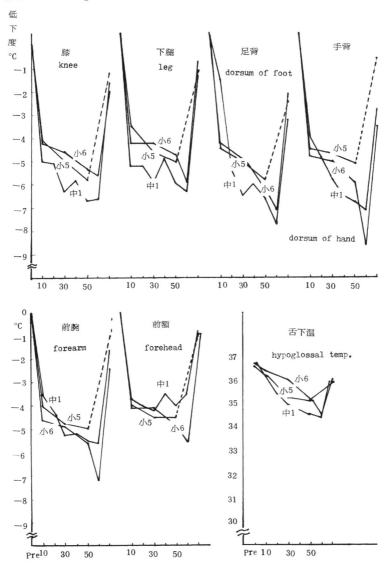

図1-44 冷房室内および出室後10分における身体各部皮膚温の個人別経時的変動（同一個人の逐年変化）（女子）

Depression and the recovery of skin temperature of a school girl entering into a cooling room for 50 min and coming out of the room for 10 min, a three years' follow up study

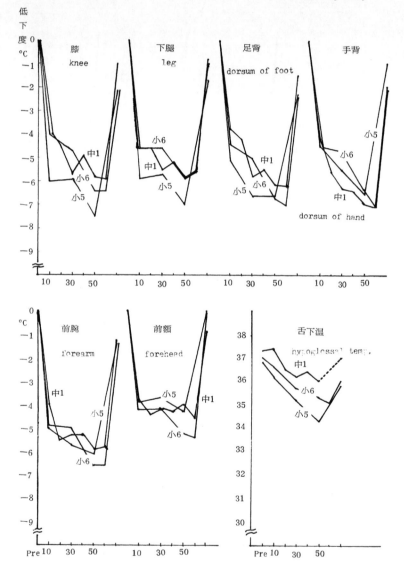

図1-45 冷房室内および出室後10分における身体各部皮膚温の個人別経時的変動（同一個人の逐年変化）（女子）

Depression and the recovery of skin temperature of a school girl entering into a cooling room for 50 min and coming out of the room for 10 min, a three years' follow up study

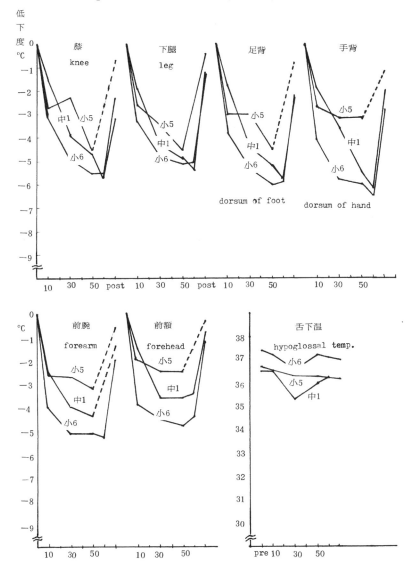

めることが，本年度実験の目的である。

2．実験対象と方法

実験手順および方法は，実験Ⅰ，Ⅱと同様。実験期間は，昭和44年7月22日～8月20日。被験者は，実験Ⅰ，Ⅱと同一者を用いた。被験者の3か年の体位の変化は図1－3のようである。

昭和42年度は体位が全国平均±1/2σの範囲で選定されていたため，いわゆる標準型体型で，同一年齢層内での極端なバラツキは見られないが，図1－3に見るように3か年後の本実験では発育速度の速い者と遅い者との二つのグループに分かれてしまっているのが認められる。

3．実験結果と寸考

(1) 身体各部皮膚温の経時的変化について

昭和42年度～昭和44年度のデータによって，小2～小4，小5～中1の身体各部位別皮膚温の経時的変化を経年的に図1－32→図1－34，図1－35→図1－45によって見るとバラツキは見られるが小4にはもはや小2で見られた低下度大なる連続下降型は見られず，小5の下降後定常型または上昇パターンに移行していく様相が観察される。

更に，小5に認められた下降後定常型または上昇パターンは小6にはもはや現れることなく，中2に見られた低下度の小さい連続下降型へ移行していく様相がうかがわれる。

以上，皮膚温測定値をそのまま経時的にプロットした図によっても，昭和42年度実験結果から導かれた仮説，すなわち，小2の低下度大なる連続下降型，小5の下降後定常型ないし下降後上昇型，中2の低下度小なる連続下降型の存在を認め，小5の発育過程，特に温度環境への適応能の発達過程上の特異な存在として，その時期に注目されよう。

4．結論

皮膚温を指標にして一般に普及している冷房室に入室した際の体温調節機構の

変化の様相に年齢による差があるかどうかを見るために，最高気温が30℃を超える夏季に，その高温環境に順化した状態の発育途上4つの年齢段階の男女各4～6名の児童，生徒を外気との差10℃低温の人工気候室に入室させて50～60分間滞在させた時の身体各部6か所の皮膚温を測定した。

　その結果，年齢段階により皮膚温低下の様相が異なることが明らかにされた。この結果，同一被験者の3か年経年観察の結果からも，7,8歳の低下度大なる連続下降型，10,11歳の下降後定常型ないし下降後上昇型，13,14歳の低下度小なる連続下降型の存在を認めた。

　これらの事実から，幼年期あるいは7,8歳期においては皮膚温を下げて放熱を少なくしようとする物理的体温調節が多く働いていること，および中学1年生あたりではこの調節はもっとすばやく現れるにもかかわらず皮膚温の連続低下を防ぎ，その安定した推移をもたらす別の調節作用が発動，関与していることが予想される。

　そして，これら2つの異なった皮膚温調節機序の移行期が男子では小学5年生（10,11歳），女子では小学2年生（7,8歳）を境に存在することが強く示唆された。発育，発達に伴って別の皮膚温調節機序が発動，関与してくるとして，その本体が例えば産熱促進による化学的体温調節かどうか，この点については，次の昭和46年度の実験で検討を加える。

第4節　夏季冷房環境下での小児の皮膚温および酸素消費量の変動に関する実験
—物理的体温調節，化学的体温調節の変動に関する年齢差の検討—
（実験Ⅳ，昭和45年度）

1. 実験目的および仮説

　実験Ⅰ～Ⅲを通して得られた皮膚温の変化による物理的体温調節作用の年齢段階による差異，すなわち小2の場合，皮膚温の著しい低下によって放熱を少なくする対寒末梢性体温保持調節が著しく現れ，外気温差10℃という冷房室に約1時

間滞在の間，引き続いて徐々に低下し続ける連続下降型を示し，小5の場合は入室後一旦低下するがその後は安定または上昇の傾向を示し，中2になると小2と同じ連続下降型であるが，入室10分後の測定時点の皮膚温は小2より大で，30,50分後の低下の傾斜は小2より小さい傾向が見られた。以上の結果は，対寒末梢性体温保持調節の現れ方とその割合が各年齢層によって異なっているとのおよその見当がつき，更に熱産生を増加させて低温環境下での熱出納のバランスをとる対寒化学的体温調節の介在の割合とその様相も年齢層によって異なるのではないかという点から次のような仮説が考えられた。

① 小2の場合，皮膚温の低下による対寒物理的体温保持調節が，冷気暴露約1時間の間中徐々に現れ続けていることから，体熱産生による化学的体温保持調節作用は今回の冷房室滞在50～60分間という条件下では出現しないであろう。

② 小5の場合，在室20～30分後には既に皮膚温低下定常が見られることより，内部環境と外部環境の温度差に対する熱出納のバランスがとれていると仮定すれば，それに応じた産熱の増減が見られるのではないだろうか。

③ 中2，高2の場合，冷房室入室後早くも皮膚温の低下が小2の場合より大きく見られることから，冷気に暴露されるとそれに応じた対寒物理的体温調節反応がすばやく現れ，それと同時に低温への好ましい適応現象と見られる化学的体温調節作用も敏感に現れるのではなかろうか。

以上のように，外気温差10℃程度の緩和な低温環境では，低年齢層ほど体熱産生は少なく，その体温調節作用には皮膚温の低下などによる末梢性対寒物理的体温保持調節[5]が主役を担っているであろうことを見るために，昭和42年度に行なった実験Ⅰと同年齢層（小2，小5，中2）の健康児を実験Ⅰと同じ条件で選定し，次のような方法で測定を行なった（男女各6名）。

2．実験方法

測定項目に，皮膚温の変化の様相を裏付けるものとして，プレテイスモグラフによる脈波の測定，血圧，脈拍，自律神経緊張の経時的変化を見るためのSPR測定などを加えたこと。および今回の実験目的である化学的体温調節の発現状況

を見る指標として酸素消費量を高, 低2つの環境下でダグラス・バックに5分間採気し電気伝導法により分析した。用いた器具は, フクダエレクトロメタボラーを, 労研式ガス分析器にて検定し使用した。

実験期間および実験条件は実験Ⅰ～Ⅲと全く同様である。実験手順は, 測定項目が新たに2, 3加わったことを除いては全く同様である。ここで前回までの実験は, 低温環境のみ人工気候室を用いたが, 今回は高低とも2つの人工気候室を用いて行なった。

3. 実験結果と寸考

(1) 高・低2つの環境下での酸素消費量の増減について

図1－46は, 30～31.5℃の高温室に約30分間滞在した後の体表面積当たり5分間の酸素消費量(1)と19.5～21.5℃の低温環境入室後50分後の酸素消費量 $l/5min/m^2$ である。

更に, この高, 低2つの環境下での酸素消費量の増減の統計的検定結果が表1－1に示してある。

ここから, 小学2年生の場合には低温室入室50分後の酸素消費量はむしろ減少の傾向を示し, 小学5年生の場合は個人差があり, 増加しているものと, ほとんど増減してないものとで, 統計的には有意差が見られない。中学2年生になると増加, 成人の場合も増加が見られる。

今回の実験結果からは, 小学2年生の場合は外気温差10℃の冷房室在室50分間には, 対寒化学的体温調節の機序は発現しておらず, 中学2年生以上では, 皮膚温低下による体熱の放散を防ぐと同時に, 体熱産生も増加し, いわゆる化学的体温調節作用が働いている。一方小5の場合は, 小2から中2への移行期, すなわち小児の体温調節機序から成人のそれへの移行型と考えることが出来よう。

(2) 皮膚温の低下の様相

図1－47, 図1－48は, 小2, 小5の男子についての身体各部6か所における皮膚温の経時的変動である。この2つの図は昭和42年度の実験Ⅰで見られた小2の連続下降型と小5の低下後定常型がここにも現れている。

以上の結果より, 小2の場合は, 皮膚温等による物理的体温調節作用が主役を

図1-46 高温室と低温室でのO₂消費量／体表面積の比較
Oxgen consumption in high and low room temperatures (in 1971)

<小学2年生について>

環境差 \ Sub	A	B	C	D	E	F	G
高温室内O₂消費量	973	970	1261	941	979	852	1190
低温室内O₂消費量	795	792	930	1034	778	565	1126
差 d	−178	−178	−331	93	−201	−287	−64

差の平均−163.7（cc）　標準偏差141.9　t値3.05＞t0.01　　　（O₂ cc/5min/㎡）

<小学5年生について>

環境差 \ Sub	A	B	C	D	E	F
高温室内O₂消費量	817	630	709	621	716	603
低温室内O₂消費量	844	1006	655	828	787	539
差 d	27	376	−54	207	71	−64

差の平均93.8（cc）　標準偏差155.0　t値1.48＜t0.05　　　（O₂ cc/5min/㎡）

<成人について>

環境差 \ Sub	A	B	C
高温室内O₂消費量	632	631	843
低温室内O₂消費量	745	689	944
差 d	113	58	101

差の平均90.7（cc）　標準偏差28.8
t値5.45＞t0.01　　　（O₂ cc/5min/㎡）

<中学2年生について>

環境差 \ Sub	A	B	C	D	E
高温室内O₂消費量	219	228	204	150	
低温室内O₂消費量	253	255	294	230	286

（cc/min）

	Sub	自由度	平均値	平方和
高	4	3	200	3661
低	5	4	263	2743

平均差　63
こみにした分散　$\frac{6404}{7} = 915$
t値　4.44＞t0.01

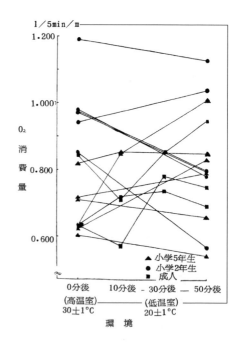

図1-47 冷房室内および出室後10分における身体各部皮膚温の経時的変化（昭和46年，小2，男子）

Depression and the recovery of skin temperature of five school boys of 2nd grade entering into a cooling room for 50 min and coming out of the room for 10 min

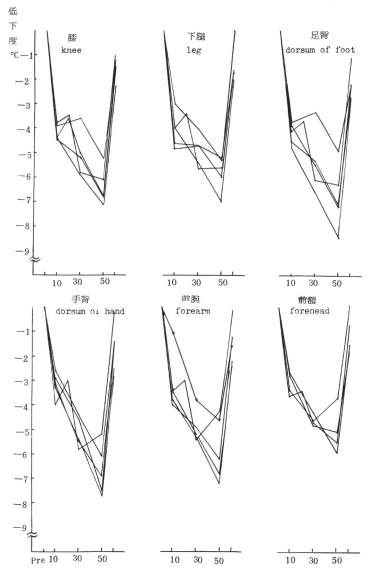

図1-48 冷房室内および出室後10分における身体各部皮膚温の経時的変化（昭和46年，小5，男子）

Depression and the recovery of skin temperature of six school boys of 5th grade entering into a cooling room for 50 min and coming out of the room for 10 min

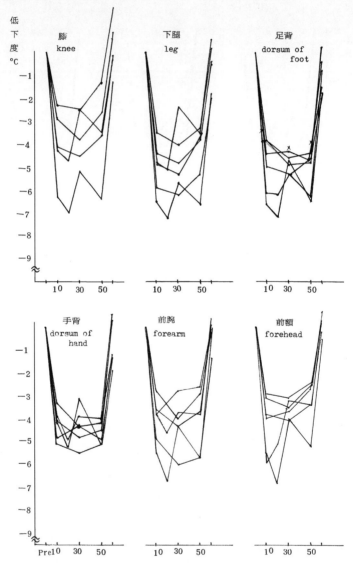

担っており，成人に移行するに従い物理的，化学的両側面からの対寒体温保持調節作用が働くものと考えられる。

なお脈波，血圧，脈拍等の測定結果は，皮膚温の低下に応じて出現する参考的な裏付けとなった。GSR については，特記すべき現象は見られなかった。

4．総合考察および結論—小児の体温調節能力の発達に視点を置いて—

体温調節機能の発達についての研究は比較的少ない。まず，新生児の体温は3日目までは比較的高く，それ以降7日目までの低温期間に続いて，8日目以降再び高くなり，乳児期に移行するという[6]～[8]。このパターンは出産直後の臍帯の炎症や消化管への細菌の侵入，体重減少および体重回復という事象に一致している[9]。この期の特徴は日差変動が大きいことである。日周日差変動はない。乳児期の体温は生後50日頃から低下し始め，100日を過ぎると平均体温は37℃を切るようになる。日周変動はまだない。幼少年期になると日周変動（日内変動）および季節変動が見られてくる[5]。田中博隆[23]は，9±1歳，12±1歳，15±1歳の3群，1群5〜26名各々について基礎体温の季節差を見ている。それによると，冬と夏の差はそれぞれ0.001，0.002および0.004℃で，差が年齢とともに開いて成人に見られる差に近づいており，成人への移行期は，ほぼ10歳で始まると考えられている。

小児の基礎代謝（体熱産生）の季節変動についての多くのデータから，緒方維弘[24]（1953）は，個人差は大きいが10歳頃から基礎代謝ひいては化学的体温調節の発現が成人のそれに近くなる様子を示すと言っている。

小児の皮膚温の特徴[24]は，成人に比べて部位差が小さいことであり，成人の夏型の皮膚温分布に近い。要するに，幼少時の皮膚温は概して成人より高く，環境温により左右されやすい変温動物的傾向を持っており，ほぼ10歳頃を境にして成人型皮膚温分布および変動するという説である。

本実験に示されたように，身体部位別分布も年齢の小なるほど末端部の皮膚温は高いが，寒冷暴露によって，末端部の皮膚温は著しく低下し，部位差が大きくなる。そして低下パターンは，小学5年生あたりを境にして，それ以上の年齢パターンに移行することを見た。これらの結果は，基礎体温から導いた緒方のそれ

と一致するものである。

　岡安敬三郎は，体質傾向をそろえる意味で，2家族6歳，10歳，13歳，33歳，36歳，41歳の男女を約20℃の環境から約5℃の環境に50分間，続いて約－6℃の環境に10分間暴露させ，皮膚温を測定した結果，手指の皮膚温は年齢に関係なく，環境と時間によって一様に低下したこと，手背温は手指温より低下が少なく，成人の方が小児より緩やかな低下を示すこと，更に直腸温の低下は，寒冷暴露中は成人と同様の下がり方を示すが，その回復が遅いことなどを見ている。一般に，寒冷暴露時の皮膚温は時間の経過とともに低下度は小さくなり定常状態に達するのが普通であるが，同一の寒冷環境でも小児の場合はよりいつまでも下がり続ける傾向のあることは，本実験結果からも認められた。冬，外出から帰ってきた時に逆に子どもの手が暖かいということは日常経験するところである。岡安敬三郎[25]は更に，2組の親子を42～44℃の温浴後，10℃前後の室内にゆかた1枚程度で静居させた時，直腸温は時間とともに下降するが，成人では一定時間後恒定して，身体加温前の値以下にまで下降することはないが，幼児では恒定の域に達しがたく身体加温前の値以下にまで下降を続けることを観察した。このことは，単に小児の体表面積が大なること，熱容量が小なることだけで説明しきれないことは，両者の基礎代謝の差からも明らかであり，深部体温下降防止のための生理学的機構が成人の域にまで発達していないことによるという緒方，岡安の解釈は的を射ていると言えよう。

　緒方維弘は更に，この体温下降現象の年齢的消長を追証するために，16年後，岡安敬三郎の実験と同様の方法で，同一の親子を対象に測定した結果，当時13歳と9歳に認められた体温下降現象が16年経て成人になった被験者たちに認められなくなったことを確認した。

　更に，緒方は上記の方法，すなわち，身体加温後の身体冷却時における体温の下降経過を比較することは，体温恒常維持能力検査法として実用価値があることを付記している。

　この体温下降防止のための生理学的機構は，皮膚温，発汗等による物理的調節機構が大きな役割を果たすとともに，産熱すなわち寒冷暴露時の酸素消費量の増加機序（化学的対寒保持調節）の発現が介在する。

寒冷暴露時の年齢別酸素消費量のデータは，成人型においては暴露とほぼ同時にこれが増加する機序が働くのに対して（Benzinger, 1970），特に小学校低学年ではこの働きが全く見られなかったことは（鈴木，実験Ⅳ，1970年），体温調節機序が成人と小児で生理学的に異なっていることが示唆され，特に前述の体温下降防止機構としては，産熱による化学的対寒保持調節の発動域値が低い方へズレていることが予想される。更に，この寒冷刺激による酸素消費量の増加の発動機序においても，成人型への移行期が10歳頃（小学 5 年生）あたりにあることが本実験結果から示唆されたことは注目に値する。この Critical Age と小児の発育発達段階との対応および，Critical Age の性差については更にデータを積み重ねる必要がある。

　発汗機能でも，成人型と幼少型の存在が確かめられており，12～15歳で両者が著しく混在し，この年齢における移行期が考えられている（松井，1955年）。

　老人の体温調節様式は，成人に比べて調節機能の発動が遅く，いったん影響を受けるとオーバーシュートな反応を示し，回復が遅れる傾向は小児とはかなり異なるパターンを持っている。

　小児の至適環境温度を考えるに当たっては，年齢段階と生活における目的を考慮する必要があろう。すなわち新生児期には，もっぱら保護的な温度環境が必要であるのに対し，長ずるにしたがいある程度の冷刺激を適度に加える方が心身の発達や適応能力の発達に好影響を与えることが経験的に言われてきた。

　本研究結果は，夏季の30℃以上の暑熱環境下に適応した身体が，10℃以上低温の冷房室に入室した際，身体が時間とともに冷却されていく様相を，皮膚温を主な指標にして低下度および低下パターンの年齢的消長を観察したものである。幼少なるほど連続下降型が認められたことは，緒方らの体温下降防止機能がまだ成人の域にまで達していないという解釈に一致する。更に男子では小学 5 年生になるとしだいに下降定常型へ，その後は減少度の少ない連続下降型へ移行することが認められたわけである。10歳頃の移行期パターンとしての下降定常または上昇型を追証するため，同一被験者について 3 か年経年観察し，更に新たな小学 2 年生と 5 年生の 2 つの年齢層の被験者を選定してそのパターンの特徴を再確認した。延べ146名のデータから末梢血管の収縮と四肢末端の冷却による皮膚温下降経過

には明確な年齢的差異が認められ，更に，幼小児の末梢から熱放散および産熱過程から見た体温調節能力の発達的様相が本研究の一連の実験より明らかにされたわけである。

　以上の結果は，今後，小児を取り巻く熱環境，特に冷房など増加の一途をたどるであろう人工的温度環境の調節に際しての科学的基礎データとして意義あるものと思われる。

　一方，冷暖房など人工環境によって，自然環境からの暑熱・寒冷刺激を受ける機会が少なくなることが発育途上にある児童の健康や疾病構造，更には耐寒性，耐暑性等の生理的適応能力にどう影響するかを予測することが今後の課題として残された。

　その一端を明らかにするために行なった気象条件の異なる日本の5地域13校の小学校，幼稚園，保育所等を対象としたフィールド調査，昭和55年度文部省科学研究「人工温度環境が小児の環境適応能力の発達に及ぼす影響に関する研究」（代表者：鈴木路子）の概要は第3章に述べる。

参考文献

(1) 三浦豊彦「至適温度の研究―至適温度を移動させる因子について―」『労働科学』44(8)，1968年，431～453頁

(2) 岡安敬三郎「体温調節に関する年齢別的研究」『体質医学研究所報告』1(2)，1950年，170～176頁

(3) 吉田敬一「夏の衛生管理　科学的調査で快適な冷房を―障害は意外に多い―」『労働衛生』8(5)，1967年

(4) 伊藤真次「暑さの馴れと冷房」『からだの科学』No.4，1965年，2～5頁

(5) Miura, T. et al.: On the optimum temperature of room cooling for workers in Summer in relation to the outdoor temperature, Rep. of the Institute for Science of Labour, No.64, 1～15, 1965.

(6) 磯田憲生・小林陽太郎・堀越哲美・池田信己「風洞内気流と人体皮膚温との関係に関する実験的研究―中間期，暖房期，冷房期の場合―」『日本建築学会論文報告集』229，1975年，121～128頁

(7) Gagge, A.P., Man, his environment, his comfort, Heat, Pip.Air-Cond, 41, 209～224, 1969.

(8) Fanger, P.O.(1970), Thermal Comfort-Analysis and Applications in

Environmental Engineering, Macgraw-Hill, N. Y.
(9) American Society of Heating, Refrigerating and Air-Conditioning Engineers (1972), Handbook of Fundamentals, Chapter7.
(10) 環境基準分科会「建築物室内環境測定特別班（班長　小林陽太郎）事務所建築物内の空間的分布，人体皮膚温の実測及び温冷感，快適感の申告に基づく暫定的室内環境基準に関する提案　Ⅰ季節別温熱条件と人体皮膚温の実測」『空気調和衛生工学』46(12)，1972年，1097～1137頁
(11) 同上「Ⅱ季節別温熱条件の空間分布と温冷感及び快適感の申告」『空気調和衛生工学』46(12)，1972年，1136～1156頁
(12) 小林陽太郎・吉沢晋ほか「冷房における人体の温熱環境実測」『空気調和衛生工学』1963年，627～636頁
(13) 射場本勘市郎・西安信「体感温に及ぼす気湿の影響とその暖冷房への応用」『空気調和衛生工学』42(3)，1968年，1頁
(14) 三浦豊彦ほか5「基地騒音下の防音校舎の冷房が生徒に与える影響に関する調査」『労働科学』45(1)，1970年，11～27頁
(15) Aschoff, J., Circadian Rhythm in Man, Science, 148, 1427～1432, 1965.
(16) 緒方維弘「体温調節機能の加齢的変化」『医学のあゆみ』62(5)，1965年，301～307頁
(17) 阿部勝馬『体温及び体温調節の生理』金原出版，1965年
(18) 浜田宗之助「健康哺乳児の体温に関する研究」『児科雑誌』351，1929年，1299～1304頁
(19) 岡野久「新産児体温，就中高年及び弱年初産婦の新産児における体温に就いて」『臨床産科婦人科』18，1943年，309～326頁
(20) 西村静一・吉松吉郎「出産後8ヶ月間の人体体温の逐時的観察」『体質医学研究所報告』1，1951年，361～366頁
(21) 緒方維弘「温熱代謝」，中川・名取編『小児生理学』朝倉書店，1958年，405頁
(22) Du Bois, E.F., Temperature, its Measurement and Control in Science and Industry, 31, Reinhold Pub. Corp., 1941
(23) 田中博隆「熊本地方学童基礎体温の季節変動について」『体質医学研究所報告』3(1)，1952年
(24) 緒方維弘「幼小児の体温調節」『日本生理誌』15(5)，1953年，175～182頁
(25) 岡安敬三郎「体温調節に関する年齢的研究」『体質医学研究所報告』1(2)，1950年，166～175頁
(26) Benzinger, T.H., Peripheral cold reception and central warm reception, Sensory mechanism of behavioral and autonomic thermostasis, in physiological and behavioral temperature regulation, p.831, ed. by J.D. Hardy, Charles

Thomas, USA.
(27) 松井宣夫「発汗性に関する年齢別的研究」『体質医学研究所報告』6, 1955年, 70〜75頁
(28) 緒方維弘「若年者における体温調節の特徴」『老年病』7(4), 1953年, 219〜224頁

第2章　教室内環境と子どもの学習意欲
―教育現場での問題点―

　第1章において，ある一定の温度刺激を与えた時の生体反応として，主に皮膚温の変動を年齢段階別に見てきた。一般に皮膚温の変化は末梢血流量の増減と直接関連している。すなわち，末梢血流量は中枢神経を介した自律神経系の発動によって規律される側面，すなわち交感神経性対寒理学的体温保持調節（阿部勝馬）[1]の側面と，体表血管が低い外気温の直接的影響によって全く末梢性に収縮する末梢性対寒理学的体温保持調節（阿部）[1]の二側面を併せ持つ現象として捉えることが出来る。

　本研究は，皮膚温の変動をこの両側面に由来するものと考えた上，年齢段階差を中心に検討してきた。更に対寒化学的体温保持調節についても実験的検討を加えた。その結果，同一の低温ストレスを与えた時，それを受ける生体側には，対寒化学的体温保持調節の現象としての酸素消費量にも，年齢段階によって変化の様子に違いのあることが分かった。すなわち，年齢段階によって体温調節機序が変わってくることを見たわけである。

　ここで，冒頭で述べた主体，環境の関わりを一つのシステムと見る考え方に立てば，温度環境に関して現実の教室でどのようなことが起こっているのかを見ることは極めて重要なことと思われる。社会的，文化的環境，気候，校舎の建築様式，冷暖房方式およびその学校の温度管理の取り組み方など多要因の総合された結果として，ある時点のある教室の温度環境が実在しているはずである。とにかく，いろいろな現場を見て，そこでの問題が何であり，先に生物学的に見た温度調節機序の発達過程の問題とどうつながっているのかを見たかったのである。

　以上のような主体-環境系の考えを踏まえて，フィールド・ワークを，具体的には，青森県僻地・市街地と東京都騒音公害地区の公立小・中学校について，冬季採暖時の教室内温度条件の測定を行なうとともに，そこで学習中の学童の皮膚

温分布状態, 脈拍, 温度感覚, 疲労感, 学習意欲などについて調べ, 温度条件とこれらの諸因子についての相互関連を明らかにすることをこのフィールド・ワークの第一の目的とした。第二の目的として, これらの実態把握の上に立った現場の温度環境管理方式の提言をすること, すなわち, それぞれの学校の実情に応じた環境管理対策の処方箋を書くこと。第三の目的として, これらの実態調査から明らかにされた諸問題と第1章で考察した生物学的認識との有機的な結び付けを行ないながら, 室内至適温度に関する環境衛生学的アプローチを健康教育学の一分野として試みることとした。

具体的には, 教室現場から得られた教室内温度条件を実験室にて再現し, 児童の思考作業や生理的諸反応を実証するとともに, 更に同じ寒冷地青森県下の全館冷暖房二重窓防音校舎という極めて人工化された教室と, 木造校舎とを対比して再び現地調査を行なったわけである。

以上のような主体-環境系を踏まえた一連の調査および実験を通して, 学校における温度管理の取組み方を示唆する基礎資料を得ることを目的とした。

第1節 冬季暖房時の室内温度条件が, 児童の体感, 疲労感および学習意欲に及ぼす影響に関する現地調査
—建築様式・暖房法の異なる東京都と青森県の小・中学校7校の例から—
（現地調査Ⅰ, 昭和45年度）

1. 調査の視点および方法

ストーブ暖房の学校, セントラル・ヒーティング施設を持つ学校など暖房の仕方はその学校ごとに様々である。様々な暖房法と様々な教室建築の組み合わさった教室内の温度環境もまた様々であろう。その教室内で授業を受ける児童の冷えやほてりの訴え, 異常な温度上昇による頭痛や学習に対する飽きの現象など環境条件が児童に与える影響を幾つかの側面について検討し, その結果を温度環境と突き合わせ, 幾つかの原則を得たいと思った。

ここでは，従来なされてきた温度，湿度，気流，輻射熱等，物理的温熱条件の測定と同時に，その環境に長時間滞在して，いわば主体-環境系を形成している児童について，彼らの心身の状態を温度感覚，疲労感，学習意欲，皮膚温，体温，脈拍などを測定し，教室内温度環境についての総合的な評価を試みた。

また温度環境について，暖房法，建築様式，地域差の三要因を組み合わせて，それぞれの対象校の実態を観察すると，最近特に公害対策の一環として急増しつつあるセントラル・ヒーティングの鉄筋校舎内での温度環境は特有の問題を抱えていること，寒冷僻地の木造平屋トタン屋根でストーブ暖房の校舎にはまたそれなりの問題点があると思われる。これらの問題点を明らかにし，個別的な対策も試みたい。

－目的－

暖房法，建築様式，地域別の教室内温度条件とその環境下の学童の心身の変化の関係を把握検討する。

－方法－

ここでとられた研究方法は，従来の物理的測定を主とした環境衛生学ということではなく，そこに学ぶ学童の主体的な反応を観察することによって，主体と環境の両側面を同時に総合的に検討しようとしたものである。

(1) **環境側の問題として**

表2－1の項目の測定を行なった。測定点は，教室内の中央と四隅の5か所を選び，それぞれの場所について，床上20cmと机上20cmの2地点で測定を行なった。上部の測定点は，座位の学童の頭部における気温を，下部の測定点は下肢に及ぼす気温を示し，その上下の温度差による冷えとほてりの発現の有無を見ようとしたものである。

表2－1　測定項目と測定器具

測定項目	測定器具
温湿度	アウグスト乾湿度計，アスマン通風乾湿度計
気流	熱線風速計，乾カタ寒暖計
輻射熱	黒球温度計
二酸化炭素	北川式検知管

(2) 学童側の問題として

皮膚温,体温,脈拍数の測定と質問紙Ⅰ(表2－2),質問紙Ⅱ(表2－3)のような温度感覚,疲労感,学習意欲,その日の身体の調子などの調査を実施した。

皮膚温は,前額,手背,下腿伸側の3点をサーミスタ温度計(接着式感熱部をセロテープで皮膚に固定し,目盛りはAで出て来る自制のもので,一点一点温度をAとのキャリブレーションを行なった換算表を自作,Aで得た結果をそれによって換算し摂氏温度とした)により測定した。

体温は質問紙記入時に腋下温を棒状1分計により測定した。脈拍数は撓骨動脈の触診によった。

質問紙は,2時限目,4時限目の授業終了時に行ない,実施方法は,小学生については担任の先生が一つ一つを読み上げ,児童に理解させながらその都度○×式の記入を促した。中学生については,その目的と内容を著者が説明した後,各々が自読自記入し,質問があった時にのみ対応説明をその都度行なっていった。

質問紙ⅠのⅠの内容は,表2－2に示すように,3つの部分からなる。

第1は,温度感覚としてYaglouの5段階区分法による全身性温度感覚と腰や足の「冷え」,頭部,顔面の「ほてり」の局所的温度感覚を捉えた。

第2は,全身的疲労感として,産業疲労委員会作成の自覚症状調査票を斎藤良夫・小木和孝・柏原葆見[2]が因子分析の手法を用いて類型化を試みた結果,A症状として「ねむけ,だるさの成分」,B症状として「注意集中困難の成分」,C症状として「局在した身体の違和感の成分」よりなる30の項目の自覚症状調査票を用いた。

第3は,学習意欲を推察する8項目の質問である。

質問紙Ⅱの内容は,表2－3のように,その日の身体の調子,着衣状態,温度感覚に関連すると思われる体質について○を記入させ基礎的な参考資料とした。

表2－2　質問紙Ⅰ

なまえ＿＿＿＿＿＿　＿＿学年＿＿組（男・女）	Ⅱ．教室の温度は，どんな感じ？
今日は＿＿年＿＿月＿＿日　午前　時　分記入	1．暑すぎる……………………………□
午後　時　分	2．やや暑い……………………………□
今の授業は＿＿＿＿＿＿＿	3．ちょうどよい………………………□
前の授業は＿＿＿＿＿＿＿	4．やや寒い……………………………□
休み時間は，どこで何をしてましたか？	5．寒すぎる……………………………□
（　　　　　　　　　　　　　　　　）	
Ⅰ．今のあなたの状態をお聞きします。	Ⅲ．教室の風の動きを感じますか？
次のようなことが，あったら○印を，なかった場合には×印を，□の中にそのいずれかをかならずつけてください。	（1．はい　2．いいえ）
	Ⅳ．今，汗をかいていますか？
	（1．はい　2．いいえ）
1．頭がおもい……………………………□	
2．全身がだるい…………………………□	Ⅴ．今からだのどこかが冷えていますか？
3．あくびがでる…………………………□	（1．はい　2．いいえ）
4．頭がぼんやりする……………………□	どこが冷えていますか？
5．ねむい…………………………………□	（　　　　　　　　　　　　　）
6．目がつかれる…………………………□	
7．動作がぎこちなくなる………………□	Ⅵ．授業中の感じについてお聞きします。□の中に，○か×を記入してください。
8．足もとがたよりない…………………□	1．気持ちよくべんきょうができた………□
9．横になりたい…………………………□	2．たいくつした　いやになった………□
10．足がだるい……………………………□	3．つかれた，頭がぼんやりした………□
	4．この時間，ねむくなった……………□
1．考えがまとまらない…………………□	5．授業中，ほかのことを考えていた……□
2．話をするのがいやになる……………□	6．授業中，友達と話をしたくなった……□
3．いらいらする…………………………□	
4．気がちる………………………………□	Ⅶ．次のような感じがありますか？
5．物事に熱心になれない………………□	1．顔全体がほてっている………………□
6．物事が気にかかる……………………□	2．ほおがほてっている…………………□
7．ちょっとしたことが思い出せない…□	3．頭がのぼせている……………………□
8．することに間違い（まちがい）がおおくなる…………………………………□	4．足先が冷えている……………………□
	5．足のひざから下が冷えている………□
9．きちんとしていられない……………□	6．足のひざから上が冷えている………□
10．根気がなくなる………………………□	7．腰が冷える……………………………□
	8．背中が寒い……………………………□
1．頭がいたい……………………………□	9．その他（　　　　　　　　　　　）
2．肩（かた）がこる……………………□	
3．腰（こし）がいたい…………………□	
4．いき苦しい……………………………□	
5．口がかわく……………………………□	
6．声がかすれる…………………………□	
7．めまいがする…………………………□	
8．まぶたやその他の筋がピクピクする……□	
9．手足がふるえる………………………□	
10．気分（きぶん）がわるい……………□	

表2－3　質問紙Ⅱ

```
なまえ＿＿＿＿＿＿　＿＿学年＿＿組

 次のことがらにお答えください。はい，いいえのいずれかに○印をつ
けてください。
 1．あなたは今，風邪をひいていますか
                              （1．はい　2．いいえ）
 2．あなたは今，月経中ですか
                              （1．はい　2．いいえ）
 3．朝ごはんを　けさは食べてきましたか
                              （1．はい　2．いいえ）
 4．昨夜（ゆうべ）はぐっすりとねむれましたか
                              （1．はい　2．いいえ）
 5．いつも食事（ごはん）が，おいしくたくさん食べられますか
                              （1．はい　2．いいえ）
 6．あなたは寒がりですか，暑がりですか
                   （1．寒がり　2．暑がり　3．どちらでもない）
 7．夏でも手足が冷えますか
                              （1．はい　2．いいえ）
 8．冬でも　よく汗をかきますか
                              （1．はい　2．いいえ）
 9．風邪をひきやすいですか
                              （1．はい　2．いいえ）
10．今あなたは衣物を何枚きていますか？
           上（　）枚
           下（　）枚
    それは，メリヤスシャツ1，セーター1，セーラー上衣服1のよ
   うに，きているもの全部下の（　）の中にかいてください。
         （                                            ）
```

2．調査対象・期間および調査手順

(1) 被験校の選定

　東京都と青森県における小・中学校計7校を図2－1のような組み合わせで選定した。

　被験校は，青森県僻地にある木造平屋建てでストーブ暖房のY小学校，木造モルタル塗りで平屋建てストーブ暖房のM中学校，青森県M市にある鉄筋4階建てストーブ暖房のK小学校と木造平屋建てストーブ暖房のG中学校，東京都にある鉄筋4階建てセントラル・ヒーティングのH小学校と木造2階建てストーブ暖房のT小学校，横浜市にある鉄筋4階建てセントラル・ヒーティングのK中学校である。

図2-1　東京都と青森県の小・中学校7校の選定

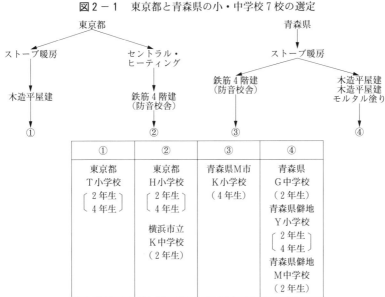

(2) **実験期間と日時**

　極寒期における教室内温度の学童に及ぼす影響を幾つかの角度から把握することがこの研究のねらいであるため，外気温を考慮すると実験期間に制約が出て来る。更に被験校と研究陣の都合を合わせ，東京と横浜での測定は昭和45年1月31日〜2月17日，青森で昭和45年2月19日〜24日となった。本来ならば，同一地域

表2-4　測定日時

測定日	対　象　校	測　定　時　刻
1月31日	東京都M中学校	9：30am〜12：00pm
2月2日	東京都H小学校	10：00am〜12：00pm
4日	東京都H小学校	10：00am〜12：00pm
14日	東京都T小学校	8：00am〜12：00pm*
16日	東京都T小学校	8：00am〜12：00pm*
17日	東京都H小学校	8：00am〜12：00pm*
19日	青森県G中学校	9：40am〜12：00pm*
20日	青森県K小学校	7：30am〜11：40pm
21日	青森県僻地M中学校	7：30am〜12：00pm*
23日	青森県僻地Y小学校	8：30am〜12：00pm*
24日	青森県僻地Y小学校	8：30am〜12：00pm*

＊登校時の児童の皮膚温測定のため測定の開始時刻を早めた。

図2-2　測定手順

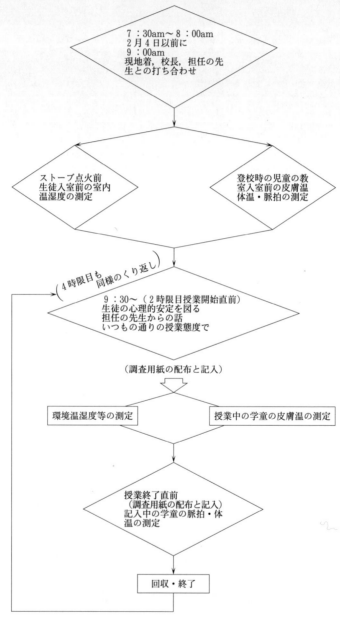

では多数校を同時に測定することが理想的であるが，ここでは著者が一つ一つの場合での実態を自分の足で歩き，自分の目で感じとり，測定と観察に一貫性を持たせることの方がより重要と思われたので，上記のような期間にまたがった。表2－4は対象校7校についての測定開始と終了の日時である。測定は主として午前中の3時限目の授業中に行なった。なお，2月14日以降，それに加えて，登校してくる児童の教室に入る前の皮膚温と体温，脈拍の測定，およびストーブ点火前の教室の温度測定をするため測定開始時間を一部変更した。

3. 調査結果とその考察

(1) 地域・暖房法・建築様式別に見た教室内温度条件の実態

図2－3（107頁参照）は，青森県Y小学校，K小学校，G中学校，M中学校，東京都のH小学校，T小学校，横浜市のK中学校，計7校における教室内温度の経時的変化を室内中央の床上20cm，机上20cmの地点での測定値をプロットしたものである。

暖房時の至適温度は，学校環境衛生基準では18～20℃とされているが，その基準と比較してみると，青森県Y小学校を除くと全体的に高温に傾いている。特に東京都H小学校の場合は，30℃を超えようとする室内温の上昇が見られ，このことは季節に順応した体温調節機構に逆行することにもなり，生理学的に大きな負荷になると予想される。

学校環境衛生の解説[3]にも述べられているように，教室内の至適温度は季節によってずれるものであり，冬は低温に，夏は高温に対する生体の適応現象が生理的に見られるので，暖房が25℃以上であったり，冷房が20℃に近い低温であったりすることは身体の生理的な季節的適応状態に逆行するものと思われる。事実，東京都H小学校の場合も後で述べるような温度感覚，疲労感，皮膚温分布，学習意欲などに種々の好ましくない現象が出てきている。

同様の傾向は，青森県K小学校にも見られた。ここはH小学校と同様の鉄筋4階建て空気調和施設を持つ防音校舎であるが，ストーブ暖房を用いているため，ある程度の温度調節は可能であり，図2－3のごとく，4時限目にはほとんど室内温の上昇は見られない。

現場の先生方の話には，同じ青森県下でも同種の建築様式でセントラル・ヒーティングの小・中学校では温度上昇が著しくて困っているとの実情に，この種の建築様式やセントラル・ヒーティングは一方的な温度上昇が加わって東京都H小学校の実例は単なる一事例にとどまることのないものとして改めて考慮の必要性を感じた次第である。

東京都のK中学校は，昭和44年度に設立された新しい全館冷暖房施設を持つものである。ここは，図2－3のように室内温度は20～25℃の比較的安定した状態を保っている。暖房機は良好な作動状態であり，給気口の設計も適切であったことがその原因と思われる。ただし，排気量が給気量を超えるため室内が陰圧となって，空調機のみで暖房機から配管のない特別教室ではストーブを用いているが，この点火が危険であるため暖房なしで過ごしているという実情がそこにはあったことに注目したい。以上のことから，セントラル・ヒーティングの場合，換気の作動状態が温度条件を規定する決定的に重要な要因になっていること。更に日射の影響への配慮がある。すなわち，ほとんどの学校は，南東または南南東の向きに建てられているのが通常であるが，日中の長時間にわたる日射は窓が二重窓で開閉出来ないことと相まって室内温の上昇を促し，東京都H小学校に見られるような極端な高温低湿環境が生じるものと言えよう。

窓側にまでピッタリと寄せられた机に向かう生徒は，給気口から一律に流される温風と二重窓からの日射による輻射熱とで額に汗をかきフウフウ言っている。座席の列は2週間ごとに転換しているというが，このような状態における授業では学習能率どころの話ではなく，教育環境として全く不適切な現状であることを認めざるを得なかった。

セントラル・ヒーティング施設を持つ学校の教室内温度管理上の諸問題は，次の3点にまとめられる。
① 空調機器の作動状態―空調機器の優劣と換気についての設計的配慮の問題
② 空調システムの保守管理―管理体制，方法の問題
③ 学校建築上の日射（向き）が二重窓構造によって増大する輻射熱の影響

次に木造ストーブ暖房の場合について，図2－3（107頁）の東京都T小学校の場合から見ていこう。

ここでは，先生が授業を進めながらストーブの火力を調節しているため，日射の影響を受けながらも室温は，18.5〜20.5℃と温度の上昇はほとんど見られない。

事実，ストーブは2時限目までは燃えていたが，3時限目以降はほとんど燃えていない状態であった。学校環境衛生基準の至適温度に準じているのは，このT小学校1例のみである。

ここで，ストーブ暖房法の利点としてセントラル・ヒーティングが中央1か所のみの調節ですべての室温が一律に左右されるのに比し，ストーブ暖房の場合は，それぞれの教室内の温度条件はその火力と窓の開閉による換気の方法を組み合わせることによって，学習内容と生徒の反応に応じてこまめに調節出来ることが挙げられよう。

ストーブ暖房法の欠点としては，図2－4の例にも見られるように，同一の教

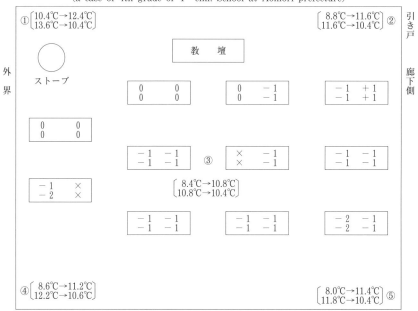

図2－4　児童の座席別に見た温度感覚（青森県Y小学校，4年生）
Whole body thermal sensation by the location of children's seats
(a case of 4th grade of Y elm. School at Aomori prefecture)

室内でも子どもの座席位置により感覚温度が異なること，またストーブによる局所暖房から輻射熱の影響を5℃以下に抑えるためには，少なくともストーブより1.5mは離して机を配さねばならないことと，一つのストーブによって局所的に強力な発熱をした場合の局所的な輻射熱の増大を考えると当然一つの教室の大きさと生徒の収容人数は限定されるわけであるが，現実には収容人数の少ない本調査の場合でさえ，図2－4のごとく，座席位置により暑熱感を訴えるものから寒冷感を訴えるものまで，児童の温感には幅があることを銘記したい。

次に，青森県僻地のM中学校の事例を見ると，図2－3に見られるように室内温は22～22.8℃で比較的良好な状態と言えよう。この日の外気は通常より比較的高く，午前9時で3.0℃を示したが，風速は平均7.5m/secで積雪を飛ばしながら平原と氷湖の上を吹いていく寒風には私ども温暖に慣れた者には身を切るように感じられた。このような外気の状態と室温差を考えると，以下に触れる図2－5，図2－6，図2－7に示された自覚症状をも加味して，やや高温ぎみと言わなければならない。このように外気温が日中10℃を超える温暖地の場合の22℃と外気が3℃またはそれ以下で風速の大なる寒冷地の22℃の室内温とは評価を異にすべきであろう。

同じ陸の孤島と言われる青森県僻地のM中学校より更に奥まった所にある僻地3級に指定されているY小学校の場合，図2－3のごとく，ストーブ点火前の室温が－2.0℃，点火後の最高室温が10℃である。この日は，例年どおりこの地域らしい寒冷な気温に戻って，1週間という限られた調査日程の中で動かねばならない私どもには本来の目的が達せられる常日頃の状態に戻ったとホッとしたわけで，外気温は午前9時で－3℃，日中の最高気温も0℃を超えることはなかった。午前9時の風速は4.4m/secであった。開拓集落の子弟が学ぶ当校は，真っ白な平原にポツンと建つトタン屋根の木造平屋建てで6学級の小さな学校である。測定中，トタン屋根に吹きつける強風のガタガタというひっきりなしの騒音は，学習中の学童への影響を心配させたが，整然とした授業態度には，寒冷も騒音も全く意に介さず集中した学習態度には授業に向かう児童自身の内在された厳しさが感じられた。学童の給食はコッペパン1個にミカンの缶詰少々と脱脂粉乳である。それらは1週間分まとめて配送されるという。また当地の子どもたちは，あまり

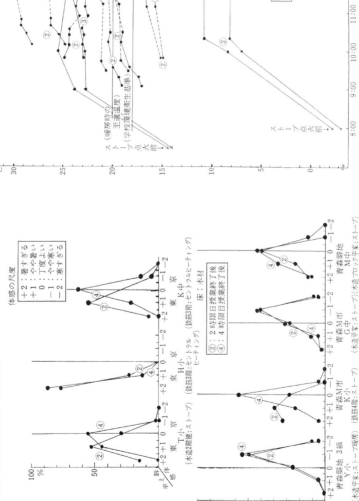

図 2-5 2時限目、4時限目、授業終了時における学童の全身的温度感覚
Whole body thermal sensation of school children at the end of 2nd and 4th school hour (in 1970)

図 2-3 各学校別に見た教室内上下温度の経時的変化
Hourly change of temperature at the upper and lower parts of classroom in several schools (in 1970)

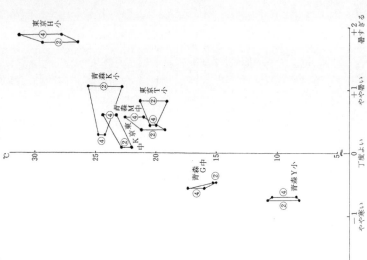

図 2-6 2時限目, 4時限目, 授業終了時の室内上下温度と学童の温度感覚
Whole body thermal sensation of children at the end of 2nd and 4th school hour in relation to the temperatures at upper and lower parts of the classroom (in 1970)

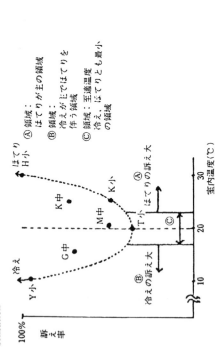

図 2-7 冷え, ほてりの訴え率と室内温の関係 (鈴木路子, 1976年)
The relation between room temperature and localized thermal sensation

風呂に入らないと養護教諭が話されたが，寒冷環境と相まって皮膚温測定の際に感熱部の接着に用いたセロテープが表皮とともにはがれてつかぬことがしばしばであった。

このY小学校の学童の皮膚温分布の特徴は，下肢（ここでは下腿伸側中央点を測定した）の皮膚温が前額のそれより高いという逆転現象が現れて測定上の誤りかと最初はびっくりさせられた。外気に直接触れている部分は顔，頭および手しかないことと，逆に下肢は保温への配慮としてズボン，ズボン下，毛の厚手のくつ下などで被服されていることによると思われた。

木造，ストーブ暖房校舎の温度環境の特徴として次の4点が挙げられよう。

① ストーブ暖房はいわば，簡単に使いこなせる，あるいは使いこなした方法で，小回り応用がきく方法である。
② 日射や気温の上昇に応じた温度調節が出来る。
③ ストーブ近くの児童にとっては輻射熱の問題がある。
④ 授業中教師がストーブの火力と室内温の上昇下降に気を配る必要がある。

次に室内の上下温差と暖房法についてだが，ここで，図2－6から見て温度の上下差と暖房法の違いについて見ると，2時限目から4時限目の時間の経過で上下温差の少なくなっている青森県K小学校，青森県G中学校，青森県僻地Y小学校，東京都T小学校の4校はいずれもストーブ暖房を用いており，セントラル・ヒーティングの加温空気によって行なわれる暖房法の場合は，時間が経過しても室内の上下温差の変化がほとんどなく，換気状態の良好な東京都K中学校の場合は上下温差も少なく，東京都H小学校の場合は高いという状態でそのまま保たれている。ストーブ暖房の場合は，点火後の時間の短い時は室内の上下温差は大きいが，時間の経過にしたがい，またその間の生徒の動きによって，次第に上部の温度と下部の温度が平均化され，この場合，生徒の温度感覚も生理的零点（ちょうど良いまたは何とも感じない）に近づいてくる結果が出てきたものと思われる。また，ここで見られた鉄筋セントラル・ヒーティングの場合は，個々の教室での温度調節が出来ない設計になっており，校舎建築時の空調設計の良否とコントロールの適否が，そのまま教室の温度条件を固定してしまっていた。

上下温差が「冷え」「ほてり」などの局所的温度感覚にどう関わっているのか

の問題は，調査校の事例が少ないことから，教室内温度条件そのもののバラツキが大きいため，上下温差の違いと冷え，ほてりの訴え率という統計的な処理を加えるまでに至らなかった。

(2) 児童の全身性・局所性温度感覚から見た教室内温度環境の評価
① 全身的温度感覚と室内温度について

図2－5は2時限目と4時限目の授業終了時における児童の全身的温度感覚である。温度感覚と室内温を組み合わせたのが図2－6である。温度尺度はYaglouの5段階評定をしているので，＋2の「暑過ぎる」から－2の「寒過ぎる」までで，0点の「ちょうど良い」が最も好ましいレベルと考えた。

東京都H小学校では，98％が＋2の「暑過ぎる」で「ちょうど良い」の0点は皆無という極端な訴え状況を示している。このことは，東京都H小学校の異常高温環境での学童の反応として注目しておかねばならない。

青森県Y小学校の場合は，65％が「やや寒い」の－1で対象校7校のうちで最もマイナスに傾いた体感尺度を示していると言えようが，－2の「寒過ぎる」と訴えた者は1割にも満たない状態である。

最も好ましいレベルと考えられるのは，室内温度が18～21℃であった東京都T小学校の場合である。次が20～22℃を示した青森県M中学校と言えよう。学校環境衛生基準で至適温度とされている室内温であった東京都T小学校が温度感覚の両面からも7校中最も良い結果を示したわけである。

ここで問題となった東京都H小学校の学童の皮膚温分布の傾向を見ると，前額，下腿，手背における温度差がないことである。この一様に均等化した皮膚温分布は，夏季における特徴をそのまま表しており，極寒期における生理的皮膚温分布[4]と全く逆のこのような状態は，一歩外へ出た時，外界との温度差が大きいことに加えて，高温に慣れた生体の末梢血管は拡張し，発汗状態でいるため，体温調節に著しい負荷をかけることになろう。このように，外気温と室内温の差が20℃以上もある東京都H小学校のような暖房状態は，外気と室内との出入りの際の生体への負荷についての考慮が必要になる。

さて，図2－5と図2－6をとりまとめて年齢的な特徴を見ると，既に行なった実験室内での測定の際には低年齢段階の方が同じ温度の環境で寒さの訴えが少

ないように見られたが,この調査においても小学生の方が寒さの訴えが少なく,比較的低温の室内でも体感尺度はその割にはマイナスの方へ移動が少ない青森県Y小学校の例や,青森県M中学校と東京都T小学校を比較した場合,T小学校の方が室温が低いにもかかわらず体感尺度がプラスに傾いている例が見られよう。しかし,この結果については地域差,すなわち寒冷に順化した子どもとそうでない者との差が作用しているかもしれないことを検討しなければならない。

また,体感尺度の移動と室温との関係を図2-6から見ると,東京都H小学校とK中学校および青森県M中学校の例に見られるような室温そのものの上昇で体感尺度がプラスの方向に移動する場合と,青森県K小学校,G中学校,Y小学校および東京都T小学校のように上下温差が少なくなったために体感尺度が零点へ近づく結果を生じさせる場合(この場合,経時的な慣れの問題もあろうが)との2つのパターンが見られた。

② 局所的温度感覚と室内温度について

局所的な温度感覚は,足先,下腿,腰,背中などの冷えの感覚と,ほお,顔全体,頭などに感じられるほてりの感覚とを指標にして,身体部位別にその有無を質問紙により○×式で記入させた。その結果が表2-2および図2-7である。

図2-7は室内温と冷え,ほてりの訴え率とを座標軸として,両者の関連性を見ようとした。ここで「冷え」は下半身における局所的な温度感覚として捉えているために,その訴え率に対応した室内温度は床上20～30cmの地点で測定した値を用い,一方「ほてり」は,頭部,顔面のいわゆる上半身の感覚で捉えているため,座位で学習する学童の頭部付近,すなわち机上20～30cmを考えた室内温を記入した。この図からおよそ20℃を境にして,高温になるほど「ほてり」の訴え率が多く見られ,低温になるほど「冷え」の訴え率の上昇が見られる。なお,冷えとほてりが共存して現れてくる場合のあることが示されたが,これは皮膚温の寒冷受容器と中枢性温熱受容器とが共に興奮した状態のために生じる現象としか考えられないが,末梢循環のアンバランスも除外出来ない付加的要因かもしれない。

さて,「ほてり」の訴え率が最も大なる例は東京都H小学校で,室内温31.5℃で100%の訴え率が見られた。「冷え」の訴えが最も大きいのは青森県Y小学校で室内温8.2℃時の90%である。室内温20℃前後は「冷え」「ほてり」とも訴え率が

最も少なく，青森県M中学校と東京都T小学校がこれに当てはまるが，M中学校の冷え，ほてりの訴え率が東京都T小学校のそれをはるかに上回っている。これは，年齢差と同時に，青森県M中学校の室温（21～23℃）が寒冷地での気温順化の考えられる青森県M中学校の生徒たちにとって，外気温（3℃）に比してやや高温ぎみであることの二側面が考えられる。青森県K小学校と東京都K中学校の場合は逆に青森県K小学校の方が東京都K中学校よりも室温が高いにもかかわらず，青森県K小学校の方が「ほてり」の訴えが少ないことは，低学年ほどこの種の訴えが少ないことを示す一つの現れとして見てもよかろうと思われる。

ここで小学校4校にとって「冷え」と「ほてり」の訴え率をたて軸に，室温を横軸にとってみると，室温20℃付近で両方の訴え率の和が最小になる。すなわち模式図にしてみると図2-7のような曲線回帰が想定されるが，小学生，中学生とでは同一環境にあっても訴え率の大になることが分かる。これには，更に室内空調システム，特に気流の状態が重要な要因として加わるが，およそ小学校とは一段階ずれた曲線のパターンが考えられるが，その底辺の位置，すなわち極小値の現れる室温は今少し高温へずれるか，またはそのままの位置で訴え率のみが大の方向へ平行移動するものかは更に例数を重ねねばならぬ問題である。

(3) 児童の自覚症状から見た教室内温度環境の評価

① 疲労感について

2時限目，4時限目の授業終了時における自覚症状調査の結果が図2-8である。これによると，室内温の最も高かった東京H小学校は訴え数も最高で，なかでも「ねむけ，だるさの成分」と言われるA症状が多い。全体として，訴え率50％を超えた項目を挙げると，東京都H小学校の場合，「横になりたい」「口がかわく」がそれぞれ83％，「頭がぼんやりする」が77％，「物事に熱心になれない」「きちんとしていられない」がそれぞれ70％，「ねむい」が67％，「全身がだるい」「あくびが出る」が各々63％，「考えがまとまらない」「気分が悪い」が各々60％，「頭が重い」「声がかすれる」がそれぞれ57％でいずれも他校に比して最も多い。

室温が15℃に達しなかった青森県僻地Y小学校の場合は，「注意集中困難の成分」と「局在した身体違和感の成分」に関する訴えが多く出ている。すなわち，「きちんとしていられない」が75％，「根気がなくなる」が65％，「考えがまとま

図 2-8　3成分別自覚的疲労感の平均訴え数
Average symptoms of fatigue by the three categories

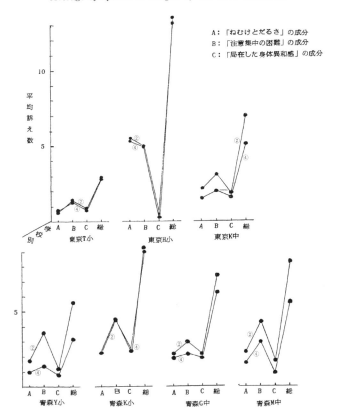

らない」が50％,「口がかわく」が75％,「手足がふるえる」が50％,「目が疲れる」が60％,などが挙げられる。

　その他の5校については,50％を超える症状は「口がかわく」のみで,その他の症状はすべてそれ以下である。

　以上の結果から室内温が高過ぎる学校の生徒には,全体的に訴えが多く,なかでも「ねむけだるさの成分」が主で,次いで「注意集中困難の成分」が多く,「局在した身体違和感の成分」が最も少なく現れ,これに対して室温の低い場合には,「注意集中困難の成分」が多く,「局在した身体違和感の成分」に属する訴

えが大きなウエイトを占めている。特に局在した身体違和感の成分として含まれる10項目の小症状の中には,「肩がこる」,「腰が痛い」など学童には直接関係の薄いと思われる項目にも比較的高い訴え率が見られたことは注目すべきことであろう。

したがって,次の分析操作は,ここで出てきた30項目の自覚的疲労症状のうち,

表2-5 学習意欲と相関の高い諸症状について

・A症状:ねむけ・だるさの成分　・B症状:注意集中困難の成分
・C症状:局在した身体違和感の成分

学 習 意 欲	相関係数	関連を持つ諸症状とその分類
気持ちよく勉強できた。	−0.423 −0.509	ねむい(A症状) 物事に熱心になれない(B症状)
授業中たいくつした。 いやになった。	0.423 0.514 0.570 0.476 0.471 0.516 0.491 0.493	全身がだるい(A症状) 頭がぼんやりする(A症状) ねむい(A症状) 横になりたい(A症状) 頭が重い(A症状) 物事に熱心になれない(B症状) 気分が悪い(C症状) 全身的温度感覚(暑熱感)
授業中つかれた。 頭がぼんやりした。	0.491 0.681 0.592 0.408 0.489 0.495 0.400 0.442 0.541	頭が重い(A症状) 頭がぼんやりする(A症状) ねむい(A症状) 足もとがたよりない(A症状) 横になりたい(A症状) いらいらする(B症状) 気がちる(B症状) 物事に熱心になれない(B症状) 気分が悪い(C症状)
授業中ねむくなった。	0.441 0.482 0.489 0.516 0.460 0.408 0.625 0.590	全身がだるい(A症状) あくびがでる(A症状) 頭がぼんやりする(A症状) 横になりたい(A症状) 話をするのがいやになる(B症状) 全身的温度感覚(暑熱感) たいくつした,いやになった(授業中) つかれた・頭がぼんやりした(授業中)
授業中,ほかのことを考えていた。	0.420 0.442	することに間違いが多くなる(B症状) きちんとしていられない(B症状)
授業中,友達と話をしたくなった。		(有意な相関係数を示した症状なし)

温暖および寒冷な温度環境に関連した症状は何であり，それが学習意欲とどう関連しているかを分析することが必要となった。

(4) 児童の体感・疲労感および学習意欲に関する因子分析

局所的温度感覚としての「冷え」「ほてり」は全身的温度感覚とどの程度相関を持つものなのか，自覚的疲労感のうちどの項目と関連が出てくるか，また学習意欲を疎外させたり，低下させたりする因子は温度感覚や疲労症状と共通するものであろうかなど，これらの諸症状間の関連づけを試みるための便宜的な手法として，ここでは主因子法とVarimax法による因子分析[5]を行ない，39項目（表2－2 質問紙Ⅰ参照）の中から共通因子を見いだそうとした。

ここで，学習意欲は授業中どのような気分で学習していたかを授業終了時に回顧させるという方法で調べたが，その具体的な項目と相関の高い自覚症状および温度感覚を記す（表2－5，表2－6，表2－7）。

次に，「冷え」「ほてり」で捉えた局所的温度感覚に注目して，相関の高い諸症状を表2－6に見る。

以上，学習意欲の低下と温度という問題の関連性を見るために，温度感覚，疲労感，冷え，ほてりの訴えなどを多変量的に取り扱って，それらの相関マトリックスから，それぞれの側面から相関の高い症状を取り出してみた。その結果，

表2－6 冷え・ほてりの訴えと相関の高い疲労感，全身的温度感覚・学習意欲について

局所的温度感覚	相関係数	関連を持つ諸症状とその分類
身体のどこかが冷えている。	0.542	手足がふるえる（C症状）
	0.477	全身的温度感覚（寒冷感）
身体のどこかがほてっている。	0.492	全身がだるい（A症状）
	0.456	頭がぼんやりする（A症状）
	0.536	ねむい（A症状）
	0.552	授業中たいくつした，いやになった
	0.494	授業中つかれた，頭がぼんやりした
	0.464	気分が悪い
	0.484	全身的温度感覚（暑熱感）

表2－7 暑熱感と相関の高い諸症状

暑熱感 (暑すぎる，暑い)	0.420	頭がぼんやりする
	0.417	ねむい

「ほてり」と関連した諸症状は多く，これらはすべて「気持ちよく勉強できた」という訴えと有意な逆相関を示していることから，高温環境とそれに由来するほてりおよびほてり関連症状は学習意欲の低下に直接関連するものと判断された。

すなわち，

図2－9　高温環境とほてりおよびほてり関連症状

1. 高温環境 → 暑熱感 → ほてり ⇄ ねむけ，だるさの症状
　　　　　　　　　　　　　　　　　↓↑
　　　　　　　　　　　　　　注意集中困難の症状
　　　　　　　　　　　　　　　　　↓
　　　　　　　　　　　　　　学習意欲の低下
　　　　　　　　　　　　　　学習意欲の阻害
　　　　　　　　　　　　　　　　　↑
2. 低温環境 → 寒冷感 → 冷え ⇄ 局在した身体違和感

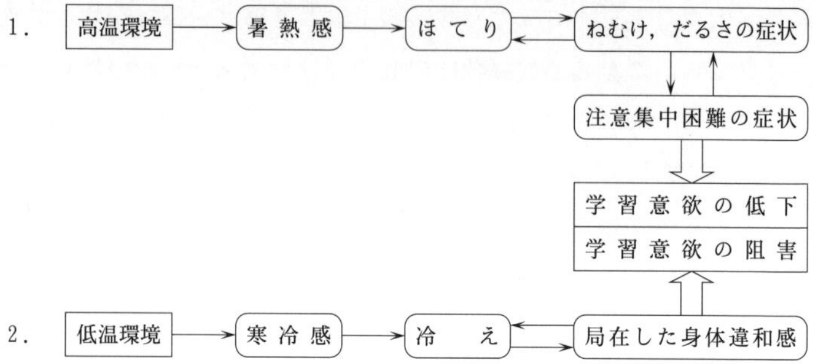

という関係を考えることが出来る。

したがって，学習環境として教室内温度条件を考える場合，極端な低温環境への対策はもちろんのことであるが，これらの結果は教室内の不必要な温度上昇が身体の不快感を伴わず無意識的に学習意欲低下をもたらしていることにもっと注目すべきであろう。

前述の高低温度環境と学習意欲とに関連する諸症状は，これらの間の共通因子と因子負荷量を算出することにより明らかにされた。

図2－10は主因子解による因子負荷量を，第1因子を横軸に，第2因子を縦軸にプロットした因子構造図である。

ここから，まず第1因子への負荷量が負の項目は，32の「勉強がよくできた」で，正のものは「つかれた，頭がぼんやりした」「授業中退屈した，いやになった」「この時間ねむくなった」「授業中ほかのことを考えていた」などであって，更に「身体のどこかがほてっている」また「暑熱感」が関連してくる。疲労症状に関するものの中で正の有意な負荷量を示したものは，A症状として，「あくびが出る」「動作がぎこちなくなる」「足もとが頼りない」「足がだるい」で，B症状の中では，「考えがまとまらない」「話をするのがいやになる」「いらいらする」

図2-10 因子構造図（主因子法）（Varimax法）
Factor structure by Principal-Factor and Varimax Method

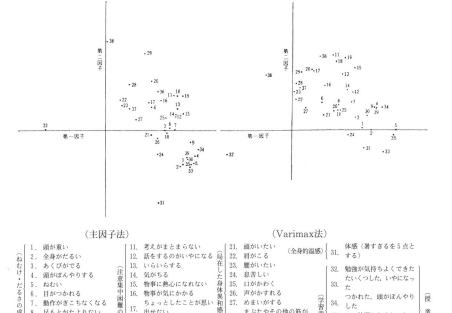

（主因子法）
- ねむけ・だるさの成分
  1. 頭が重い
  2. 全身がだるい
  3. あくびがでる
  4. 頭がぼんやりする
  5. ねむい
  6. 目がつかれる
  7. 動作がぎこちなくなる
  8. 足もとがたよりない
  9. 横になりたい
  10. 足がだるい
- 注意集中困難の成分
  11. 考えがまとまらない
  12. 話をするのがいやになる
  13. いらいらする
  14. 気がちる
  15. 物事に熱心になれない
  16. 物事が気にかかる
  17. ちょっとしたことが思い出せない
  18. することに間違いが多くなる
  19. きちんとしていられない
  20. 根気がなくなる
- 局在した身体異和感の成分
  21. 頭がいたい
  22. 肩がこる
  23. 腰がいたい
  24. 息苦しい
  25. 口がかわく
  26. 声がかすれる
  27. めまいがする
  28. まぶたやその他の筋がピクピクする
  29. 手足がふるえる
  30. 気分がわるい

（Varimax法）
- 全身的温感
  31. 体感（暑すぎるを5点とする）
- 学習意欲
  32. 勉強が気持ちよくできた
  33. たいくつした、いやになった
- 授業中
  34. つかれた、頭がぼんやりした
  35. この時間ねむくなった
  36. 授業中、ほかのことを考えていた
  37. 授業中、友達と話をしたくなった
- 局所的温感
  38. 身体のどこか冷えている
  39. 身体のどこかがほてっている

「気が散る」「物事に熱心になれない」「物事が気にかかる」「することに間違いが多くなる」「きちんとしていられない」，Ｃ症状としては，「息苦しい」「口がかわく」「声がかすれる」「気分が悪い」などである。

　第2因子の負荷量が大なるものは，正のものでは，「身体のどこかが冷えている」と「手足がふるえる」で，負のものでは，「暑熱感」である。

　ここで第1因子は，「気持ちよく勉強できた」がただ一つの学習意欲良好状態と推定出来るものではあるが，それに対する「いやになった」「あきた」「授業中ほかのことを考えていた」などの学習意欲が低下している状態を見ることが出来る諸症状が，負の因子負荷量として多く出ていること，しかもこれらについては，

ほてりや暑熱感，更に一般的な自覚的疲労感を一群としていることから，逆にこれらの諸症状を，「学習意欲の低下による諸要症状」と解釈することが出来る。この程度の高温環境における暑熱感とそれらに由来する諸症状の方が，この程度の低温環境による場合よりも学習意欲を低下させる程度は大きく，また両者は学習意欲に対して好ましくない効果を示すが，その機序は異なっていると思われる。

すなわち，高温環境の場合は意欲そのものを減退させるのに対して，低温環境の場合は，「手足がふるえる」「足や腰が冷える」などの局所的身体違和感から「きちんとしていられない」「根気がなくなる」「ちょっとしたことが思い出せない」などのいわゆる「注意集中困難の症状（B症状）」が関連して，このことが意欲阻害を招来する。つまり，前者の場合は生体機能全般を不活発ならしめるように働き，後者の場合は逆に，低温ストレスとの意味を持って，生体は賦活化され，「勉強どころじゃない」という状態を招来するのだと思われる。

図 2-11 教室内の温度環境の高低が学童の心身に及ぼす影響についての模式図

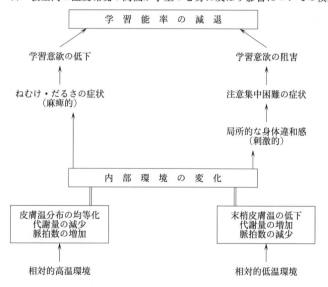

次に，これらのストレッサーとしての低温，高温環境とそれに伴う暑熱感と寒冷感の第2要因に注目して，Varimax 法による因子構造図（図 2-10）を見ると前述の図式化の諸関連がより明確になろう。すなわち，表 2-8 に示すように

高温環境からくると思われる一群の症状である。

表2-8 第1因子への負荷量が大なる症状

負荷量	第1因子への負荷量が大なる症状
負	32. 気持ち良く勉強できた
正	35. この時間ねむくなった 33. この時間たいくつした，いやになった 31. 体感（暑熱感） 39. 身体のどこかがほてっている 30. 気分が悪い 34. この時間つかれた，頭がぼんやりした 5. ねむい 2. 全身がだるい 1. 頭が重い 3. あくびが出る 9. 横になりたい 24. 息苦しい

第2因子に対しては，表2-9のようなものが，低温環境からくると思われる諸症状の一群である。

表2-9 第2因子への負荷量が大なる症状

負荷量	第2因子への負荷量が大なる症状
負	31. 暑熱感
正	38. 身体のどこかが冷えている 36. 授業中ほかのことを考えていた 29. 手足がふるえる 20. 根気がなくなる 19. きちんとしていられない 18. することに間違いが多くなる 17. ちょっとしたことが思い出せない 15. 物事に熱心になれない 13. いらいらする 11. 考えがまとまらない

ここで第1因子は「意欲ないし活動因子」と考えられ，暑熱感と密接な関連を持つ。第2因子は「心身違和感の因子」と考えられ，寒冷感と密接に関連している。

以上，Varimax法による因子転回をすることによって，高温，低温という2つの異なった温度条件によって現れる学習意欲，自覚的疲労感，温度感覚を総合

し，関連づけることが出来たと思う。更に質問紙の内容項目のうち，前述の第1因子，第2因子にほとんど関わりがないと思われる項目が明らかにされた。すなわち「授業中，友達と話をしたくなった」「肩がこる」「腰が痛い」「目まいがする」「まぶたやその他の筋がピクピクする」などである。

以上，室内温，皮膚温，温度感覚，冷え，ほてりの訴えから，至適温度範囲を検討し，相関分析によって，室内温度と体感，疲労感，学習意欲の間の関連を明らかにした。

4．考察：学習環境としての教室内温度環境上の諸問題として

(1) 全館冷暖房二重窓防音校舎の場合

東京都と青森県における各種の建築様式，暖房法を持つ小・中学校計7校における教室内温度の実態とそこに学ぶ学童の主体的反応から，異常高温低湿環境の東京都H小学校の場合や比較的低温であった青森県Y小学校の場合など個々の実態と学童の学習意欲にまつわる好ましくない諸症状との結び付きが明らかにされたが，それらの状況を生じさせた原因は何か，今後子どもを教育指導していく上ではどのような点に配慮したら良いかは更に重要な問題であろう。

ここではそのような問題について，この長期にわたる実験調査と現場の実態調査から，著者の考えた問題点を列挙し批判を仰ぎたい。特に，温度環境として問題の多くを生じさせた東京都H小学校と青森県Y小学校の場合に注目して検討する。

（事例1：東京都H小学校の場合）
① 極端な高温低湿環境である。
② 同一校でも教室により条件が異なる。
③ 児童の全身的温度感覚は87％が＋2（暑過ぎる）で汗を流している。
④ 100％が「ほてり」を訴えている。
⑤ 疲労感の訴えも他校に比して最も多く，特に「ねむけ，だるさの成分」に関する諸症状が多い。
⑥ 他校に比して，学習意欲低下に関連した諸症状の訴えが多い。

などの特徴が明らかにされた。

これらの現象を促した原因をいくつか挙げて具体的な対策を2，3考えてみたい。

① 不適切な換気法

その第一点として，自然換気が全く不可能であることが挙げられる。

羽田空港周辺の騒音防止のための公害対策の一環として改築された防音校舎であるH小学校では，防音の目的のための二重窓は外気を入れるための開閉が不可能であって，また廊下側へ通じるドアも強力なバネのきいた厚く重みのあるものであるため，授業前後の児童の出入り以外はピタリと閉じているのが常である。廊下への排気が良好でないことは，教室内と廊下の温度差が約10℃もあることから明らかであろう。

② 自動温度調節機，または送風量調節機が各教室にないこと

温風は中央ボイラーから送られるが，教室によって窓の向き，自然採光や採暖の程度が異なること。またボイラーからの距離によって給風される空気の温度条件は異なってくる。更にその中にいる学童の年齢差や活動状態で至適温度は異なるはずである。

しかし，中央の空調機から一定の風量として送られてくるので，ある教室では温度が高過ぎる場合もあって，他教室のことを考え，暖風を切り替えることも出来ず，そのままの高温低温な温度環境条件で放置されなければならない現状である。

前述のような，高温低湿環境の中で，教師，生徒とも汗を流して，測定に当たった著者すらも口がかわき，頭がぼんやりして，目まいさえも感じることがしばしばで，温湿度測定に用いたアスマン通風乾湿計の湿球ガーゼは1時間目の測定中にカラカラに乾燥し，3回も水でぬらさねばならなかった。学童の訴えた体感，疲労感，学習意欲低下の症状などと併せて，ここに各教室で自動温度調節機または冷風，暖風の温度レベルの切り替えスイッチなどの設備の必要性を強調したい。

③ 採光面積と窓の向きについて

南南東に向いた窓からは，常時太陽の光をまともに受けている。窓は厚手の二重になったガラス張りで，外界に面したほとんどを占めるため，採光面積約11.7 m^2 で自然光による輻射熱の影響大である（床面積：窓面積≒5：1）。窓側に吊

るした黒球温度計は35℃を上回っていた。

　したがって，天気が良く，外気温が上昇した日は，日射による採暖効果にセントラル・ヒーティングの温風が更に加わり，二重に温度上昇を促進させる結果となるものである。このような不適切な異常温度上昇をもたらす原因となる，南向きの校舎，二重のガラス張窓，各教室で調節不能なセントラル・ヒーティング施設等への今後の対策検討を促す次第である。

　具体的には，例えば，早朝のまだ暖房で室内温度が上昇しないうちだけの日射は問題ないので，東向きの建て方ならば，少なくとも室内温上昇後まで引き続いた日射が避けられ，また光量も安定するのではなかろうか。

　学校環境衛生の立場に立った学童の心身への影響を考慮し，学習のやりやすさに視点を置いた学校建築であるよう，設計，施工面からの検討を切望し，更に今回調査を行なった東京都H小学校，青森県K小学校の例のように，本来は騒音公害から学童を守るために作られた防音校舎が逆に，防音には効果があるが，教室内温度条件が不適切でそのことが学童の心身にマイナスをもたらすという側面が出てきているということを強調しておきたい。

　次に，日常の温度環境管理の実践上の諸問題を，同じく東京都H小学校の実情を通して考えてみたい。

　① セントラル・ヒーティング施設の行動管理上の問題として，空調技術者の
　　いないことが第一の問題として挙げられよう

　ここで重要な問題は，なぜあのような異常高温が生じている現状をそのまま放置し，がまんして教育活動を行なっていかなければならないのか，このセントラル・ヒーティング施設の性能を十分に生かし，使いこなせているのだろうかという疑問が生じてくる。少なくとも中央の暖房設置で温風の温度を調節出来ないものであろうか。

　このような異常に上昇した教室内の温度測定を行ないながら，強い疑問を感じつつ，それらの原因を考えてみると，第一の問題点は専門の技術者がいないということと空調機の故障が頻発している現状が注目された。空調機の操作はすべて教師に任されており，しばしば故障が起こることもこれに関連して生じるものであろう。

（故障の場合の巡回システムについて）

　故障の場合は，その修理の巡回システムはどうなのであろうか。校舎そのものが自然換気を全く行なえないものであるため，そのまま放置しておくことは一刻も出来ないはずである。この辺が特に問題であるが，現実には機械換気がストップしたまま，操作に当たっている教師は戸惑い，技術者は来ない状態で放置された室内の温度状態は，「夏は強力な暖房に，冬は冷房状態に早がわり…」という教師の訴えは，想像に難しくないことであろう。これだけの全館冷暖房施設を整えて自然換気をする余地が全くなくなっている以上，専属または巡回の技術者がいないまま放置されるべきではないだろう。

　著者は，操作中の教室内温度条件の実情を知り，操作方法の適，不適をチェックし，適切な温度環境への管理指導をするための巡視制度を確立する必要性を強調したい。

　学校教育はともすれば，教科学習に主力が注がれ，主体としての学習者の心身状態や学習意欲に環境温度条件がどのように関わり合っているかを明らかにしたり，またより良い心身状態にもっていくための温熱管理を考えていくことは非常に消極的である。東京都H小学校の不適切な教室内温度条件の実態は，決してまれな事例ではなく今後このような人工環境化は，ますます増加していくことが予想される。児童と一体となったより良い環境形成を促す環境保健教育が望まれるところである。

(2) 寒冷僻地における木造ストーブ暖房の場合

　（事例：青森県Y小学校の場合）

① 外気温が氷点下という現状にあって，木造ストーブ暖房による保温効果は十分とは言えないが，最高室温は約10℃，児童の温度感覚は5段階尺度で－1，やや寒いが65％であった。

② 座席位置により，児童の温度感覚にずれが生じた（図2－4，図2－12）。

③ 着衣状態は平均して，男子上4.7枚，下4.0枚，女子上3.7枚，下4.7枚であった。

④ ほてりの訴えは，東京都H小学校が80～100％であったのに比して，青森県Y小学校では20～30％，冷えの訴えはH小学校の0％に対し，90％となっ

ている。またY小学校の90%の冷え率のうち，ほてりも同時に伴っている者は30%である。

⑤ 皮膚温分布は，前額，手背よりも下腿伸側の方が高いのが特徴である。教室内温度環境下での滞在によりその後次第に平均化されてくる。この教室内の最高温度がストーブ付近の13.6℃，相対湿度42.1%で，室内中央では10.8℃・44.1%である。外気温は9：00amに－3.0℃，風速4.5m/secが，12：35pmには2.7℃，風速3.3m/secとなった。このような温度環境で学習する児童の温度感覚は，図2－4のごとく，ストーブ付近に位置する5名を除いたほとんどが－1の「やや寒い」という訴えで，最後部の児童は－2の「寒過ぎる」である。

このような外的環境と建築様式における暖房効果は不十分と言えよう。

図2－12 児童の座席別に見た冷え，ほてりの訴え状況（青森県Y小学校4年）
Complaints of localized thermal sensation by the location of children's seats (a case of 4th grade of Y elm. school at Aomori prefecture)

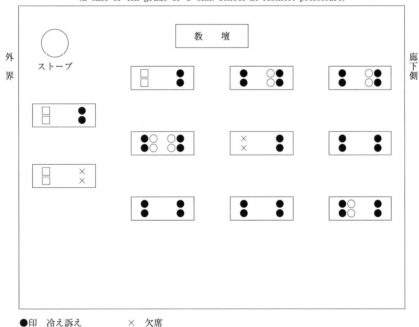

●印 冷え訴え　　　× 欠席
○印 ほてり訴え　　□ 冷え，ほてりがナシ

図2－12の「冷え」「ほてり」の訴え状況を座席別に見た場合にも同様のことが言えよう。

以上が青森県Y小学校の4年生教室を2月24日に測定した結果であるが、この4年生の教室は、床面積65.52㎡、気積216.16㎡に20名の児童が滞在している。

⑥　自覚的疲労感としては「手足がふるえる」などの「局在した身体違和感の成分」と「きちんとしていられない」「根気がなくなる」などの「注意集中困難の成分」の訴えが多く出てくる。

以上のような特徴が挙げられるが、ここで具体的な実情に触れながら、対策を検討してみたい。

◇教室の5か所の測定場所別に見た温度、学童の座席別に見た温度感、冷え、ほてりの訴え状況について

図2－4より、測定場所によって温度の差が最も大きくなっているのは、4時限目始業時午前11時23分の測定場所(1)と(3)の2.8℃の差である。他の場合は、0.2～1.5℃で比較的少ない。ストーブの火力が増した温度上昇時に同一教室内での場所による差は著しくなり、2年生の教室の測定結果は図2－13、図2－14である。

ここで2年生の教室を測定した2月23日の外気温は、8：45amで－0.9℃、9：30amで0.0℃、11：00amで多少上昇し0.6℃であるが、室内温は、ストーブ点火前は氷点下であったのが、20℃前後まで上昇している。12：30pmには、外気温が低下し－1.2℃、室内温はやや低下したが15.0℃付近にとどまっている。ストーブの燃焼状態は4年生、2年生教室とも良好であった。ここで4年生と2年生の教室の温度差は二重窓などによる保温力の差によるものと思われる。

ここで著者は、ストーブの火力や暖房法の問題はもちろん考慮しなければならないものであるが、このような寒冷地で風速の大きな地域では、校舎そのものの建築様式を、保温性を考えた寒冷地向きの造りにした設計、施工上の再考慮の必要性を痛感した。ちなみに4年生の教室と2年生の教室の温度は15～20℃の範囲内で、その際の児童の温度感覚は、「ちょうど良い」また「やや寒い」である。外気温の低温状態から考えれば、この2年生の教室内の温度環境は比較的良好な

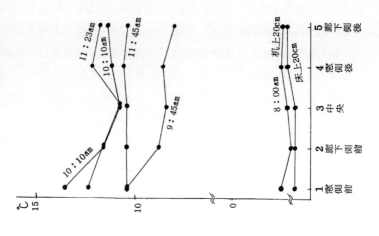

図2-14 教室内5か所の温度分布（2年）
Distribution of temperature at five points of the classroom
(a case of 2nd grade of Y elm. school at Aomori prefecture)

図2-13 教室内5か所の温度分布（4年）
Distribution of temperature at five points of the classroom
(a case of 4th grade of Y elm. school at Aomori prefecture)

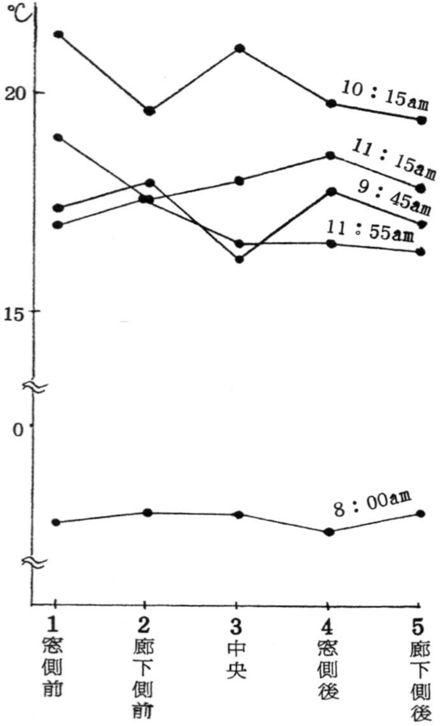

状態と言わなければならない。このように同一校舎内でも，窓が一重か二重かという単なる施工上の違いが室内の保温力に影響を及ぼしていると見られることは注目に値しよう。

ここでは，4年生の教室の外気に面する方の窓を二重にすること，トタン屋根の改良が望まれる。

学習環境としての教室内至適温度条件を検討する場合の基本的な考え方として，

① 生体負荷の最も少ない条件，すなわち，生体である子どもが暑くも寒くもなく，疲労も最小の状態を生理的零点とし，その生理的零点を至適とする場合（生理的至適条件）。

② 生体に多少の刺激を与える状態を至適とする場合（感覚的至適条件ないしは鼓舞的至適条件）のあることを示しておきたい。

人体が快感を持つ場合は，生体に多少の刺激を与える環境にいる第二の場合であって，第一の生理的零点，すなわち生理的負荷が最小であって暑くも寒くも何とも感じない生理的至適温度とは多少ずれる可能性のあることを石川知福[6]も指摘している。

学校教育の場にあっては，この第二の場合が非常に重要であって，多少とも生体に刺激を与え，発育発達の途上にある学童の環境への適応能力鍛錬という意味も含めた温度条件を教室内の至適温度条件として考えておかねばならない。

すなわち，子どもの心身には，「保護」と同時に「鍛錬」が必要であること，特に今回の調査結果は極寒期における教室内温度条件に視点を置き分析したもので，これらは更に発展して「学童の身体的耐寒性の養成」の側面から温度適応能力の発達に接近していくことは理にかなったものであろう。

以上のような点から，学校教育の場で，学童自身の温度環境への適応能力の発達ということを含めて温度管理を考えていく場合，外気温との差が15℃以上もあるような保護はしないこと。温度感覚は前述の体感尺度が0点〜－1点（ちょうど良い，またはやや寒い）の間にあることが望ましく，多少とも生体負荷のある方が子どもの耐寒性を促す結果になることを指摘しておきたい。

ただし，病弱児，虚弱児に対してはこのかぎりではなく，また年齢段階が低いものについては「保護」の割合を多くし，「鍛錬」の面は年齢が大きくなるにし

たがってその比率を大きくしていくことが望まれる。

(3) 環境教育への導入―日常の生徒の保健管理と保健指導の実践（主に教師と家庭に対して）―

　外界は極寒期であるにもかかわらず，教室内の温度は30℃を超え，更に湿度は20％台という高温低湿の異常な人工環境であることを十分に認識し，その点に対する具体的な健康指導・健康管理を行なう必要があろう。

　環境そのものを改善していくことが第一であり，その前段階として，人工環境と自然環境の出入りの際への生体負荷を知ること，そのための教室での着衣状態，家庭に帰ってきた子どもの受け入れ体勢は更に重要である。教育指導としての教室内温度管理の実践の基本的な条件の第一点として，教師自身が，温度環境が児童の学習意欲に及ぼす影響を知り，関心を持つことが挙げられる。

　一般に，室内温が低いことに対しては敏感で，それに対する対策には積極的であるが，暖房の利き過ぎによる室内の温度上昇には関心が薄いものである。温度環境が不適切であるために生じる不快感，ねむけ，だるさの症状，注意集中困難の症状，ほてりなどの局所的温度違和感，更にそれらが相乗して生じると思われる学習意欲の減退という現象を考えれば，冬の暖房時の室温の上がり過ぎにもっと関心を払うべきであろう。

　教育を行なう場合，教師は生徒のレディネス（学習素地）を認識の発達過程や心身の発育発達の程度から捉え，それに応じた教材を組み，指導を行なっていく。この際，そのレディネスを広義の心的知的準備状態として捉えるならばその室内温度環境が子どもの学習意欲や目的達成動機にどの程度の影響を与え，これから学習活動に入ろうとする際にどのような状態であるかを捉えておく必要があろう。すなわち，子ども自身の知的水準，教材への興味の度合いを知ることと同時に，環境が自分の心身に与える影響を環境生理学的に捉え，学習環境の管理に対する配慮を含めた教育的水準を保持検討しておく必要性が強調されなければならないと思う。

　基本的な条件の第2点として，子どもに温度，その他の物理的環境要因への関心を持たせて，自ら環境を管理していく習慣態度を養わせることが挙げられよう。

　この第2点が，更に発展し，環境については，温度など物理的環境要因のうち

ほんの一部分から入っていくものか，その他の要因へも目を向けていく動機づけとなり，物理的，化学的，生物的，社会的環境への発展が促された。いわゆる環境教育として，保健教科領域の中で，また理科教育，道徳教育，家庭科教育，社会科教育の中にも，それぞれの年齢段階に応じた組み入れ方をしていくことが出来よう。この視点は，平成14年以降実施されている。各教科を越えて「総合的な学習」において充分に展開されることが可能になった。

さて，東京都H小学校の事例を通して，温度に対する環境教育の必要性を述べよう。

30℃を超えようという教室内温度環境下にあっても，自ら上衣を脱いだり，ハイソックスをとろうとした者は数人しかいなかった。こちらで「暑いか…」と問えば「暑くて，暑くて…」と答える。暑ければ薄着になり，寒ければ着るという温度変化に対する被服の調節を忘れているのではなかろうか。この辺が健康指導上の盲点ではなかろうか。これらの温度環境に対する自らの対処の仕方を身に付けて，更に積極的に温度環境そのものへの関心が増し，具体的な環境管理の一端を児童の能力に応じた役割分担をさせて，それらの実践を介しての環境教育が効果的と思われる。

今後ますます冷暖房施設が普及し，人工環境と自然環境との出入りが多くなることから，これらの問題を単なる学校環境衛生上に起こった一つの事象としてとどめることなく，広く児童の健康習慣形成上の問題として，環境教育上の問題として発展させなければならない。

5．結論

青森県と東京都における鉄筋校舎でセントラル・ヒーティング，鉄筋校舎でストーブ暖房，木造校舎でストーブ暖房の小・中学校計7校について，それぞれの教室内温度を観察し，併せてその環境下で学ぶ学童について温度感覚，自覚的疲労感，学習意欲に関する調査を行なった。それらを総合して，学習意欲としての冬季暖房時の教室内至適温度と温度管理の実践についての基礎的な検討を行なおうとした。

その結果，

① 東京都における30℃を超えようとする異常な高温低湿環境を生じていた鉄筋4階建てでセントラル・ヒーティング施設を持ったH小学校の児童に暑過ぎるといった訴えとそれに伴って現れる疲労感や学習意欲の低下の症状が見られた。

② 同じ都内における木造2階建てでストーブ暖房のT小学校の場合と青森県僻地の木造モルタル塗りストーブ暖房のM中学校の場合は，温度感覚，自覚症状の訴えも特に問題は見られなかった。室内温も学校環境衛生基準の至適温度の範囲内にほぼ該当していた。

③ 鉄筋4階建てで空調システムのみのストーブ暖房青森県三沢市立K小学校の場合，東京都H小学校ほどではないが，同様の日射の加わった温度上昇傾向が見られたが，ストーブ暖房のためかなり調節が自由であり，自覚症状，学習意欲などには特に問題があるとは言えない状態であった。

④ 鉄筋4階建てでセントラル・ヒーティングの東京都K中学校では，空調システムが良好なため異常な高温状態は生じなかったが，日射も加わりやや高温ぎみであった。ここでは温度そのもの以外の諸問題が生じていた。

⑤ 最も低温であった青森県Y小学校とG中学校の場合は，その地域にあった防音効果の大きい建築様式の工夫が要請される。

このような不適当な温度環境の教室が決して特殊な例でないことは十分推測されることであり，教室の温度管理が実情に応じた技術，設備の改善の下に行なわれる必要性が痛感された。

第2節　冬季暖房時の室内温度条件が児童の心身および学習能率に及ぼす影響に関する実験的研究
―特に過剰暖房による教室内温度環境が児童の思考作業に及ぼす影響に視点を置いて―
（実験Ⅰ，昭和52年度）

1．実験目的とその背景

　第1節では，冬季暖房時の教室内温度条件とその条件下で学習する児童・生徒の温感，疲労感，学習意欲との関連を見るために東京都と青森県の小・中学校計7校についての現地調査を試みた。対象とした小・中学校は，地域，建築様式，暖房法の違いを考慮して選定したものであるが，予想したとおり，航空騒音対策として建築された全館冷暖房二重窓の東京都H小学校における教室内温度は厳寒季であるにもかかわらず30℃を超す暑熱環境であった。

　一方，寒冷地青森県の木造ストーブ暖房の僻地Y小学校では，外気は氷点下，日中最高気温5℃以下の中で室内温は，ストーブ点火前の氷点下から点火後最高に上昇した時点でも15℃にまで至らなかった。また同寒冷地における鉄筋二重窓防音校舎のK小学校の教室では，ストーブ暖房のため25℃にとどまったが，第2節で触れるセントラル・ヒーティングの青森県M小学校では30℃まで上昇した。

　以上のように，地域の気象条件に加えて，建築様式，暖房法など，幾つかの人工的文化的環境因子が組み合わさった学校での教室温度条件の実態は様々であり，またそこで学習する児童・生徒の温感，疲労感，学習意欲も様々であった。これら環境条件および心身状態測定値を変数として変数間の相関係数を算出し因子分析を試みた結果，室内温度条件のうち暑熱因子は身体的には皮膚温の上昇とともに暑熱感やほてりを伴い，心理的には，ぼんやりした，やる気のない，ねむい，授業がいやになったなど大脳の活動水準の低下を思わせる諸症状との関連性が明らかにされた。そこでこれらを総称して，「学習意欲阻害因子」と名付けた。一方，寒冷因子は，「手がかじかむ」「足，腰が冷える」「顔がほてる」など身体的

局所的違和感とのつながりが強く見いだされたが,中枢神経系の活動水準を低下させると思わせる諸症状との関連性は見いだせなかった。

人は寒さに対しては,自律的自動的に末梢血管を反射収縮させ,それに伴う皮膚温の低下によって物理的に放熱を防ぎ,暑さに対しては,末梢血管の拡張で皮膚温を上昇せしめるとともに呼吸,循環,代謝などの生理的諸機能を全体的に低下させることが明らかにされている。

したがって,子どもの学習意欲や学習能率を低下させる室内温度環境は,低温よりむしろ高温の方がより問題があると思われる。

本研究は以上の事柄を踏まえて,過剰暖房条件が心身および学習に及ぼす影響をより明らかにするために,人工気候室を用いて20℃,30℃の実験条件を再現し,それぞれの温度環境下で約1時間の学習負荷を与え,児童・生徒の生理的諸変化と思考への影響を明らかにすることを試みた。

2. 実験仮説

冬季暖房時の教室内温度とそこで学ぶ児童の心身状態の実態調査で,室内温が30℃を超える過剰暖房が「学習阻害因子」として働くことが明らかにされたが,阻害の詳細と機序は明らかにされなかったので,比較的至適温度と認められている20℃の場合と対比することにより,両温度環境で創造性テスト(ギルフォード,トーランス,東京心理社,1976年)とクレペリンを学習負荷として与えながら,同時に皮膚温,心拍,SPR等の生理的指標を用い,その経時的変化を把握した。

ギルフォードらの創造性テストは,問題の領域が応用力,生産力,空想力からなり,それぞれの領域より思考の速さ,広さ,独自さ,深さを評価する。学習のうち,特にどの領域の思考を要求している学習内容かによって温度環境による影響のされ方も異なるものと思われる。またその際,個体差は無視出来ない条件である。個人の意志の強さ,知能指数,環境への慣れなどの個体差は集団観察を行なうことで見かけ上解消すると考え,ここでは表2－10に示すように体位と知能偏差値のみを被験者の選定条件とした。

以上のような考えで,

① 教室内至適温度(20℃)と過剰暖房(30℃)での学習能率に差が見られる

表2-10 被験者および実験日数
Requirements of the results of them sampled, the examinee, and the date of experiment (in 1977)

被験者の選定条件（全国平均±σ）

	男子	女子
身長（cm）	141.6〜157.2	146.2〜156.6
体重（kg）	34.4〜 47.2	35.8〜 49.0
胸囲（cm）	67.3〜 76.9	69.4〜 79.8

（「学校保健統計報告書」1976年）

被験者一覧

性別		身長	体重	胸囲	既応歴	かかりやすい疾病	知能偏差値
女子	A	149.7	40.5	74.0	なし	結膜炎	70
	B	153.8	43.0	73.0	なし	結膜炎	73
	C	152.2	45.0	79.0	なし		53
	D	146.4	38.5	72.0	股関節脱臼（0.3歳）		53
	E	153.6	44.0	72.5	なし	かぜ	48
	F	149.8	42.0	70.0	なし	湿疹，じんましん	56
	G	154.1	38.0	70.0	なし		46
	H	152.7	43.5	75.0	なし	湿疹	58
	I	153.2	38.5	72.0	なし	扁桃腺炎	52
男子	J	153.8	44.0	71.5	なし		75
	K	156.5	38.0	72.0	なし		65

実験日・組分け

月　日	人工気候室内温度	被験者
1月17日	20℃	G　C
18日	20	J　K
19日	30	A　I
20日	30	E　B
21日	30	J　K
26日	20	H　I
27日	30	F　D
29日	30	G　C
31日	20	F　D
2月3日	30	H　A
5日	20	E　B

か，また学習内容によってその影響の受け方は異なるか。

② 暖房時の室内温度は生徒の生理的心理的状態（ここでは，皮膚温，舌下温，心拍，体感および疲労感を指標にした）にどのような影響を与えているか。
以上2点に注目して検討する。

3. 実験方法

(1) 実験条件の設定

温度環境の設定には，東京学芸大学保健学研究室の人工気候室（環境温度可変装置）を用いた。図2－15に示すようにこの装置のサーモスタットは床上1.5mの壁面に設置され，温湿度が調節された空気はダクトを通り天井に無数に点在する小孔より送風され，室内に分布し，床面近くの吸込口より再びダクトを通り，過熱（冷却），加湿（除湿）の空気調和がなされ，更に循環している温度調節の誤差範囲は±1℃で動的平衡状態を保つことが出来た。なおこの装置は，第1章の実験で用いたものと同一のものを昭和50年に東京大学より東京学芸大学に移管されたものである。

(2) 測定項目

① 学習負荷として

(イ) 内田クレペリン精神検査[8][9]（普及型）

室内温度が単純加算作業に及ぼす影響を見るために用いたクレペリン検査は，作業量（パフォーマンス）と後半増加率の2点に注目して分析した。

(ロ) 創造性テスト[7]（Gilford and Torrance，創造性心理研究会編，東京心理社，1976年）

人間の知的能力には，既知のものを定着させ，あらかじめ確定しているものを保存しようとするものとしての「知能」ともう一つは，既知のものを改定し，未確定のものを追求し構成するものとしての「創造性」がある。

論理的な判断力，推理力，記憶力による収束的思考（集中的思考）を要求する知能検査に対して，この創造性検査は，思考の方向が多種多様のものに変わっていく発散的思考（拡散的思考）を見ようとするもので下記のような構成である。

　　下位検査　　問題の領域（問題例）
　　テストⅠ　　応用力（新聞紙―読むこと以外にどんな使い道があるか）
　　テストⅡ　　生産力（どんなカバンがあったらいいか，夢をたくさん書く）
　　テストⅢ　　空想力（すべての人間が何も食べなくても生きていけるように
　　　　　　　なったらどんなことが起こると思うか）

図2−15 実験装置
Experimental apparatus

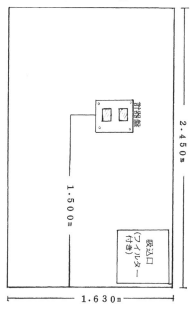

(A面 立面図)

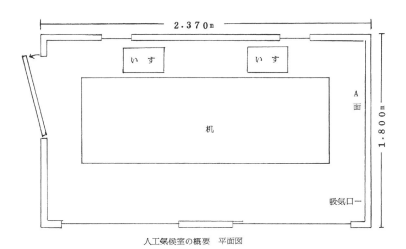

人工気候室の概要 平面図

各問とも思考の「速さ」「広さ」「独自さ」「深さ」の4つの思考特徴について評価する。

なお，評定は東京心理社に依頼した。

② 生理的反応の指標として

(イ) 皮膚温，舌下温

前額（額中央眉上2cm），手背（中央線1/2），下腿前面（中央線にて下腿1/3），足背（中央線中央），頸部（第5頸椎）計5か所の皮膚温と舌下温をデンマーク・エラブ社で開発した熱電対温度計（多点式温度計 TE-3）で測定した。

これによって，各種温度条件と学習負荷が皮膚表面温度と舌下温にどの程度の負荷になったかを観察した。なお，ここで，舌下温は特に，学習中の舌下温の上昇とその変動が学習評価のための指標となりうるという小野三嗣の報告[10]に準拠したものである。

(ロ) 心拍数および皮膚電位反射（SPR, Skin, Potential, Reflex）

心拍数とSPRは，情動の興奮水準を反射的に表すため，学習に対する緊張感や集中度を観察するために観察した。

心拍は指尖電脈波用ピックアップを用い，SPRは精神性発汗の多い左掌に電極を着装し，脳波計（ME-135，日本光電社）に記録させた。

(ハ) 自覚症状

温熱負荷と学習負荷を同時に受けている被験者の温感，疲労感，学習意欲に関する自覚症状調査は第2章と同じ内容の質問紙を用いた。すなわち，疲労感については，産業疲労委員会によるものを斎藤良夫ら[2]が因子分析したものを用いた。すなわち「ねむけ，だるさ」「注意集中困難」「局所的身体違和感」に類型された3因子に基づく諸症状をそれぞれ10項目ずつ再編成して，計30症状からなる質問紙法で，その症状の有無を○×で記入するものである。温感については，Yaglouの5段階尺度を，また学習意欲に関しては著者が項目を考案，選定した。これらの諸症状全体の諸項目は，前報にて因子分析を済ませてある。

(3) 実験手順

(イ) 事前準備実験

被験者の通学する小平市立某中学校に出向いて，放課後図書館室に被験者11名

を集め,クレペリンと創造性テストを実施した。図書室はプレハブ校舎内の一角でストーブもないため,室内温度は約10℃であった。

この事前実験は,クレペリン検査は練習効果があるため,数回練習し,成績が安定したところで本実験に入ろうとしたものである。

なお,創造性検査は,練習効果はないと思われたが,初めて実施した場合への緊張感と実験者と被験者のラポートを兼ねて同様に実施したものである。

(ロ) 本実験

実験期間は昭和52年1月17日～2月5日の厳寒季に実施した。1回の実験を2人1組とし,それぞれ20℃と30℃の2回,日を替えて行なった。なお,20℃を1回目に行なった組は2回目に30℃を,1回目に30℃を行なった組は2回目に20℃を交互に組み合わせた。

被験者は,小平市立某中学校の1年生,男子2名,女子9名の計11名。被験者の選定条件は,健康体であること,身長,体重,胸囲が全国平均±σの範囲内であること。

(ハ) 測定手順は図2－16に示すように,無暖房室(10℃)に座位安静15分,その間の心拍数,皮膚温,舌下温を測定,自覚症状の把握をした後,20℃または30℃の人工気候室に入室させた。

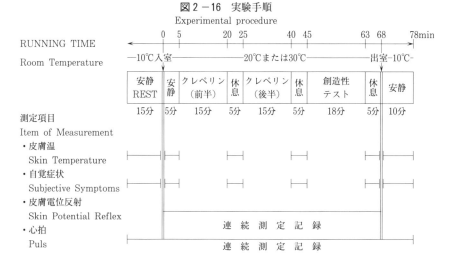

図2－16 実験手順
Experimental procedure

人工気候室での作業は，5分間の安静後クレペリン作業（15分），5分間休息後クレペリン作業の後半（15分），5分間休息して創造性テスト（18分）を実施した。創造性テストは，1問5分間で説明が各問1分付いて，全部で6問あるが，そのうち3問を1回の実験で用いた。作業後5分間安静にして出室，再び無暖房室に入室して10分間安静にした。その間の測定は，皮膚温と舌下温，自覚症状の記入は平静（休息）時に，SPRと心拍数は自動記録装置に連続記録させた。なお，皮膚温の測定部位は，前額，前腕，頸部，大腿，手背，足背の6点である。

4．実験結果とその考察

(1) 学習負荷としてのクレペリン作業と創造性検査結果について

① 室内温度別に見たクレペリン作業量

図2-17は，クレペリン加算作業量を前半と後半に分け，室内温度別にプロットしたものである。いずれも，前半の作業量よりも後半の作業量の方が多く，このことを後半増加量として指標にしたい。また，室内温は20℃の時が，作業量，後半増加量ともに多い傾向が見られる。

ここで分析の対象としたデータは，10℃の値はクレペリンの練習効果による影響を除去するために，被験者が通学する中学校に2日出向き，室温10℃無暖房の図書室で実施したもののうち2回目のものである。本実験の20℃および30℃の値は，当研究室における2回目の実験で得られた値を用いた。

本実験結果から，とりあえず20℃と30℃の暖房温度の違いがクレペリン加算作業および後半作業増加量に与える影響を検定するために，図2-17の表のように分散分析を試みたが，室内温度の違いおよび前半，後半での作業量の違いには有意な差はなかった。

② 室内温度別に見た創造性テスト結果

創造性テストの下位検査領域，すなわち「応用力」（新用途考察テスト），「空想力」（結果予想テスト）別に見たそれぞれの得点が室内温の違いによって差があるかを見ようとしたものが図2-18である。

特に，応用力と生産力が30℃の過剰暖房下での得点の低下が著しい。また空想力の得点を平均値で見るとほとんど差がないが，30℃の値にはばらつきが大であ

る。このことは，すなわち，高温刺激により上昇するものと低下するものとがあることを示している。

図2-17 環境温度別に見たクレペリン作業量
Performance of Kraepelin calculation in three different thermal environments

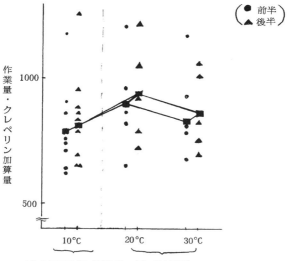

(中学校図書室,無暖房) (人工気候室)

	クレペリン作業		計
	前 半	後 半	
20 ℃	863	793	
	828	920	
	959	1054	9213
	653	719	
	1208	1216	
	4511	4702	
30 ℃	978	1061	
	782	753	
	814	823	8511
	928	1007	
	676	689	
	4178	4333	
計	8689	9035	17724

分散分析表

変動因	平方和	自由度	平均平方	F
作業経過	5985.8	1	5985.8	0.196
環境温度	24640.2	1	24640.2	0.808
交互作用	64.8	1	64.8	
細 胞 内	487382.4	16	30461.4	
全　　体	518073.2	19		

図2-18 環境温度別に見た創造性検査の下位検査領域別評価結果
Result of the Divergent Thinking Test by Torrance, E.P. in the 3 different thermal environments

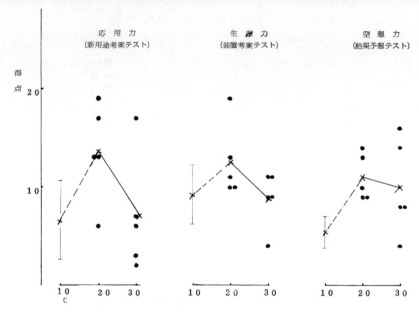

領域 ($k = 3$) 温度 ($m = 2$) 細胞内 ($n = 5$)

温度＼領域	応用力	生産力	空想力	
20℃	13	10	10	
	19	19	14	
	17	13	9	186
	13	10	13	
	6	11	9	
	68	63	55	
30℃	3	11	8	
	2	4	4	
	6	9	16	129
	17	11	14	
	7	9	8	
	35	44	50	
	103	107	105	315

領域・温度についての分散分析表

変動因	平方和	自由度	平均平方	F
領　域	0.8	2	0.4	0.02
環境温度	108.3	1	108.3	5.79*
交互作用	39.2	2	19.6	1.04
細 胞 内	449.2	24	18.7	
全　体	597.5	29		

（＊5％の危険率にて有意差有り）

図2-19 環境温度別に見た創造性検査における思考特性面から見た評価結果
Result of the Divergent Thinking Test by Torrance, E.P. in the 3 different thermal environments

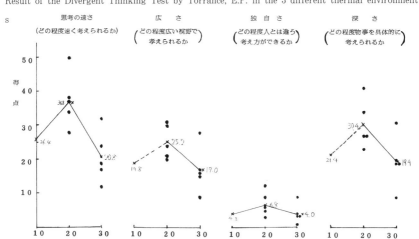

$k = 4 \quad m = 2 \quad n = 5$

領域 温度	速さ	広さ	独自さ	深さ	
20℃	28	24	6	27	
	50	31	11	41	
	38	21	5	34	
	37	30	9	27	499
	34	20	3	23	
	187	126	34	152	
30℃	19	16	3	19	
	12	9	1	9	
	17	15	3	18	306
	32	28	9	31	
	24	17	4	20	
	104	85	20	97	
計	291	211	54	249	805

変動因	平方和	自由度	平均平方	F
思考の特性	3211.275	3	1070.425	26.187**
環境温度	931.225	1	931.225	22.782**
交互作用	247.875	3	82.625	2.021
細胞内	1308.000	32	40.875	
全体	5698.375	39		

(** 1%の危険率にて有意差有り)

　変動要因別, すなわち下位検査領域別と室内環境温度別に分散分析したのが図2-18の表である。ここで, 室内環境温度には有意差が見られたが, 領域による違いには有意差が認められなかった。このことは, 応用力・生産力・空想力の得点はいずれも室内温度によって影響されること, また, 30℃は20℃の場合に比し

図2-20 テスト別，環境温度別に見た皮膚電位反射（SPR）出現頻度（回/min）
Frequeny of SPR by tests and by thermal environments

学習種類 環境温	クレペリン	創造性検査	
20℃	0.04 0.00 0.41 4.56 0.00	0.2 0.28 3.40 5.10 0.00	13.99
	5.01	8.98	
	($\bar{x}$:0.835, SD:1.6723)	($\bar{x}$:1.4967, SD:2.0103)	
30℃	2.13 4.97 0.00 0.44 1.67	0.00 0.28 0.00 0.89 1.00	11.38
	9.21	2.17	
	($\bar{x}$:1.535, SD:1.73603)	($\bar{x}$:0.3616, SD:0.4253)	
	14.22	11.15	25.37

$$t_1 = \frac{0.7}{0.72} \quad t_2 = 1.5656$$
$$= 0.9722$$

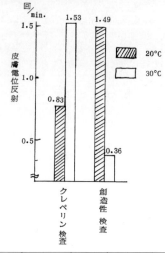

変動因	平均平方	自由度	平均平方	F
学習内容	0.471245	1	0.471245	0.1407
環境温度	0.340605	1	0.340605	0.1017
交互作用	6.060960	1	6.060960	1.8096
細胞内	53.588500	16	3.349200	
全体	60.560655	19		

て成績は低下することが統計的に有意に認められたことを意味する。

次に，これら創造性検査をした場合の思考特性の評価結果を思考の速さ，広さ，独自さ，深さに分けて，それぞれ室内温度別にプロットしたのが図2-19である。思考の速さ，広さ，深さが30℃になるとその得点の低下が見られることが分かる。思考の特性および環境温度とも1％水準で有意差が見られた。

参考のために無暖房室（10℃）で実施した時の平均得点も図示（図2-20）した。いずれも20℃の場合より低い。

(2) 学習と温度環境負荷が生理的諸反応に及ぼす影響について

① 心拍数の経時的変動

30℃と20℃の室内環境温度下に75分間滞在して，クレペリン加算作業，創造性テストを負荷した時の心拍数を経時的に記録すると図2-21のようになる。ここ

図2-21 心拍数の経時的変動
Time trend of heart rate of children loaded with the tests in two levels of room temperature

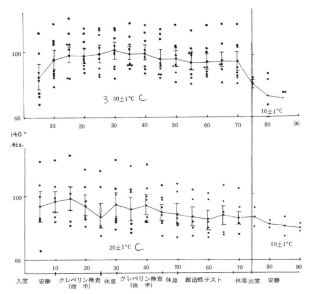

でグラフ化されたものから，そのおよその傾向を見ると，(1)30℃の方が20℃の場合より心拍数は増加している。(2)30℃の場合，入室後安静10分間に95回/分まで上昇し，その後は負荷した学習内容の量や質また休息など児童の活動レベルでの変化に応じた特性は見られない。これに対して，20℃の場合は，クレペリン負荷時に心拍数の急激な増加が見られ，休息するほど減少し，再びクレペリン負荷で上昇するといった変化が特徴的である。被験者には30℃，20℃の温度負荷と学習負荷と二重に負荷がかかるわけであるが，ここから，30℃の場合は学習内容や活動レベルでの負荷よりも温度負荷の方が大であるため，学習，休息等々のストレスの変動は抑えられていることが推測されよう。SPR出現頻度については差異は認められなかった（図2-22）。

② 皮膚温，舌下温の変動

図2-23は，室内環境温度別に見た皮膚温の経時的変動である。

30℃の場合，舌下温は36℃を超え，手背，足背等の末梢部の皮膚温の急激な上昇が認められる。すなわち，10℃の無暖房室では舌下温と手背等の末梢の皮膚温

図2-22 室内温度環境別に見た疲労感の経時的変動
Average number of symptoms of fatigue of school children in two levels of thermal environments

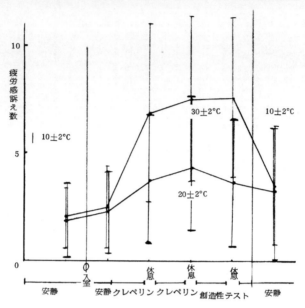

の部位的差異が15～16℃もあるものが、急に30℃という過剰温度の暖房室に入室後、末梢部温度は上昇し、部位差は少なく、いわゆる夏型の皮膚温分布のパターンに変化する。

5．結論

小・中学校の現場の冬季暖房時の教室内環境調査から明らかにされた30℃を超える過剰暖房が生徒の心身および学習にどのような影響が見られるかを実験的に明らかにするために、人工気候室を用いて、その温熱環境を再現し、中学生を対象にクレペリンおよび創造性テストを行なった。

その結果、30℃の過剰暖房は20℃の場合に比して、疲労感が大きく（図2-22）また心拍や皮膚温にもいわゆる、高温環境が生体に及ぼす生理的負荷が大なることが明らかにされるとともに、学習に対しては、思考の速さ、広さ、深さの思考特性に対して阻害因子となることが有意差をもって明らかにされた。

図2-23 室内環境温度別に見た皮膚温および舌下温の経時的変動
Time trend of skin and hypoglossal temperature of the examinee by room temperature

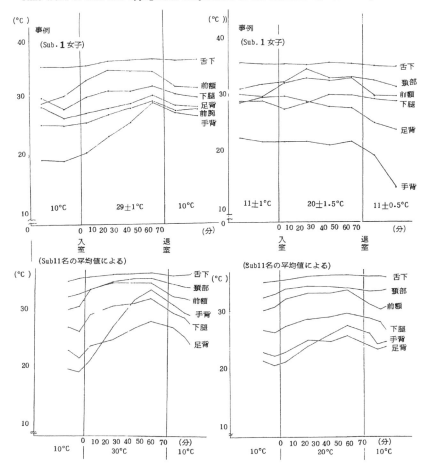

　気密な全館冷暖房二重窓防音校舎では30℃に至るような室内温度の上昇が現在でも多く見られるが，これら過剰暖房は第2章にも触れたような体感，疲労感および学習意欲にとって好ましからぬ影響を与えるのみでなく，思考の特性に対しても抑制因子として働くわけで，今後の学校建築，特に空調設備およびその管理方式について根本的な対策が必要であることが強く示唆された。

第3節 冬季暖房時の教室内温度環境が児童の健康に及ぼす影響に関する追跡調査
―寒冷地青森県下の木造校舎と全館冷暖房二重窓防音校舎における室内温度環境と児童の咽頭粘膜付着菌についての比較検討―
(現地調査Ⅱ, 昭和57年度)

まえがき

第1節では地域の気象条件, 建築様式, 暖房法の異なる小・中学校7校についての教室内温度条件と児童の温感, 疲労感および学習意欲について調査し, ここから特に全館冷暖房二重窓の東京都H小学校の教室内温度の高温低湿な状態が学習意欲の阻害因子になっていることが明示された。更に第2節では, 30℃の高温環境を実験的に再現し, 創造性テスト等の思考作業を負荷した場合20℃の環境下で行なった場合よりもその成績は低下したのみでなく皮膚温, 心拍数など生理的指標にも季候順化とは逆の現象が現れることを確認した。

本節では, 寒冷地青森県の市街地で東京都H小学校と同様の全館冷暖房二重窓の防音校舎と同県下の木造校舎を対象に教室内温度条件と空気性状の調査を行なうとともに, 児童の咽頭粘膜付着菌(ぶどう球菌)および皮膚温, 心拍等の経時的変動等の測定を通して, 学校環境, 特に建築様式と暖房法の異なる2つの教室内環境の衛生学的な違いを明らかにし, 児童の健康, 特に病欠と生理的適応能の側面も加えて, 主体, 環境両側面からの関わり合いを明らかにすることを試みた。

1. 調査目的と仮説

先の研究[11]~[13]で, 東京都H小学校(全館冷暖房二重窓防音校舎)と青森県N小学校(木造平屋建て校舎)という自然環境からの温度刺激の受け方の最も異なる2つの事例を対象に, ひとまず, そこに在籍する児童の病欠, 疾病罹患傾向および局所性耐寒性テストを行なった。その結果, 病欠, 疾病罹患傾向ともに有意にH小学校の方が高く, 局所性耐寒性もN小学校の方が良いレベルを示した。この

ことが何に起因するかを明らかにするために以下のような仮説を立て，更に対象校をN小学校と同様の寒冷地青森県で東京都H小学校と同様の全館冷暖房二重窓防音校舎のM小学校に選定し直して，教室内環境調査と児童の諸反応を測定した。加えて学校から帰宅後の児童は家庭でどのような室内温度条件下で生活しているかの把握も試みた。

(1) 仮 説
① 鉄筋二重窓による気密な構造の校舎は，室内温度の上昇，とりわけ外気温との差が20～25℃以上にもなるであろう。そしてそのことは児童にとって冬季の寒冷に順化しようとする体温調節機序の発動を抑える働きかけとなり，更には疾病や少しの刺激に対して感受性の高い状態を作り上げることになろう。また，防音校舎M小学校の地域は官舎に住む児童が多いため学校と同様，家庭も気密な建築様式で室内温は高いであろう。
② 空調設備による Air borne contagion[14]特に高温低湿下での浮遊細菌数は木造の自然環境のN小学校に比して生存率が高いであろう。

以上，今回の現場調査は暖房法と建築様式に視点を当てて，第1節で触れた昭和45年の調査の現状を追証するとともに，気密な防音校舎の児童に見られた病欠の多さの背景を主体，環境両側面から明らかにしようとしたところに特徴がある。

2．調査対象と方法

調査対象は，寒冷地青森県下の比較的接近した地域で建築様式の異なるM市立M小学校（全館冷暖房二重窓防音校舎），同じM市の幼稚園（木造モルタル平屋建て，セントラル・ヒーティング），S町立N小学校（木造ストーブ暖房），M保育所（木造モルタル，ストーブ暖房）の計4校を選定した。これらの対象園は既に，昭和55年度の調査対象13校の一部として，病欠，局所性耐寒性テスト等の調査を実施ずみである。

調査期間は，当初2月に予定していたが，全館冷暖房のM小学校が，インフルエンザ流行対策で追われていたため測定期間がずれ，3月2日～5日であり，上記の4つの対象校について下記の要領にて室内環境と児童の生理的諸反応を試みた。

ここでは特に，冬季暖房時の教室内環境として，温湿度，気流，輻射熱，落下細菌，浮遊細菌，在室時の咽頭粘膜のぶどう球菌保有率，更に1学級につき2名ずつの児童の学習中の皮膚温，深部温，心拍数の経時的変動と帰宅後の居室内で同様の測定を行なった。

表2-11と表2-12に，測定項目，時刻，場所等について示す。

表2-11 室内環境調査の手順

	測定項目	測定場所	測定器具	測定時間
7：00 教室内空気環境調査 15：00 家庭内環境調査 17：00	温湿度	教室中央および四隅，計5点の垂平温湿度分布，各地点につき10cm，1m，1m50cmの垂直温湿度分布	アウグスト乾湿計	・暖房開始前 ・1～6限目の各授業終了前10分
	気流	同上	アネモメーター （熱線風速計）	同上
	輻射熱	・ストーブに最も近い児童の座席 ・日射のある窓際	黒球温度計	同上
	空中浮遊菌	教室中央1か所	インピンジャー法	・暖房開始前 ・4限終了直前
	落下細菌	同上	コッホの落下法 （15分間放置）	同上
	温湿度	居間中央床上10cm，1m	アウグスト乾湿計	・帰宅後
	気流	同上	アネモメーター	同上
	輻射熱	・ストーブより50cm，床上1m50cm	黒球温度計	同上
	落下細菌	・居間中央床上50cm	コッホの落下法 （15分間放置）	同上

表2-12 児童の咽頭粘膜細菌検査と生理的反応の測定

11：30 12：30	児童の細菌検査	咽頭粘液採取 ・保健室（家庭科食品衛生実験室）にて ・小学5年生各20名 ・幼児各10名	滅菌綿棒，白金耳にてマンニット培地，血液寒天平板に塗抹，それを24および48時間好気性培養	・4時限後の食事前
8：00 15：00	児童の深部温測定 児童の皮膚温測定	胸部，足背の各1か所 ・小学5年生各2名 ・幼児各1名 指先，胸部，前額の各1か所 ・同上	記録計で継時的に記録 同上	・1～6時限目の各授業 ・帰宅後1時間 ・1～6時限目の各授業

3. 調査結果

(1) 学校別に見た年間平均病欠日数の年次推移

図2-24は，全館冷暖房二重窓防音校舎の青森県M小学校と東京都H小学校，青森県木造ストーブN小学校の年間平均病欠日数の年次推移である。

図2-24 年間病欠日数の年次推移
Sickness absence of school children by school year

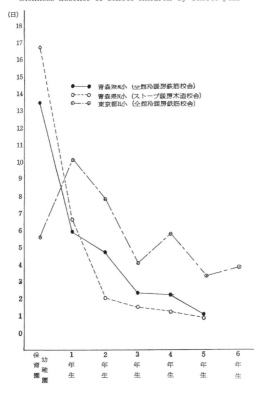

1～5年生は同一集団で，現在の5年生の過去にさかのぼった4年間の病欠記録を追った。病欠日数については，一般にポアソン分布[15]に従うが，ここでは加齢による病欠の推移（仮説としては，加齢による減少傾向）を見ることが目的であること，3校とも年間授業日数が一定であることを考慮し，単純にその集団に

おける年間病欠日数の平均値を算出して図示した。

ここで，それぞれの学校の就学前（幼児期）のデータは，その学校近くで就学率の高い幼稚園または保育所の5歳児の病欠統計を用いた。ここで東京都H小学校についてはH幼稚園で，これは全く同じ全館冷暖房鉄筋の園舎であるのに対して，青森県M小学校に入学する私立I幼稚園は，木造モルタル造り平屋建て，南側全面ガラス戸で直接園庭に出られるようになっている構造で，暖房だけ温風暖房（セントラル・ヒーティング）であった。したがってM小学校とI幼稚園は建築様式が異なるわけである。

ここで，幼児期のデータについては，共に寒冷地の木造園舎での病欠日数の方が都市の全館冷房の場合より有意に高いこと，また，市街地にあるI幼稚園の方が，農村地域のN保育所よりも低いことが認められた。

(2) 学校別に見た温熱条件の経時的変化と児童の温度感覚

図2-25は，全館冷暖房二重窓防音校舎のM小学校と木造平屋建てのN小学校の教室内温湿度の経時的変動である。それぞれプロットされた室内温度は床上1m地点の室内5か所の平均値を算出して代表値とした。

外気温はN小学校の場合0～4℃，M小学校は6～8℃で，特にM小学校の測定日が暖かい日に当たってしまったが，M小学校は市街地にあるため平常でもN小学校の地域の気象条件より若干高めの傾向にあることは事実である。

児童が登校する前の教室内温度（暖房が入る前：通常7：00に入る）は，N小学校が2℃前後であるのに対し，M小学校は気密な二重窓で密閉された状態のため，暖房を入れる前に既に15℃あった。始業から終業までの最高気温は，N小学校が20℃未満であったのに対し，M小学校は30℃にもなった。

相対湿度に関しては，N小学校が最低でも約40％あったのに対し，M小学校は30％を切る低湿状態であった。つまりM小学校は昭和45年度調査（図2-3）の東京H小学校と同様に高温低湿であることが明らかになった。

共に木造モルタル平屋建てのI幼稚園（セントラル・ヒーティング），M保育所（ストーブ暖房）の室内温度は図2-26に示すように大差は認められなかった。

家庭に帰宅後の居室内温度は，帰宅時間が異なるため測定時刻のずれがあるが，図2-27に見るように，N小学校児童の家庭では暖房は主としてコタツで室内温

図2-25 教室内の温度・湿度の継時的変化

Change of temperature and humidity of classroom by school hour of the two schools

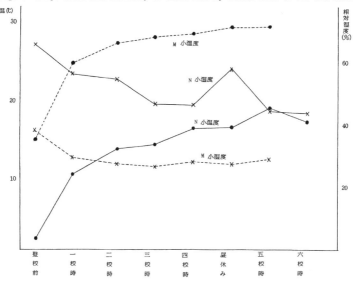

図2-26 教室内の温度・湿度の継時的変化

Change of temperature and humidity of classroom by school hour of the two kindergardens

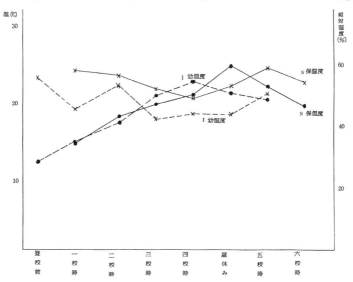

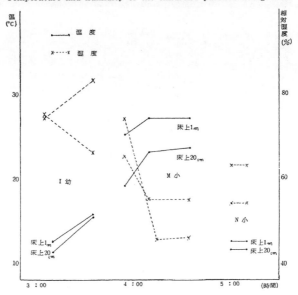

図2-27 家庭内における温湿度環境
Temperature and humidity of the children's parent's living room

度は20℃を超さなかったが，M小学校児童の場合は30℃近くまで上昇し，相対湿度は低く，学校での教室内温度条件と同様，いわゆる高温低湿環境であることが認められた。I幼稚園，N保育所における家庭での室温差は少なかった。

在室児童の温度感覚は図2-28，図2-29のように，木造ストーブ暖房N小学校が「少し暑い30.0％」「ちょうど良い21.1％」「少し寒い63.2％」「寒過ぎる5.2％」であるのに対して，全館冷暖房二重窓防音校舎のM小学校は，「暑過ぎる74.1％」「暑い18.5％」「ちょうど良い3.7％」と暑熱感に傾いていた。疲労感は2時限目と4時限目の授業終了時に記入させたが，図2-30，図2-31，図2-32に見るように，M小学校の場合2時限目から4時限目の訴え数の増加が有意に高く，特に「ねむけ，だるさの要因」「注意集中困難の因子」にその傾向が強かった。

(3) 深部体温の経時的変化

深部温の測定は図2-33のような構造のセンサーを測定部位（皮膚温）に接着し深部と皮膚表面との温度勾配によって流れる電流を利用した熱流補償法と呼ば

図2－28 児童の「部屋の感じ」午前・午後（M小学校）
Frequency of thermal sensation in the classroom in AM & PM (a case of M elm. school)

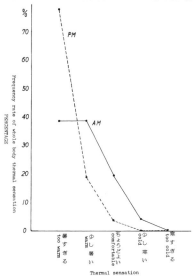

図2－29 児童の「部屋の感じ」午前・午後（N小学校）
Frequency of thermal sensation in the classroom in AM & PM (a case of N elm. school)

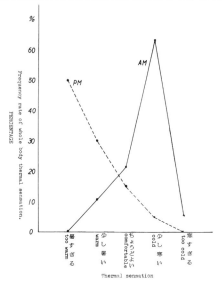

図 2-30 「ねむけ・だるさの成分」午前・午後の回帰直線

Regression between the frequency of complaint of fatigue of AM and that of PM (symptoms of drowsiness and dullness)

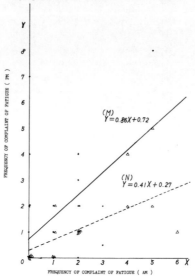

図 2-31 「注意集中困難の成分」午前・午後の回帰直線

Regression between the frequency of complaint of fatigue of AM and that of PM (symptoms of difficulty in concentration)

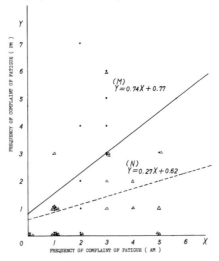

図2-32 「局在した身体違和感の成分」午前・午後の回帰直線
Regression between AM and PM, frequency of complaint of fatigue
(symptoms of localized physical discomfort)

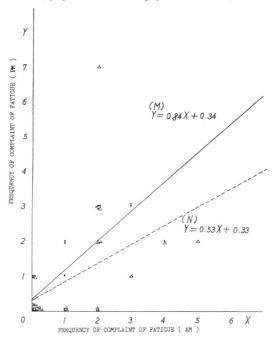

図2-33 感温部概略図
Outline of sensor of the Thermister (core temp.) used

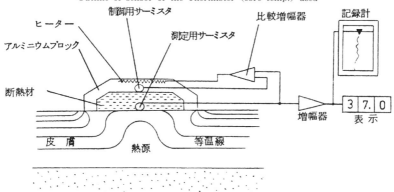

図 2-34 深部温, 皮膚温の経時的変化

Sequential change of core and skin temperature of two schoolboys

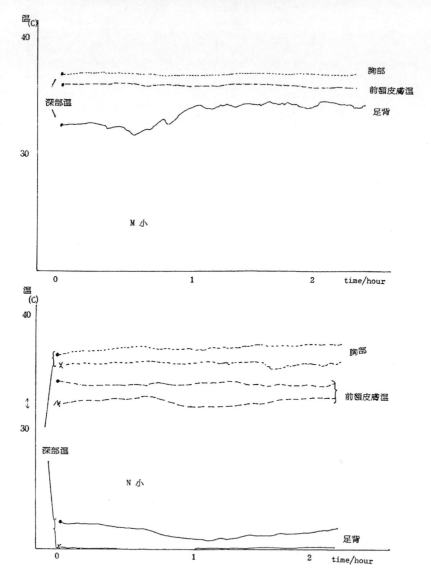

れる装置 (deep body thermometer) を用いた。この装置は1971年，Foxら[17]により開発されて，その後，戸川達雄[16]をはじめ多くの研究者により検討，臨床場面でも無襲撃で皮膚表面より深部温を測定出来るため，大いに利用され始めた比較的新しい機器である。本実験では，胸部と足背すなわち躯幹部と末梢部の深部温を測定し，末梢-躯幹部の分布幅に視点を置いて検討した。

図2-34に見るように，N小学校，M小学校とも胸部には差が認められないが，足背ではM小学校が30℃以上であるのに対し，N小学校では両児ともほぼ20℃で，うち1名は20℃にまで至らなかった。

すなわち，高温低湿環境下で学習しているM小学校の児童は躯幹部，末梢部の温度差はなく，いわゆる体熱から放熱しやすい夏型の温度分布を示しているわけである。

(4) 児童の咽頭におけるぶどう球菌保有率と教室内の落下細菌，空中浮遊細菌について

ここでは教室内空気の性状を病欠の多さと結び付くAir Borne Contagionに視点を当て，特に分離しやすいブドウ球菌について，児童の咽頭粘膜に付着しているブドウ球菌と教室内に浮遊しているブドウ球菌の測定を行なった。

その結果，図2-35に示すように，M小学校のブドウ球菌保有率が60％であっ

図2-35 ブドウ球菌の保有率とそのコロニーの数（マンニット食塩培地）

Appearance rate (%) of ataphylococcus in the throat of children and the numbers of colony

N小学校（7/20=35％：保有率） (個)

11	35	200*	500*		
15	55	200*			

M小学校（12/20=60％）

1	2	10	15	152	212
2	2	14	16	157	300*

N保育園（5/10=50％）

7	15	21	300*	300*	

I幼稚園（4/10=40％）

13	15	108	500*		

＊ 判定不能部分あり

たのに対し，N小学校のそれは35％であった。空中に浮遊するブドウ球菌の測定では，インピンジャー法を用い滅菌生理的食塩水5ccに毎分3ℓの空気を10分間吸入した。この場合の細菌数捕集率は74.7％であるとされている[18]が，今回の測定では検出することは出来なかった。このことは，捕集，培養および測定回数など検討を更に加えた上で，結論は今後の課題としてゆきたい。

4．考察

昭和45年東京都H小学校で見られた高温低湿環境実態（第1節）が，地域の異なる青森県M市の防音校舎M小学校にも見られたことが，本調査の最も注目すべき点である。

ここでは更に，その環境下で学習中の児童2名について胸部，足背の深部温皮膚温の経時的変化と在室児童20名の咽頭粘膜粘液を採取，培養したが，低湿な空気を吸入しているため粘液が少なく，採取困難であった。またマンニット培地に塗抹，培養した結果，ブドウ球菌の保有率が高温低湿のM小学校で60％であったのに対し，木造で比較的低温で適切な温度であったN小学校が35％であった。一般に呼吸器粘膜の上皮細胞の繊毛による粘液輸送は低温度において著明な低下をもたらす[19]と言われているが，今回の測定に際しての粘液採取の困難は，如実に高温低湿環境の影響を物語るものであり，児童の自覚症状のうち，「口がかわく」はN小学校の0％に対し，M小学校は34.6％と訴え率が高かった。第1節で示された，同じ高温低湿環境であった東京都H小学校の児童の訴えが高率であった「のどがかわく」「口がかわく」の自覚症状を，また第2節の実験にて，30℃の室内での学習は20℃の場合に比して心拍数の増加が大であったこと等を総合して考えた時，過剰暖房は，基礎代謝量の増大とともに，皮膚温の上昇，発汗，放熱の増大という暑さに対する生体の生理的反応をもたらし，またのどの粘膜における上皮細胞の繊毛運動の阻害が，外気温差大なる冬季の人の望ましい生理的適応とは逆の結果となっていること。そしてこのような状態は，病原体や生体にとっての異種蛋白（アレルゲン）に対しては，感受性の高い状態であると言えよう。

すなわち，冬季の寒冷な自然環境と全くかけ離れて，人工暖房，特に過剰暖房は，人を疾病から守る本来の目的を越え，人を，病原体をはじめとする外界の環

境刺激に対しより過敏な,すなわち,感受性の高い素地を作り上げていく結果をもたらすということが推察出来る。また,今回の測定からは検証されなかったが,気密で密閉された教室内の高温低湿環境は,ブドウ球菌,連鎖球菌をはじめとする微生物の生存率を高めることが予想される。また,生体に対しては感受性を高める作用,すなわち,疾病に対する抵抗力を弱める作用をもたらすこと,つまり,主体－環境の両側面から問題のあることが示唆される。今後,学習環境としての温熱環境の管理の適切な検討は,学校教育の場として特に緊急を要する課題と言えよう。

5. 結論

今回の調査は外気温がM小学校で6～8℃,N小学校で0～4℃まで上昇し,測定時期が寒冷地青森県のいわゆる厳寒期ではなかったため,冬季暖房時の一般的傾向を示しているとは言えないが,

① 全館冷暖房二重窓防音校舎の青森県M市M小学校は,気密な二重窓で廊下や外気と全く隔離された,いわゆる保温率の高い建築様式のため相対湿度の低さが明らかになった。このような高温低湿の状態は,第1節で触れた,昭和45年度調査の羽田空港近くの防音校舎東京都H小学校と全く同じ様相を示した。

② 高温低湿環境下で1日の大半を過ごす児童の呼吸器粘膜は少なく,付着ブドウ球菌保有率者の割合は,N小学校の35％に比して高く60％であった。

③ 児童の温度感覚は,M小学校は暑熱感に傾き特に4時限目では,74.1％が暑すぎると訴えた。疲労感では,M小学校はN小学校に比して4時限目に訴えの増加する傾向が有意に高かった。

④ 躯幹（Core）および末梢（Shell）の皮膚温と深部温は,M小学校の児童は過剰暖房による負荷のため一様に高く,いわゆる冬季という気象条件に適応した生体反応とは全く逆の様相を示していた。

⑤ 病欠,特に呼吸器系の感染症の多いM小学校は,気密な人工環境による高温低湿環境が,室内空気中の浮遊細菌数の生存をより促進させるのではないかという仮説は,今回の少ない測定回数の中からは検証に至らなかった。

参考文献

(1) 阿部勝馬『体温及び体温調節の生理』金原出版，1965年
(2) 斎藤良夫・小木和孝・柏原葆見「疲労自覚症状の類型化について」『労働科学』46 (4)，1970年，205〜224頁
(3) 『学校環境衛生の解説（文部省）』教育図書，1965年
(4) 季節生理委員会「日本人の皮膚温分布の季節変動」『日新医学』43(8)，1965年，427〜445頁
(5) 芝祐順『行動科学における相関分析法』東京大学出版会，1967年
(6) 石川智福『労働の衛生学』三省堂，1939年
(7) E. P. Torrance, 創造性心理研究会編『S－A創造性検査P版手引書』東京心理，1976年
(8) 横田象一郎『クレペリン精神作業検査概説』金子書房，1959年
(9) 日本精神技術研究所編『内田クレペリン精神検査法，早わかり』金子書房，1978年
(10) 小野三嗣「学習時における舌下温動揺の意義」『日新医学』48(4)，1961年，247〜261頁
(11) 鈴木路子「学習環境としての室内至適温度に関する研究（第一報）」『東京学芸大学紀要』第5部門第28集，1976年
(12) 鈴木路子「学習環境としての室内至適温度に関する研究（第二報）」『東京学芸大学紀要』第5部門第29集，1977年
(13) 鈴木路子・笠井英二「学習環境としての室内至適温度に関する研究（第三報），冬季暖房時の室内温が児童の心身及び学習能率に及ぼす影響に関する実験的研究」（未発表資料）
(14) Michael, B.G., The epidemiology of influence in humans, Annals New York Academy Sciences PartⅡ, Epidemiology, 1981, p.45〜52
(15) 高橋雄三「小学生の欠席状況の統計的解析」『日本衛生学雑誌』31(5)，1976年，600〜613頁
(16) 戸川達雄「新しい体温計測法（深部体温計）の臨床応用」『医学のあゆみ』113(12)，1980年，996〜999頁
(17) Fox, R. H. and A. J. Solman, A new technique for manituring the deep bodytemperature in man from the intact skin surface, J. Physiol., 212, 1971, p. 8〜10
(18) 古橋正吉「空中浮遊細菌の測定法」『臨床検査』21(9)，1977年，94〜97頁
(19) 加地正郎『人間，気象，病気―気候内科へのアプローチ』NHKブックス，1978年，174〜188頁
(20) Aschoff, J., In Landois-Roseman : Lehrbuch der Physiologie des Menschen 28 auflage, Uniban und Schwargenberg, München u. Berlin, 1960

第3章　子どもの温度適応能の発達と生育環境
―日本の各種気象環境下で生育する小児の局所耐寒性―

　現代文明は，人間の生活を豊かで快適なものにしたが，なかには人間が自らの手で新しく微温的な環境条件を作り出した場合も含まれている。

　最近は，冷暖房の普及が著しく室内の温度条件のコントロールを行なうことで，四季の変化などの気象条件から受ける暑さ，寒さのストレスはかなり減ったと言えよう。しかし，他方ではコントロールが不適切で温度条件が逆に極端になったり，屋内空気の質が悪化する例も見られる。

　人工環境は今後ますます拡大していくことが予想される。このような人工環境下で保護することは，環境の変化に適応する能力の未熟な乳児や老人にとっては，直接疾病や死亡を減少させ，また健康維持に結び付く。しかし，同様のことを発育途上の幼児や小学校児童に当てはめた場合，はたしてこれが児童の積極的な健康増進，すなわち環境に対する生理的適応能の発達に結び付くかどうかは疑問である。それどころか，文化的適応に頼り過ぎることが，人の生育過程の中で獲得すべき生理的適応能を減弱せしめるのではないかという恐れも指摘される。

　ウイルスや細菌に対する免疫抗体の産生率は，学童期にかけてほぼ成人と変わらない値にまでなるが，これには感染の機会や病原体の多寡なども関係すると言われている[1]。外界からの多くの刺激を受けながら，それらに対する免疫抗体を獲得していこうとする時期に，気象条件等をコントロールし，自然環境からの刺激の少ない人工保護環境で過ごすことは，間接的には抗体を産生する諸臓器，すなわち骨髄をはじめとする網内皮系の組織や表層の末梢血管の動態，すなわち自律神経系の発達に至るまで影響を及ぼし，ひいては少しの刺激に過敏に反応し，抵抗力の弱い子どもを作ることになるのではなかろうか。

　以上のような仮説が成り立つとすれば，都市の人工的に保護された環境とそれぞれの地域特有の気候・風土など自然環境下で生活生育する幼児，学童とでは病

欠や疾病罹患状況など日常の健康状態をはじめとして，寒冷刺激を受けた時の末梢血管の動態，すなわち局所性耐寒性に違いが見られるのではないかとの仮説に導かれる。

既に，第1章では，人工気候室を用いた冷房環境の，第2章では暖房時の教室内温熱環境下での児童の生理的諸反応と学習意欲への影響を実験と現地調査により明らかにしてきたが，本章では，これら様々な諸条件の室内温熱環境と地域の気象条件が複合された温熱環境下で生活生育する児童の温度環境への適応能の発達と健康状態の把握から，児童の健康と環境との関連を明らかにすることを目的とした。

第1節　ヒトの耐寒性の獲得に関する適応生理学的検討

ここでのヒトの耐寒性とは，寒さに対する生体反応として本来獲得している生理的適応能の一つである。生理的適応能とは，生物がその住んでいる環境の変化に対応して反応を起こす場合に，その変化が普通の強さの範囲を超えたり，または，連続して加えられた場合に，生体はその生理学的体制を変えて新たな事態に対応して，恒常性を維持する能力を獲得していく。これを生理的適応能（physiological adaptation）と言う。適応（adaptation）には生物学的進化の過程から獲得され，数世代にわたるものから，生後比較的単純な条件づけ，特に生活習慣の中から獲得されるものまで，そのレベルは異なる。ここでその程度を，acclimatization, acclimation, adaptationなどの表現を用いて区別しているが，研究者によりその定義づけは異なる。例えば，Heart[3]はacclimatizationとは環境の連続的な変化によってもたらされた生体反応の変化を言い，acclimationとはその変化が生涯に及ぶものを，そしてadaptationとはそれが数世代にわたるものとしている。またProssor[4]は上記のような生体反応の変化が，実験室での条件づけで行なわれるような比較的単純な因子で招来されるものをacclimation, 季節，気候，地理などの複合した諸因子の組み合わせによってもたらされる場合をacclimatization（風土順化）と定義している。一般にacclimatizationとadaptationは同義に用いている場合が多い。

本研究は Prossor の言う acclimatization にその背景を置きながら自然環境からの気象因子，すなわち，寒さ，暑さへの人の適応能の発達を，局所的寒冷刺激を与えた時の末梢血管の動態（寒冷血管反応）から観察し，各種異なる温度環境下で生活生育している児童の刺激—反応系，ここでは局所性耐寒性にどのような違いがあるかを明らかにしようとした。

寒冷地域，温暖地域また山間部，海浜部などの気象条件の異なる各種温度環境への acclimatization は，本来獲得されていくべき姿をゆがめる多くの生活環境因子が介在する。衣・食・住など人の生活様式はその地域の気候，風土に適応していくための手段であり，これをここでは，文化的・行動的適応と定義づける。これら人の生活や文化が，生来の生理的適応能，acclimatization に及ぼす影響を模索していくことは，人の健康，特に生理的適応能の発達と環境との関連性を明らかにする上で重要な課題である。

1．耐寒性測定の方法論

ここで，寒さに対する適応能としての耐寒性は，強烈な寒冷化で生命の維持の極限に対する抵抗力を意味するのではなく，温帯の冬の寒さ程度の実生活に直結した温和な寒冷に対する耐寒性を言っている。

この温和なる寒冷に対する耐寒性測定法は，急速に変貌する生態圏の中で，人類の生活生存の危機を感じた54か国の生物学，人類学者等による研究プロジェクト国際生物事業計画（IBP, International Biological Program）の「ヒトの適応能」部門「耐寒性，耐暑性の分析とその測定法（吉村寿人班長）」で，多くの研究者のこれまでの研究成果を踏まえて検討確立された。すなわち，1964年パリで第1回の会議を持った IBP は，「地球上における有機体の生産」と「変貌しつつある生活条件に対する人の適応能」の2つの問題を生物学者，生理学者，人類学者の協力研究によって遂行されることになっていたわけであるが，まず第1段階として，研究を進める上での共通基盤としての方法論を確立することが必要で，1964年～1967年の3か年を第1期としてそれに当てたわけである。1967年～1972年の第2期には，その方法論に基づいて，生態圏の動態と各種民族についての本格的な野外調査が行なわれ，その成果[5][6]が報告されている。

本研究で用いた耐寒性測定は，学校教育の場で，幼児，学童を対象として特に発育発達（ここでは温度環境への適応能力の発達）に視点を置いて，児童の生活生存している温度環境との関連性を見いだそうとするものであるため，IBPの方法論とその視点を背景としながら，現在我が国の児童の置かれている各種環境と健康の現状を考慮して指標を選び，独自な方法の開発を試みた。

以下，IBPで開発された耐寒性測定法の紹介とともに，本研究の測定法の背景となった関連領域のそれを概観し「小児の温度環境への適応能の発達」を見るための方法論の開発とその検討結果を述べる。

緩和なる寒冷刺激を全身に受けた時の反応能，すなわち全身性耐寒性の測定方法として，Hammel ら[7]の報告より作られたＤ１法：whole body cold tolerance sleeping test がある。これは，夜間5℃環境下で8時間，1.7clo の standard blanket bag の中で眠らせて，その間の直腸温，全身10か所の皮膚温，酸素消費量，ふるえ（EMG），EEG，尿成分等を測定，更に全身10か所の皮脂厚，体格，栄養，日常行動，薬剤検査などを行なう大がかりなもので，野外調査で行なうには，実験装置や測定者の確保も含め，かなり困難なものであった。また，Wyndham ら[8][9]によるＤ２法：whole body tolerance waking test は，27℃，20℃，15℃，10℃，5℃の5段階の温度環境に対応する生体の反応を測定して環境気温—反応相関図を作って判定する方法であるが，これもＤ１と同様寒冷室装置や多人数の測定者そして測定に長時間を要するなど野外調査の測定方法としては適切ではなかった。

緒方維弘は，耐寒性の測定を産熱量と皮膚温の相関から判定するのが最も実用的で簡便な方法であるとした。このことはすなわち，温帯の冬季の寒冷暴露程度の時，耐寒性の強いものは，産熱増進度が少ないこと[10]。つまり，ヒトの耐寒反応は，皮膚温を下げて放熱を防ぐ insulative type（放熱防止型）と，体熱産生を促して対応する metabolic type（産熱型）があるわけで，凍死に至るような極めて厳しい寒冷の場合は別として，通常の生活環境下での冬季の寒さの場合には insulative type の方が生体の適応反応としては望ましい。また，同じ metabolic type でも，ふるえを伴わない場合の方が伴う場合よりも寒冷への適応が有利な状態になっていると言える。これらは，数世代を経て獲得されていくもので，例

えば，熱帯地域にあるカラハリ砂漠のブッシュマンは，昼間は砂漠暑熱環境下で夜間は零下にまで下降する寒冷環境において裸体で安眠することが出来る。この時の生体の反応は，皮膚温を極度に低下させて放熱を防ぐ防止型であることは言うまでもないが，この場合は更に hibernative type（冬眠型）すなわち外界の環境温に合わせて生体を順応させながら，生命を維持する適応の仕方が介在している。

　人の耐寒性や適応の問題には多くの要因が介在し，単純な物差しを当てて結論づけることは出来ないが，ここでは日常生活活動が快適に行なわれ，生体にとっては心理的生理的負荷のかからないような方法で生体の調節機構が発動する状態を，いわゆる「耐寒性」があると判定したい。

　このような考え方の基盤に立つ時，緒方維弘[10]，Carlson[11]の方法，佐々木隆ら[12]の皮膚温下降度―産熱増進度相関図法は的を射ていると判断することが出来る。

　さて，本研究で用いた耐寒性測定法は，寒冷暴露による全身性耐寒性ではなく，局所（手指）に寒刺激（5℃の冷水）を10分間暴露した際に現れる末梢血管の動態すなわち末梢の動静脈吻合の開張による寒冷血管反応を指標としたものである。すなわち，局所耐寒性（local adaptation to cold）を指標にして温度環境への適応能の発達を見ようとしたわけである。更に，この局所耐寒性の測定法は人工気候室など寒気暴露装置の大掛かりなものを必要としないため野外調査にとっては適した方法と言えよう。局所耐寒性テストは生体の中で最も敏感に反応する手指，特に指先の動静脈吻合の拡張によって現れる寒冷血管反応（hunting reaction）を指標にしているが，この寒冷血管反応の生理学的意義と，生活習慣や訓練によって増強することは，多くの研究者によって報告されている[13]。更に，皮膚組織や血管，神経反射機構など，寒さに対する適応能力が獲得され，その結果としての寒冷血管反応の動態の様相を考えると，局所耐寒性に関しても全身の耐寒性に伴って適応能力を獲得していくものと理解することが出来る。

　指趾を厳しい寒冷にさらすと，末梢血管は収縮し，指趾の皮膚温は急速に低下するが，やがて冷却によって発生したH物質（ヒスタミン様物質）により動静脈吻合が反射的に拡張し指趾温は上昇する。Lewis[13]（1930）とGrantら[14]（1931）はこの寒冷に対する適応現象を発見して，寒冷血管反応と名づけた。

ここでこの末梢血管の収縮・拡張を支配する諸々の因子と寒冷または暑熱環境下での四肢静脈の動態および対向流熱交換の模式図は，図3－1，図3－2，図3－3のようである。

図3－3の説明。ヒトが寒い部屋に入ると時間経過とともに部位より差が出来る。頭部，躯幹部ではこの皮膚温低下度は小さく，四肢末端ほど大，特に指趾で最低。四肢の長軸に沿って血管収縮神経の緊張度に差があるためである。

図3－1　皮膚の細小動脈の径を調節する種々の因子

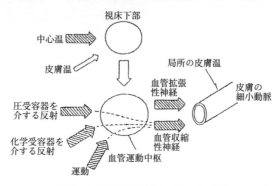

（出典：中村昭雄編『温熱生理学』理工学社，1981年）

図3－2　環境温と四肢静脈　　図3－3　ヒトの腕での対向流熱交換の模式図

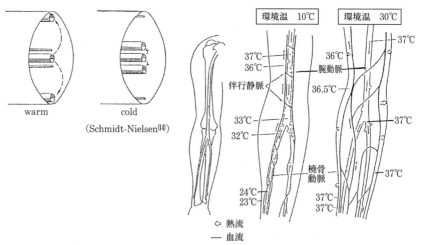

（出典：中山昭雄編『温熱生理学』理工学社，1981年）

このように皮膚組織や血管および神経反射機構に支配されている寒冷血管反応を吉村寿人ら[15]は，寒冷に慣れ全身性耐寒性に優れている海女と一般女子で比較し，抗凍傷指数（凍傷ポイントテスト）を創案した。すなわち，0℃の冷水に30分間，左中指第一関節まで浸水させ，その間の中指末節背面（爪床部）の皮膚温の変動を記録し，寒冷血管反応発現時間（TTR），発現温度（TFR），浸水5分後～30分までの平均皮膚温（MST）の3項目のそれぞれについて点数を付けそれらの合計を抗凍傷指数（RI）としたわけである。この方法を用いて吉村寿人，飯田敏行および Carlson らは，寒冷血管反応の現れ方には民族差，訓練による差，季節変動，男女差，室温差，身体熱含量差，筋運動，摂食等々により影響を受けることを確かめ，その補正法[18]も検討されてきた。更に吉村寿人[20]は，吉村法の補正法として新しい評価法を提案し，その有効性を証明している。

2．ヒトの局所耐寒性の民族差

吉村寿人[16]は，局所耐寒性テスト（抗凍傷指数）によって人種差，年齢差を確かめた。表3－1のように，日本人よりも北方に在住している中国人，モンゴル人の方が，また同じモンゴル人のうちでも冬でもノロシカを追って山野を野宿しながら暮らし，幼小児期から寒冷に慣らされているオロチョン族の方が，抗凍傷指数が高いことを示している。

ここで吉村寿人は，年齢が若い幼年期には民族間の差は少なく，成人するにつ

表3－1 抗凍傷指数の人種差および年齢差（被験者は男子）
The difference of R. I. by race and by age, all examinees are men

人　　種		日本人	中国人	蒙古人	オロチョン族
少　　年 （8～14歳）	被験者数 抗凍傷指数	74 6.39±0.11	17 6.77±0.15	22 6.64±0.18	5 7.20
青　　年 （15～19歳）	被験者数 抗凍傷指数	156 5.76±0.09	21 6.19±0.29	28 6.14±0.17	4 8.00
壮　　年 （20～28歳）	被験者数 抗凍傷指数	137 5.80±0.09	14 6.71±0.18	22 6.50±0.16	3 8.66
平　均　値	年　齢 被験者数 抗凍傷指数	8～27 367 5.90±0.05	8～28 52 6.52±0.13	8～28 72 6.49±0.10	10～57 19 7.68±0.20

（生物圏動態ヒトの適応能分科会『日本人の適応能』講談社，1970年，33頁）

れて差が大きくなることから，耐寒性は先天的な素因よりも鍛錬が積まれることによって差が生じたと理解すべきであるとしている。思春期に抗凍傷指数がどの民族でも低くなるのは，成長過程での一つの生理的現象として注目しておきたい。

さて，インドネシア Sulabaya と Lombak に住む10〜40歳を対象にした Toda, Y. の調査では，Lombak の人々の抗凍傷指数は日本の Okinawa など南の人々のそれより若干低く，また Sulabaya の在住者は，日本人とそれほど変わりない結果を得ている。この差の原因として，Sulabaya の人々は1日に数回イスラム教徒の儀式である mandi（水浴び）を行なうが，このことが体熱の放散を促し，暑熱環境下で生活していく上での一つの適応行動であるとともに，冷刺激により局所耐寒性を促す結果をもたらしたとも解釈出来るのではないかとしている。

冬の寒さが厳しい西ドイツの子どもと日本の子どもの栄養摂取の状況と耐寒性を調べた鈴木雅子ら[22]の報告では，栄養状態および摂取栄養素ともにはっきりした差が認められ，西ドイツの場合にはその寒冷環境下で過ごすのに有利な栄養摂取状態が見られるのに対して局所耐寒性としての抗凍傷指数には，統計的有意差は見られなかったとしている。

鈴木雅子らの結果は，次のように解釈することが出来る。

一つには，先に触れた吉村らの研究によると，成人には民族差がはっきり見られるのに対し，小児ではまだ現れていない。したがって鈴木らの研究結果で西ドイツと日本の幼児とで，抗凍傷指数に違いが認められなかったことは吉村らの結果を更に裏付けるとともに，局所性耐寒性は，壮年期まで発達の可能性があることが示唆され，はっきりした民族差は更に年齢段階を変えて測定を試みる必要があると思われる。

さて，ここで著者は，日本国内で気象条件の異なる4地域，12か所の幼・小学校の児童368例を対象に局所耐寒性テストを行なった結果を分析していく過程で，RI 算出以前の生データ，すなわち，冷水に浸水中の指先皮膚温の変動パターンを一例一例グラフ化していくと，そこにははっきりとした年齢差および地域の気象条件と学校建築様式の組み合わせによる生活温度環境差による特徴が認められた。

そして，これらの素データを，中村法の修正値の考え方を導入し，入水前皮膚

温と浸水後1分ごとの回帰直線式を算出し，その理論式より修正値を算出して，再びグラフ化してみると，それらの差は全く見られなくなった。RIについては，性差は有意な差が認められたが，地域差はなかった。このことはすなわち，RIの算出方法が原理的には，回帰式±σを基準線に点数化しているものであるため，個々の生体現象のバラツキのきめ細かい変動は無視されてしまうことになる。したがって温度環境としては，全く異なる西ドイツと日本という対象集団を選んだ鈴木らの測定結果は，このRIを算出する以前の素データをプロットし，その変動パターンおよび寒冷血管反応の発現時間（TTR），発現温度（TFR），反応の大きさ（AT），浸水後の平均皮膚温（MST）等を検討したならば，耐寒性を獲得していく幼児期の成長過程を前提とした民族差が現れているのではないかと考えるに至った。

　局所耐寒性の測定法の問題であるが，吉村らの0℃の氷水に30分間浸水させるという方法では，特に幼小児にとっては刺激量が強過ぎ，個体差，民族差等のバラツキが抑えられてしまうのではないかと思われた。そこで0℃，5℃，10℃の水温で幼児および学童を対象にpre-testを試みた結果，5℃が最も個体差が現れやすかった。刺激温（水温）と刺激時間（浸水時間）およびその季節変動についての検討は東隆暢[23]，沢田晋一[24]らによって労働衛生の立場から行なわれている。

　東隆暢によると10℃，15℃ではCIVD（寒冷血管反応）が現れにくいこと，また凍痛は夏・春の方が秋・冬より少ないこと。CIVDが十分に発現する水温条件では，ある範囲での環境温の変化に対して，CIVDの反応強度の個人差の序列は比較的安定していて追随するとしている。

　以上のことを考慮した時，発育途上の子どもの耐寒性の民族差に関する従来の数少ない文献は，測定時の季節のバラツキ，刺激温（浸水温），刺激時間（浸水時間）の検討に始まり，その結果の分析方法のきめ細かい検討の余地が多分にあり，これらの報告だけから，幼小児期には民族差はまだ現れていないと結論づけるのは早急であると思われる。

3．局所性耐寒性の訓練効果

　吉村寿人ら[16]は，16〜17歳の少年，成人の各10名ずつを1組として，第1群に

は毎日15分ずつ氷水につけさせ，第2群には毎日30分ずつ，そして訓練を全く行なわない対照群を設定し，1か月後に局所耐寒性テストを行なった結果，訓練したものほど寒冷血管反応の現れ方が亢進することを明らかにしている。このことは，動静脈吻合枝の順応的発達が神経反射機転の発達と相まって，寒冷血管反応の訓練効果の最重要因子となるものであると述べているが，高橋史郎ら[25]が京都の加茂川で冬，冷水に足をつけて水洗い作業をしている友禅染め職工の足趾の寒冷血管反応が亢進している報告，海女に関する同様な報告によって推察することが出来るのみである。更に，上記の吉村らの報告の中で，訓練効果は成人より少年の方が著しかったことは，訓練効果，すなわち training ability の年齢差という点が示唆されるが，幼児期から思春期にかけての発育発達の過程の中で，どの時点で最も訓練効果があるのかに関する具体的な手掛かりとなる報告は皆無である。

　基本的には，生育過程の中で今までに受けてきた温度刺激の量を，気象条件，居住環境として室内温熱条件を規定するであろう建築様式，暖房法，更には積極的な心身の鍛錬レベル（例えば，はだか保育，はだし保育等）など複合された諸因子を組み合わせ，各種小児集団を対象に測定した局所耐寒性テストの結果との関連性を見いだしていく帰納的方法による研究の積み重ねが必要になってくると思われる。

第2節　寒冷血管反応による局所耐寒性
―小児の適応能の発達の指標としての検討―

1. 刺激温，刺激時間の検討

　手指を冷水に浸水すると末梢血管は収縮し皮膚温は急激に低下するが，その後動静脈吻合が拡張して血液は流れ，皮膚表面温度は上昇する。Luwis[26](1930)，Grantら[27](1931) によって発見されたこの寒冷血管反応は，繰り返し冷刺激を受けることによる鍛錬効果[13,25,28]があること，民族差[5]があること等々が次々に明らかにされ，IBP (International Biological Program) では，局所耐寒性の指標

として，その方法論が確立するに至った。

　すなわち，この方法は吉村らによって開発された方法で，0℃の冷水に30分間中指を浸水させた時に現れる寒冷血管反応の発現温度（Temperature of First Rise after Immersion, TFR），発現時間（Time of First Temperature Rise after Immersion, TTR），平均皮膚温（Mean Skin Temperature, MST）を各々3段階に評定し，3項目の点数を合計して抗凍傷指数（Resistance Index, RI）を算出するものである。

　本研究では，この方法を用いてプレテストを重ねたが，0℃という刺激温は苦痛を伴い，出水後にも凍痛が残り，また30分間という長い時間，幼児・学童を冷水に指を浸水させたまま動かずに測定に応じさせることは不可能に近かった。

　自律神経障害の診断法[30]として用いられていたWinsor[29]の寒冷感受性テストでの冷刺激は15℃，また労働衛生領域では，振動作業に伴う末梢循環障害であるレーノー氏病（白ろう病）の健診の方法として冷刺激は，0℃，5℃，10℃などで検討されてきたが，5℃では苦痛を伴うことより，1978年から労働省通達により10℃となった。自律神経障害の診断のために用いられるこれらの方法[31]〜[33]は，その評価の目的が異なるが，ここでは寒冷血管反応の発現に視点を置いて当初10℃，10分間の冷刺激によって1973年に九州宮崎県海浜部と山間僻地の保育園児を対象に行なった[34]。その結果，日較差大なる山間部の園児は，冷刺激を与えた時の血圧の上昇度が大で，病欠も多く，病欠理由にも海浜部に見られなかったぜんそく，頻尿等が見られ，冷刺激―反応系として，海浜部園児に対し山間部園児の方が過敏な反応を示す体質傾向児が多いことが明らかにされた。しかし，この耐寒性テストとしてのhunting現象には，山間部と海浜部園児には違いが見いだされなかった。

　一方同じ時期に，山梨県のはだか保育園児と同地域の一般園児を対象に10℃，10分という方法で行なったが，huntingの現れる者は，冷刺激を積極的に受けているはだか保育園児の方が少なかった。また，hunting型，下降定常型，下降上昇型と3つの反応パターンに分け，病欠・微症状の有無等を総合した健康指標と対比してみると，hunting型の方がむしろ健康指標は低い傾向が見られた。

　このような傾向を総合して考えると，この10℃という刺激温度は寒さへの慣れ

が形成された児童にとって，ストレスになりうるレベルにまで至っていないのではないかという疑問が残された。すなわち，局所耐寒反応は，反応の起こりうる刺激量が個人によって異なり，10℃でもhuntingの現れる者や10℃では現れないが5℃では現れる者等が存在するのではないかと考えた。

そこで，耐寒性のある者にとって，10℃は刺激量として少なく，5℃，0℃ならば反応が現れるのではないかという仮説を立て，基礎実験を試みた。

図3－4は，自覚的耐寒性は良好で，0℃，5℃ではhuntingがすぐ現れる成人女子の例である。刺激温度を10℃にするとhuntingが消失することが認められる。図3－5は，冷え症で自覚的耐寒性の劣る成人女子の例である。5℃でも10℃でもhuntingは認められず，加温，運動負荷，測定室温を30℃以上にするという条件を加えることによるhuntingが初めて認められる。その他，いくつかの基礎実験事例を通し，hunting型，下降定常型，下降上昇型という反応パターンは成人の場合，その体質傾向によって固有のものであり，その反応パターンを変えるためには，前述のような負荷をかけ，異なる条件づくりをすることにより初めて可能になることが推察された。

ここで，10℃で行なった時にhuntingの現れ方が少なかったはだか保育園児は，5℃，10分という刺激温度で行なった今回の実験では，1名を除いて全員huntingが現れたわけである（後述）。

さて，東隆暢の報告にも見るように，0℃，5℃，10℃という3段階の水温で，huntingの有無を見た時，10℃では現れにくく，5℃の時に最も大きな個体差をもってhuntingが現れることを認めた。0℃ではhuntingの出現はあるが個体差は少なかった。

したがって寒冷に対する抵抗性の個人差を明らかにするための測定法としては0℃よりむしろ5℃の方が個体間の差が認められること，また凍痛やそのための危険性も少ないことを考え合わせて，冷刺激温度としては5℃が最も望ましいという結論に至った。さて，5℃の冷水中に浸水させると急激に皮膚温は低下し，その際に激しい凍痛を感じるが1分〜1分30秒で凍痛は全く消え，その後徐々に皮膚温は上昇してくる。子どもたちは自記記録計にプロットされていく自分の皮膚温が上昇していく様子を，凍痛をがまんし，そこから解放された喜びで，感心

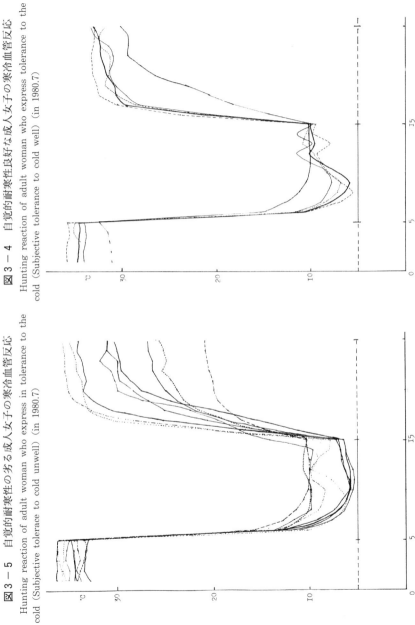

図3-5 自覚的耐寒性の劣る成人女子の寒冷血管反応
Hunting reaction of adult woman who express in tolerance to the cold (Subjective tolerace to cold unwell) (in 1980.7)

図3-4 自覚的耐寒性良好な成人女子の寒冷血管反応
Hunting reaction of adult woman who express tolerance to the cold (Subjective tolerance to cold well) (in 1980.7)

しながら見入っているうちに10分間の浸水時間は完了する。したがって，平均皮膚温は，寒冷血管反応の出現が完了した5分後～10分までの1分ごとの皮膚温の平均値を算出し，TTR，TFRも10分間の浸水により短時間過ぎるということはなく，RIも吉村らの方法により算出することが可能であった。

2. 浸水前指温に対する各値の回帰式，標準偏差およびRIの算出法について

冷水に浸水した後の各分ごとの皮膚温，huntingの発現温度（TFR），発現時間（TTR），浸水後5～10分の平均皮膚温（MST）等は，浸水前指温と，表3-2に見るように有意な相関関係が認められた。

表3-2　浸水前指温に対する各値の回帰式と標準偏差
Regression equations of three variables of the hunting reaction to the temperature before immersion

回帰式と標準偏差 Regression & S.D.	浸水中平均皮膚温 MST	反応発現温度 Log TFR	反応発現時間 TTR
回帰式Regression	$y=0.20881x+6.00459$	$y=0.00091x+0.47814$	$y=-0.01957x+10.68846$
$+1\sigma$	$y=0.20881x+17.36483$	$y=0.00091x+0.54776$	$y=-0.01957x+11.7516$
-1σ	$y=0.20881x+5.35565$	$y=0.00091x+0.40852$	$y=-0.01957x+9.62476$
浸水前指温との相関係数	$r=0.54169**$	$r=0.41554**$	$r=-0.56454**$

そこで，TFR，TTR，MSTをyとし浸水前指温をx値として，xに対するyの相関図および回帰式をそれぞれ算出した。計算はすべて東京学芸大学中型電子計算センターによった。ここでTFRは浸水前指温（TBI）に対して指数関数的な分布を示したので，対数変換した値をyとして回帰式を求めた。

表3-2はTTR，TFR，MSTのTBIに対する回帰理論式である。

次にRIの算出方法であるが，ここで全員368例の各成分実測値とそれぞれの回帰線理論値との偏差を求め，偏差量の標準偏差（σ）を算出し，図3-6～図3-8に示すように，回帰線の上下に$\pm\sigma$の間隔で2つの平行線を設定した。得られた実測成分値が

　　　　　$-\sigma$未満の場合…………………1点
　　　　　$-\sigma$～$+\sigma$の場合………………2点
　　　　　$+\sigma$を超える場合………………3点

なお，TTRについては，回帰係数が負であり，耐寒性は，TTRが短い方が大

であるので TFR, MST の場合とは反対に

- $-\sigma$ 未満の場合 ·················· 3点
- $-\sigma \sim +\sigma$ の場合 ················ 2点
- $+\sigma$ を超える場合 ················ 1点

とした。

図3－6　RI 算出のための TTR と TBI の回帰直線および標準偏差線

Regression line of the time by the first temperature rise (TTR) to TBI. The other two parallel lines plus and minus standard deviations of the observed TTR values from the regression, classify the observed TTR in the evaluation score of I－3 (in 1980.7)

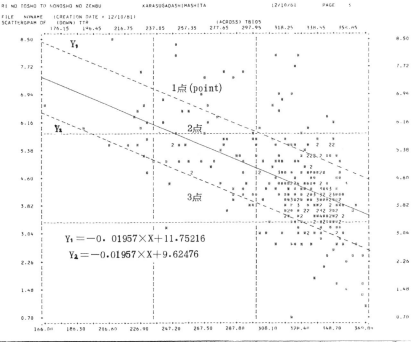

図3-7 RI算出のためのlogTFRとTBIの回帰直線および標準偏差線

Regression curve of the temperature at the first rise (TTR) of logarithms to the TBI. The two other curves plus and minus standard deviation of the observed TFR values from the regression, classify the TFR in the evaluation score of I-3 (in 1980.7)

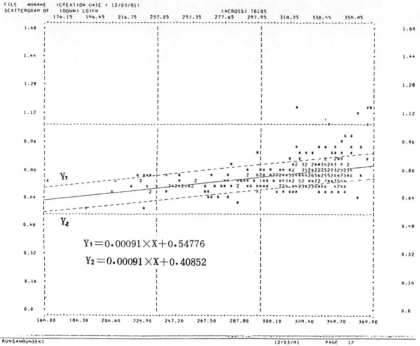

　これらの3成分を合計してRI値を算出した。RIはしたがって，測定時の室温，身体条件特に身体の熱含量などの諸条件を加味したTBIの高低による影響を理論的に修正して算出されたことになる。なお測定室内の環境気温の影響については吉村ら[18]による補正法があるが，今回の実験では，測定現場の環境温度は夏季山梨・東京の実験（26～28℃）を除いて，24～26℃がほぼ得られたこと，またTBIを定温により修正し，更に浸水後の皮膚温および寒冷血管反応の各成分

図 3-8 RI算出のための MST と TBI の回帰直線および標準偏差線

Regression curve of the mean skin temperature to the TBI. The two other curves plus and minus standard deviations of the observed MST values from the regression, classify the MST in the evaluation score I－3 (in 1980.7)

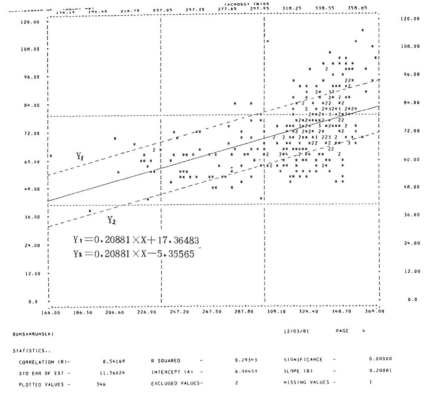

(TTR, TFR, MST) を修正することは,実測値からますます離れていくことのゆがみを考慮し,中村らの TBI による補正法のみを用いた。

RI は以上のような手順で算出されたが,浸水後1分ごとの皮膚温変動値についても同様の手順にて,TBI との相関を求め,各分ごとに回帰線理論式を算出して1分ごとの皮膚温の実測値を,それぞれの分ごとの回帰理論式に当てはめることにより修正してグラフ化した (図 3-9〜図 3-16)。その結果,修正理論式 $y = ax+b$ の x,すなわち TBI 値に y すなわち各分ごとの皮膚温値は依存す

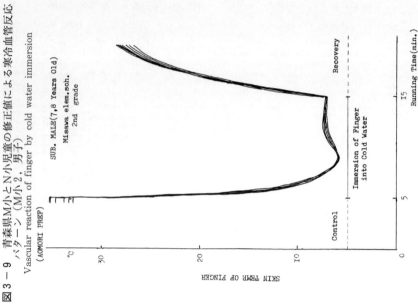

図 3-9 青森県M小とN小児童の修正値による寒冷血管反応パターン (M小2, 男子)
Vascular reaction of finger by cold water immersion

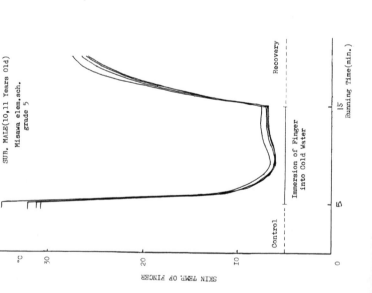

図 3-10 青森県M小とN小児童の修正値による寒冷血管反応パターン (M小5, 男子)
Vascular reaction of finger by cold water immersion

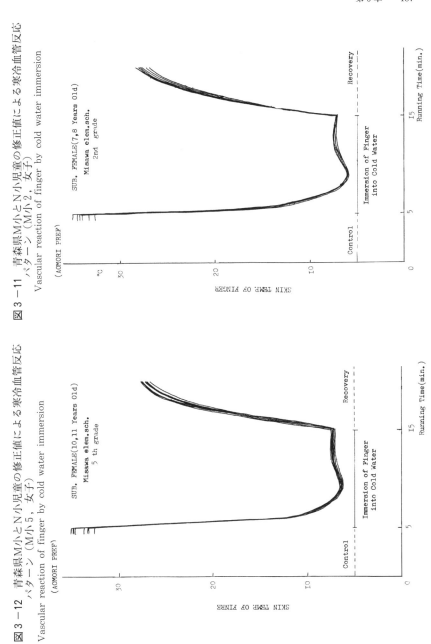

図3-12 青森県M小とN小児童の修正値による寒冷血管反応パターン (M小5, 女子)
Vascular reaction of finger by cold water immersion (AOMORI PREF)

図3-11 青森県M小とN小児童の修正値による寒冷血管反応パターン (M小2, 女子)
Vascular reaction of finger by cold water immersion (AOMORI PREF)

188

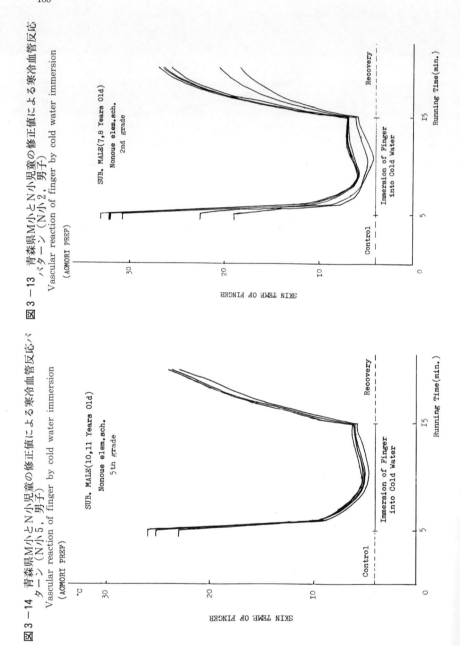

図 3-14 青森県M小とN小児童の修正値による寒冷血管反応パターン（N小5，男子）
Vascular reaction of finger by cold water immersion
(AOMORI PREF)

図 3-13 青森県M小とN小児童の修正値による寒冷血管反応パターン（N小2，男子）
Vascular reaction of finger by cold water immersion
(AOMORI PREF)

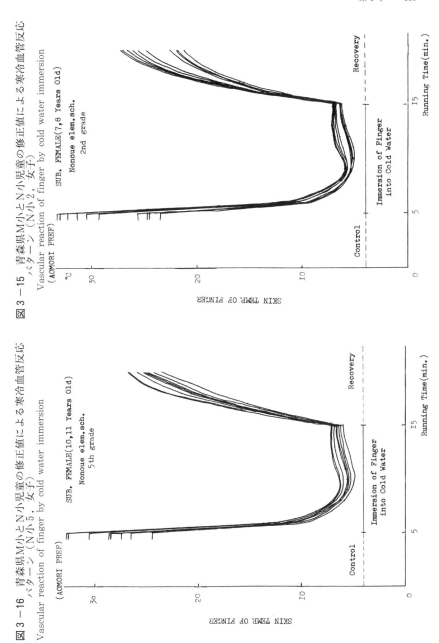

図3-15 青森県M小とN小児童の修正値による寒冷血管反応パターン（N小2，女子）
Vascular reaction of finger by cold water immersion (AOMORI PREF)
SUB. FEMALE(7,8 Years Old) Nonoue elem.sch. 2nd grade

図3-16 青森県M小とN小児童の修正値による寒冷血管反応パターン（N小5，女子）
Vascular reaction of finger by cold water immersion (AOMORI PREF)
SUB. FEMALE(10,11 Years Old) Nonoue elem.sch. 5th grade

るため,個体差はほとんどなくなり,すべて一様な反応パターンに修正された。

したがって,ここは,RI算出には,TBIを一定にして修正されることは必要であるが,個々の変動については,TBIとの相関は高いこと,すなわち修正という手順は,一人一人の浸水中の寒冷血管反応の現れ方の生理的特性を無視してしまう結果となった。

したがって,ここでは寒冷血管反応パターンの様相は実測値そのものをプロットして観察することとした。その結果,地域,年齢そして建築様式の違いによると思われる,児童の生活温度環境差によって極めて特異的な反応パターンがほぼ明らかにされるに至った。

参考文献

(1) 鈴木路子ほか「小児の局所耐寒性に関する研究(1)各種環境下で生育する小児の寒冷血管反応」『日本気象学会誌』17(3),1980年
(2) 市橋治雄『成長の生化学』(馬場一雄編),医学書院,1966年,40〜41頁
(3) J.S.Heart, Climatic and temperature induced changes in the evergetics of homeothermus, Rev., Canad. Biol., 16, 1957, p.133〜174
(4) C.L.Prossor, Perspectives of adaptation, Handbook of Physiology, Sec., 4, Adaptation to the environment, Amer. Physiol. Soc., Washington, D.C., 1964, p.11〜25,
(5) 生物圏動態ヒトの適応能分科会編『日本人の適応能』講談社,1970年
(6) H.Yoshimura, H.Kobayashi(ed), Physiological Adaptability and Nutritional Status of The Japanese, JIBP SYNTHESIS, Vol.13, Univ. of Tokyo Press, 1975
(7) Hammel, H.T., One method for assessing cold tolerance ; therman and metabolic responses to moderate whole body cold exposure at night, Arctic Aeromedical Lab. AAL-TR-64-32, 1965, p.1〜41
(8) Wyndham, C.H., et.al., Physiological reactions of Caucasion and Bantu males in acute exposure to cold, J. Appl. Physiol., 19, 1964, p.583〜592,
(9) Wyndham, C.H., et.al., A comparison of two test procedures for man's responses to cold, Human Adaptability and its methology, p.18〜35, Japan Society for the Promotion of Sciences, Tokyo, 1966
(10) 緒方維弘『寒冷と体温調節』南条書店,1949年
(11) Carison, L.D. and A.C., L. Hsieh, Cold, The Physiology of Human Survival, Academic Press, London and New York, 1965, p.15〜51,

(12) 佐々木隆ほか5「緩和な寒冷に対する全身性耐寒性評価法」体質医学研究所報告, 20, 1969年, 83～94頁
(13) 飯田敏行「寒冷血管反応に関する研究第一報　寒冷血管反応の生理的意義について」『日本生理学雑誌』11, 1949, 73～78頁
(14) Schmidt-Nielsen, K.: Heat conservation in counter-current system. in Temperature : Its Measurement and Control in Science and Industry.
(15) 中山昭雄編『温熱生理学』理工学社, 1981年, 130頁
(16) Yoshimura, H. and T. Iida, Studies on the reactivity of skin vessels to extreme cold Part I. Apoint test on the resistance against frost bite, Japan, J. Physiol., 1, 1950, p.148～159,
(17) Yoshimura, H. and T. Iida, Studies on the reactivity of skin vessels to extreme cold Part II, Factors governing the individual difference of the reactivity or the resistance against frost bite, Japan. J. Physiol., 2, 1952, p. 177～185,
(18) Yoshimura, H. and T. Iida and H. Koishi, Studies on the reactivity of skin vessels to extreme cold Part III, Effects of diets on the reactivity of skin vessels to cold, Japan. J. Physiol., 2. 1952, p.310～315
(19) Tanaka, M., Experimental Studies on Human Reaction to Cold, Difference in the Vascular Hunting Reaction Cold According to Sex, Season, and Environmental Temperature, Bull, Tokyo Med. Dent. Univ., 18, 1971, p.269～280
(20) 中村ら「寒冷血管反応による局所耐寒性の評価法の新しい試み」『長崎医学会雑誌』47(2), 1972年, 180～189頁
(21) Y.Toda, Thermal adaptability of Indonesians, JIBP SYNTHESIS, Vol.13, Tokyo Univ. Press, 1975年, 147～156頁
(22) 鈴木雅子・奥山清美「西独ミュンヘン市の小学生と日本の小学生の栄養状態及び耐寒性について」『公衆衛生』42(8), 1978年, 509～522頁
(23) 東隆暢「手冷水浸漬が指尖皮膚温ならびに寒冷痛の及ぼす影響の季節変動に関する研究」『産業医学』22(1), 1980年, 24～39頁
(24) 沢田晋一・山本宗平「局所耐寒反応と室温及び浸漬水温との関係」『第55回日本産業衛生学会講演集』1982年, 266～267頁
(25) 高橋史郎「指趾皮膚血管における寒冷反応の習慣における増進」『日本生理学雑誌』8, 1943年, 461～482頁
(26) Luwis, T., Observation upon reactions of vessels of human skin to cold, Heart, 15, 1930, p.177～208
(27) Grant, R.T. and E.F. Bland, Observations on anteriovenous anastmoses in human skin and in bird's foot with special reference to reaction to cold,

Heart, 15, 1931, p.385〜407
(28) 平位喜七郎・井上太郎・吉村寿人「寒冷血管反応による局所耐寒測定法に関する吟味ならびに海女の寒冷血管反応」『日本生理学雑誌』30, 1968年, 12〜21頁
(29) Sidney Licht, M.D. 『温熱療法』医歯薬出版, 1958年, 39頁
(30) Brown, G.E., Clinical tests of function of the autonomic nervous system, J. Am. Med. Assoc., 106(5), 1936, p.353〜357
(31) 潮見重毅ほか「チェンソー取りあつかい者における末梢循環機能と寒冷昇圧反応」『産業医学』22(3), 1980年, 163〜168頁
(32) Okada, A., Yamashita, T. and Ideda, T., Screening test for Roynaud's phenomenon of occupational origin, Am. Ind. Hyg. Assoc. J., 33(7), 1972, p.476〜82
(33) 斎藤和雄ほか3「振動障害患者に対する5℃及び10℃冷水浸漬法の比較」『産業医学』23(1), 1981年, 33〜40頁
(34) 鈴木路子ほか7「生気象学的にみた小児の耐寒性について」『第21回日本学校保健学会講演集』1974年, 94頁

第4章 温度環境の違いが小児の局所耐寒性およびに病欠に及ぼす影響について
—現地調査—

1. 研究目的および方法

　寒冷地，温暖地，都市の人工温度環境地域，または海浜部，山間部と我が国は様々な気候的環境に恵まれている。このような地域特有の気候的環境とその人工環境化との程度が組み合わされた温度環境はまた，様々であろう。小児にとってこのような異なる温度環境下で生活生育していることが，環境への生理的適応能の発達にどのような違いをもたらすかを明らかにするために，ここでは局所耐寒性テストを指標にして現地調査を行なうとともに，病欠等の疫学統計資料も加味して後述のような分析評価を試みた。

　現地調査の対象となった4地域12か所の保育所（幼稚園）および小学校の特性および仮説は以下のようである（○印＝地域の特性および教室内温度環境の特性，◎印＝仮説）。

(1) 東京都　工業地域
① Higashikoziya elem. sch.（全館冷暖房二重窓防音校舎）
② Higashikoziya kin. gar.（全館冷暖房二重窓防音校舎）

○騒音と大気汚染の公害指定地域にある小学校および幼稚園で全館冷暖房二重窓防音校舎という自然とは隔離された人工温度環境であることが特徴である。特に冬季の教室内温度環境は30℃を超え，湿度は20％台という高温低湿環境下で，冬季の児童の病欠率は高い。

◎このような人工温度環境下に生活生育している児童の局所耐寒性，特に冷刺激を受けた時の寒冷血管反応パターンには，発育過程における特徴的な何らかのゆがみが生じているのではないか。

(2) 青森県　市街地域
③　Misawa elem. sch.（全館冷暖房二重窓防音校舎）
④　Ichii kin. gar.（木造モルタル平屋建て，セントラルヒーティング）
○三沢市内にある上記の小学校は，東京都H小学校と全く同様の建築様式で全館冷暖房校舎である。冬季の教室内温度環境はH小学校と同様，外気温との差が20℃近くもある高温低湿環境である。
◎地域は青森県という寒冷地であるが，東京都の場合と同様，地域の寒冷環境とは全く逆の生理的適応を余儀なくされている。室内環境に生活生育していることが，児童の寒冷血管反応パターンに違いを生じる要因となっているのであろう。

　青森県　農村地域
⑤　Nonoue elem. sch.（木造平屋建て，ストーブ暖房）
⑥　Nonoue nursery school（木造モルタル，ストーブ暖房）
○寒冷僻地の小規模校。春から夏にかけては偏東風，秋と冬には八甲田おろしに吹きまくられる厳しい自然環境である。2月の平均気温は，−4.2℃で0℃を超える日はない。労作教育と健康教育を目標に，特に長く厳しい冬に負けない体力と精神力を育てるために冬季の体育指導に力を注ぎ，自然環境下でのスキー強化練習や陸上トレーニングなど積極的に取り組んでいる。教室内温度は，木造平屋建てで屋外への出入り口，窓が大で自然環境との差は少なく，したがって室内温度条件は低温適湿環境であると言えよう。
◎ここでは冬季の病欠はむしろ少なく，また局所耐寒性は良好なレベルであろう。

(3) 山梨県　農村地域
⑦　Tamahata elem. sch.（鉄筋4階建て，ストーブ暖房）
⑧　Tamahata nursery school（木造平屋建て，温風暖房）
○山梨県甲府盆地にある上記保育園は，冬季でも裸体で積極的に体育活動に取り組む，いわゆるはだか保育園である。甲府の気象条件は平均気温では東京と大きな違いが見られないが，冬季の最低気温に差が見られ，2月でおよそ−5℃，日較差，年較差が大であるのが特徴である。日照時間は東京より長い。

◎このような比較的厳しい自然環境刺激を積極的に取り入れているはだか保育園児，およびその卒園児の局所耐寒性には訓練効果が見られるであろうか。

(4) 宮崎県　山間部
⑨　Tashiro elem. sch.（鉄筋4階建て，ストーブ暖房）
⑩　Tashiro nursery school（鉄筋4階建て，ストーブ暖房）
　　宮崎県　海浜部
⑪　Hichiya elem. sch.（鉄筋4階建て，暖房なし）
⑫　Zaikoji kind. gar.（木造平屋建て，暖房なし）

○温暖地九州宮崎県海浜部の冬季の平均気温は7〜9℃（最低－2℃，最高21℃）に対し，山間部では4〜6℃（最低－6℃，最高18℃）で山間部では冬季に暖房を用いているが，海浜部では暖房は用いていない。

◎地域の温暖な気候的要因が末梢血管の反応性を高めるのではないか。また，山間部の方が気象条件は刺激的であるため病欠は多いであろう。

◇局所耐寒性テストの測定装置および手順

水槽内の水温を攪拌しながら一様に5℃に保つために，装置（COOLPET TYPE PC－02, THERMO－REGULATOR TC－01, CONTROL HEATER DC－256，柴田化学社）を組み合わせて用いた。温度調節のセンサーはサーミスタ，水温分布は±0.5℃の範囲に保てた。

指先皮膚温は，銅コンスタンタン熱電対を中指爪床部に粘着テープで留め自動記録装置（TEMPERATURE RECORDER TYPE Z94－B, ellab社，ELECTROLABORATORIET COPENHAGEN）を用いて記録させた。精度は±0.1℃。

心拍は，胸部誘導にてレクチコーダーRJG－400（日本光電社）に記録させた。測定手順は図4－1のように，身長，体重，胸囲，皮下脂肪厚などの形態測定に始まり，健康調査，観察を行ないながら子どもたちとのコミュニケーションを計る意味もこめて，好きな食べ物，遊び，友達についてのインタビューを行ない，電極をすべて接着して準備完了。

心拍および皮膚温の自動連続記録が開始される。安静時5分間の記録後，5℃の恒温水槽中に中指骨遠端位まで浸水させ10分後に出水，ただちにタオルで水分

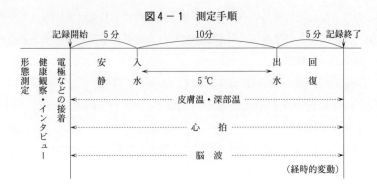

図4-1 測定手順

を拭き取り，膝の上に静かに手を置いて5分間回復期まで記録を継続する。

測定場所は保健室で行ない，室温は24～26℃に保てた。

測定期間は，　夏季実験—昭和55年7～8月

秋季実験—昭和55年10～11月

以上のような方法および対象についての現地調査結果は各地域別に検討する。

2．結果（その1）

山梨県のはだか保育園児と東京の全館冷暖房防音二重窓校舎児童の寒冷血管反応および病欠・疾病罹患傾向について

(1) 実験目的

次第に都市化されていく環境の中で，子どもたちは残された自然環境からの刺激を精いっぱい利用して，積極的に心身鍛錬を行なう必要性が強くなってきた。本調査対象である山梨県T保育園は，いわゆるはだか保育園であり，そこでは山間の気候の厳しさを利用して，それに負けない心と体を鍛えようと規律ある集団生活と，はだかの良さを幼児期に体験させている園である。この園でははだか保育を始めるきっかけは，ある寒さに弱く病気がちな子を鍛えるために，薄着にし，そしてはだかにしてみたところ風邪もひかず調子が良いので「保育園でもこの子だけは衣服を着せないでください」と頼みにきたおばあさんの言葉からであった。

この時の子どもは既に中学2年生，T保育園がはだか保育を始めてから既に10年以上になる。

地域環境は農村地帯で、広い庭園と近くには、土手や山など自然環境に恵まれている。日課には土手登りがあるなど戸外での積極的な身体活動が充分取り入れられている。

一方、東京の羽田空港近くにあり、また京浜工業地帯にも近いH幼稚園は、地域の騒音および大気汚染対策も加味した建築様式と空調がなされている。高層都営住宅の1階にあり、気密な構造の全館冷暖房防音園舎である。隣接するH小学校も同様に全館冷暖房防音校舎であるが、H小学校の場合、更に二重窓で、外気の取り入れが全く出来ないのに対し、当幼稚園は、その後に建築されたためか防音ではあるが二重窓ではない。更に1階であるため、地続きのコンクリート庭にガラス戸を開放することにより出入りが容易に出来るという利点がある。園庭には遊具が入り、広さとしてはT保育園の約1/3に満たない。周りは工場と産業道路に囲まれ、自然環境には恵まれていない都市の一幼稚園である。

以上のような異なった生活環境下で生育している幼児の寒冷血管反応および病欠状況にどのような違いが見られるかを明らかにするため、以下のような手続きで測定調査を試みた結果について述べる。

(2) **実験対象と方法**

実験は、昭和55年7月10日〜8月1日、9月5日〜15日の夏季、および11月15日〜24日の秋季に下記を対象として局所性耐寒性テストを行なった。

◇夏季の実験（実験Ⅰ）
　山梨県T保育園5・6歳児26名、同卒園児（T小学校児童1〜6年生計10名）
　　　（7月10日・21日・24日）
　東京都H幼稚園5・6歳児30名、同小学生（2年、5・6年生計10名）
　　　（9月5日〜15日）　　　　　（7月30日、8月1日）

◇秋季の実験（実験Ⅱ）
　東京都H小学生（2年生・5年生計18名）（11月15日・16日）
　山梨県T小学生（2年生・5年生計53名）（11月24日）

―測定および分析の視点―

手指または足部を冷水に浸水させた時に現れる寒冷血管反応は、寒冷に順化した者ほど反応が起こるまでの潜伏時間は短く、最大拡張量も大きい。更に生活習

慣や鍛錬効果があると考え，次のような手順で局所耐寒性テストを行なった。

水温5±1℃に調節された水槽に10分間4指の中手骨遠端部まで浸水させ，浸水中およびその前後の中指爪床部の皮膚温を熱電対温度記録装置（デンマークエラブ社製，TEMPERATURE RECORDER TYPE Z94-B）に連続記録させた。

(3) 結果（実験Ⅰ：夏季）

寒冷血管反応は，夏季と秋季ではその反応に違いが見られるため，ここでは，夏季に行なった実験Ⅰと対象集団を小学生だけに絞った秋季の実験Ⅱとを別々に検討する。

図4-2～図4-7は，山梨県T小学校の児童で，以前にはだか保育を受けた経験のある（T保育園の卒園児）児童集団についてのものである。

測定日の室内温は26～28℃と高いため，入水前皮膚温も高く，32.5～33℃であった。男子では小学2年生の1例を除きすべてhunting現象（寒冷血管反応）が起こり，浸水中の皮膚温の低下度は少ない。すなわち10分間の浸水中の最低皮膚温は，9.0～10.6℃と高い。寒冷血管反応発現温度は9.0～11.5℃，寒冷血管反応発現時間は6～7.5分。年齢段階別特徴よりも個体差の方が大きく，例数も少ないためはっきりしたことは言えないが，小学5年生は浸水による皮膚温の低下は緩慢である（血管反応発現時間は遅い）。男女とも3年生は1例ずつしかないが浸水による低下後1～1.5分で安定し，細かなhuntingが認められる。女子は3・4年生のみしかデータがないため年齢差は観察しえないが，4年生の皮膚温低下は緩慢で，2～2.5分後にゆっくりと上昇し，9分後に細かなhuntingの出現が見られる。

図4-8～図4-13は，東京都H小学校の2年生と5・6年生の児童の結果である。

測定当日の室内温が24.5～26℃と低いため，入水前皮膚温は低いものが含まれ29.4～32.5℃とばらつきも多い。また回復後の温度も21.0～30.9℃と差がある。ここで，男子では5・6年生に寒冷血管反応（hunting）が全く起こらず，水温とほとんど変わらないレベルまで皮膚温が低下している（5.2℃）。また女子でも5年生に同様の傾向が見られる。6年生にも1例，水温と同じ5℃にまで低下したままhuntingの起こらない者がいる。

図 4-2 山梨県T小学校の児童（T保育園の卒園児）の寒冷血管反応パターン（小1, 男子）
Vascular reaction of finger by cold water immersion (trained group) (1980.7)
(YAMANASHI PREF.)

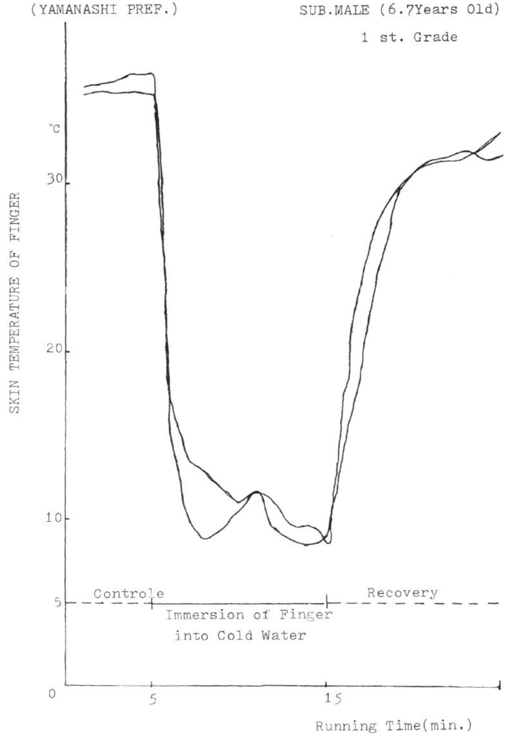

図 4-3 山梨県T小学校の児童（T保育園の卒園児）の寒冷血管反応パターン（小2, 男子）
Vascular reaction of finger by cold water immersion (trained group) (1980.7)
(Yamanashi pref.)

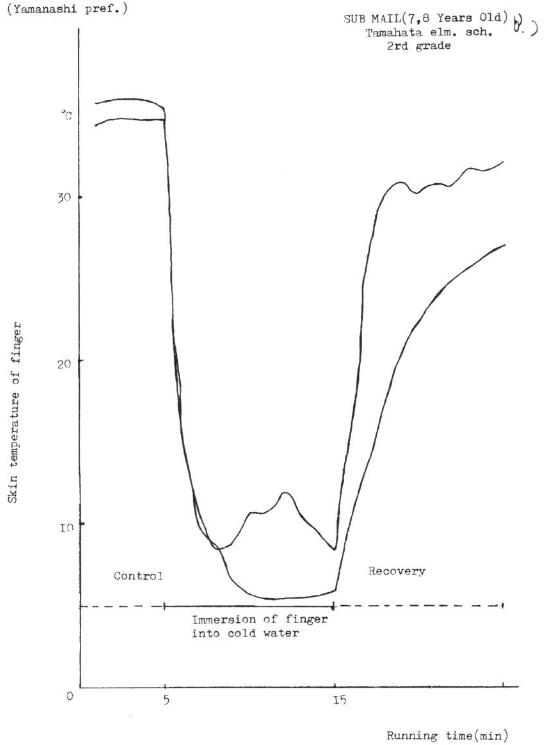

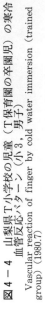

図4-4 山梨県T小学校の児童（T保育園の卒園児）の寒冷血管反応パターン（小3，男子）
Vascular reaction of finger by cold water immersion (trained group) (1980.7)

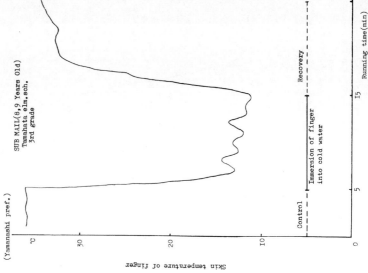

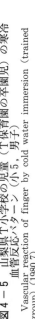

図4-5 山梨県T小学校の児童（T保育園の卒園児）の寒冷血管反応パターン（小5，男子）
Vascular reaction of finger by cold water immersion (trained group) (1980.7)

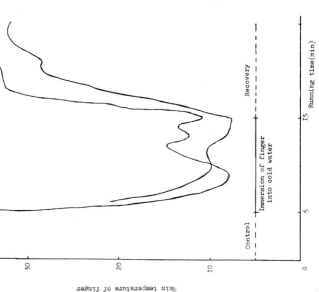

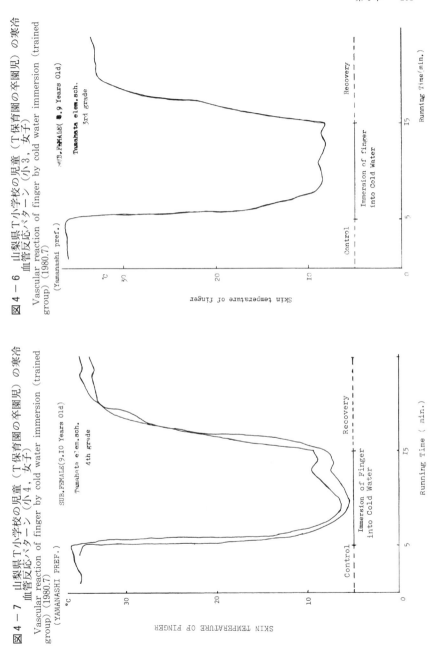

図 4-6 山梨県T小学校の児童（T保育園の卒園児）の寒冷血管反応パターン（小3，女子）
Vascular reaction of finger by cold water immersion (trained group) (1980.7)

図 4-7 山梨県T小学校の児童（T保育園の卒園児）の寒冷血管反応パターン（小4，女子）
Vascular reaction of finger by cold water immersion (trained group) (1980.7)

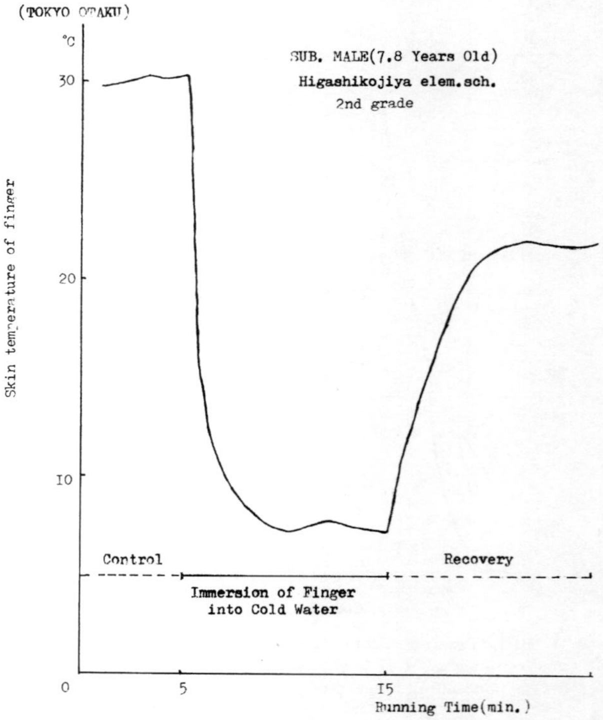

図4-9 東京都H小学校の児童の寒冷血管反応パターン (小6, 男子)
Vascular reaction of finger by cold water immersion (1980.7)

(TOKYO OTA-KU)

SUB.MALE(10,11 Years Old)
Higashikojiya elem.sch
6th grade

図4-8 東京都H小学校の児童の寒冷血管反応パターン (小2, 男子)
Vascular reaction of finger by cold water immersion (1980.7)

(TOKYO OTA-KU)

SUB, MALE(7,8 Years Old)
Higashikojiya elem.sch.
2nd grade

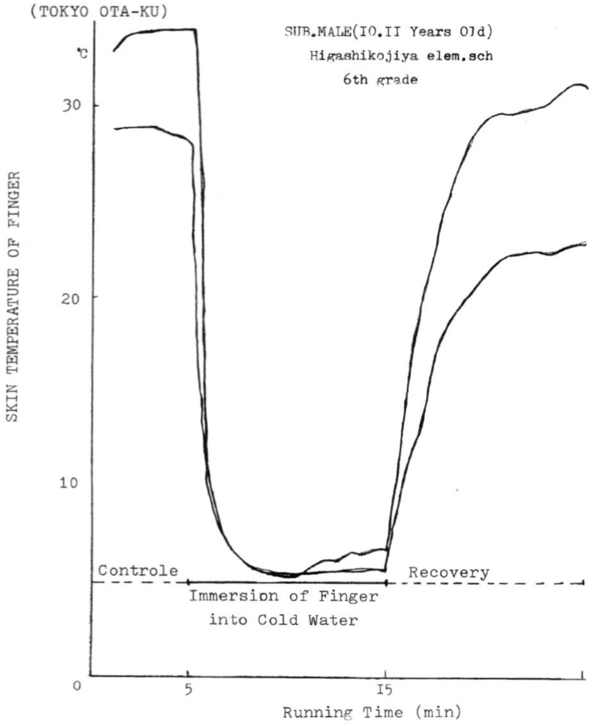

第4章 203

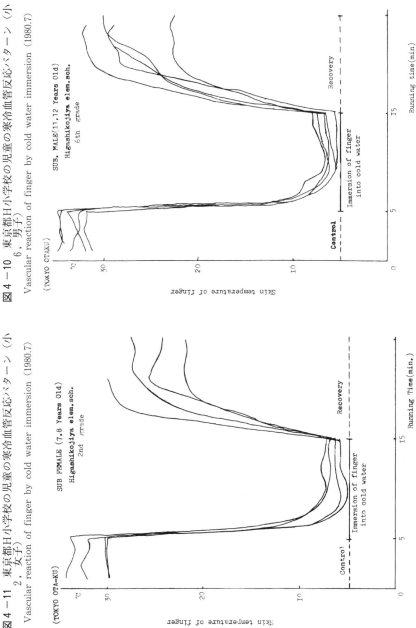

図4-10 東京都H小学校の児童の寒冷血管反応パターン (小6, 男子)
Vascular reaction of finger by cold water immersion (1980.7)

図4-11 東京都H小学校の児童の寒冷血管反応パターン (小2, 女子)
Vascular reaction of finger by cold water immersion (1980.7)

204

図4-13 東京都H小学校の児童の寒冷血管反応パターン (小6, 女子)
Vascular reaction of finger by cold water immersion (1980.7)

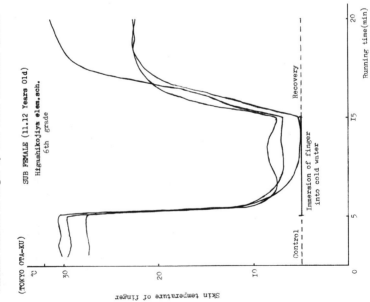

図4-12 東京都H小学校の児童の寒冷血管反応パターン (小5, 女子)
Vascular reaction of finger by cold water immersion (1980.7)

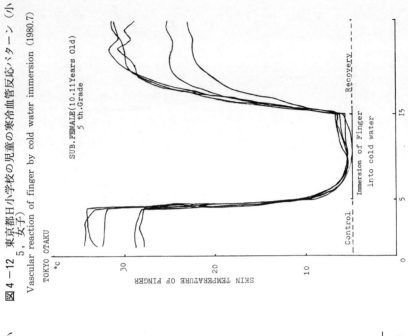

入水前皮膚温，回復期皮膚温の個体差が大であるにもかかわらず，入水後の皮膚温の低下度は低く，個体差が少ない。パターンもT小学校児童に比して，はっきりとした寒冷血管反応（hunting）型が少ないのが特徴である。

年齢段階別特徴は，例数が少なくはっきりしたことは言えないが，小学2年生は比較的低下度が少なくhuntingが見られ，また小学6年生も含めて個体差が認められるが，小学5年生は低下度大（5.5～5.7℃）で水温と同じレベルにまで低下し，入水前の皮膚温にバラツキがあるのに，入水後の皮膚温変動パターンおよび，低下度に個体差が見られないことが特徴である。

図4-14～図4-16は，山梨県T保育園（はだか保育）児5・6歳のものである。著しくまたはっきりとしたhuntingが認められる。

図4-17は東京都H幼稚園5・6歳児のものである。小学校に比べて，個体差が大きくまたhuntingもはっきりと認められ，反応幅も大である。

(4) 考察（実験Ⅰ）

以上，寒冷血管反応（hunting現象，またはCIVD, Cold Induced Vasodilation）の出現の有無に視点を置いて皮膚温低下パターンを観察してきたが，山梨県T小学校では全員にhuntingが現れるのに対し，東京都H小学校の場合は，そのほとんどに現れていない。このような現象がなぜ起こったかについては，更に測定条件を統一して例数を重ねることが必要であるとともに，自律神経，特に交感神経系の緊張による血管収縮作用が大きく働きhuntingが現れにくいと解釈されるものか，また一般に寒冷刺激によって深部温が一定温度以下に低下してhuntingが現れにくくなっているものなのか，多くの検討を要するところである。

今回の実験は例数が少ないながらも，厳しい気象条件の山梨県で，冬でも上半身裸体で雪合戦に幼小児期から興じてきた児童と，都市の公害指定地域に設立された全館冷暖房鉄筋高層二重窓校舎で1日6～7時間を生活する人工環境下の児童とでは，同じ局所冷刺激を受けた時の末梢の指趾の寒冷血管反応に特徴的なものが見られたわけである。

更に，これは予期しなかったことであるが，同一集団内では年齢差があり，幼少なほど寒冷血管反応の現れ方が大なること，小学5年生は幼児および小学2年生に対して異なるパターン，すなわち寒冷血管反応が抑えられ，緩慢なパターン

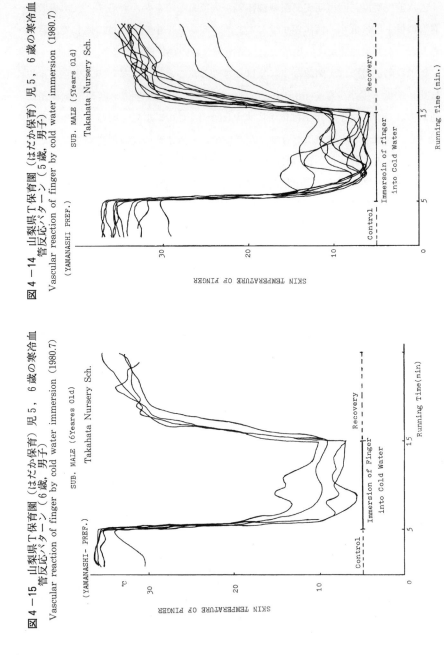

図4-14 山梨県T保育園（はだか保育）児5，6歳の寒冷血管反応パターン（5歳，男子）
Vascular reaction of finger by cold water immersion (1980.7)

図4-15 山梨県T保育園（はだか保育）児5，6歳の寒冷血管反応パターン（6歳，男子）
Vascular reaction of finger by cold water immersion (1980.7)

第4章　207

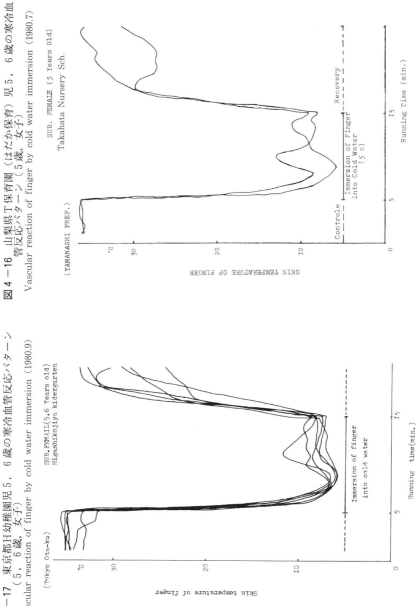

図4-16 山梨県T保育園（はだか保育）児5，6歳の寒冷血
　　　管反応パターン（5歳，女子）
　　　Vascular reaction of finger by cold water immersion (1980.7)

図4-17 東京都H幼稚園児5，6歳の寒冷血管反応パターン
　　　（5，6歳，女子）
　　　Vascular reaction of finger by cold water immersion (1980.9)

が見られたことが注目される。この現象は，第1章の実験にも，全身冷気暴露の際に認められたものである。すなわち第1章での全身冷気暴露では，血管調節域と化学的調節域との関連に年齢差が見られ，幼少なるほど血管調節域に頼ることが結論として導かれたが，局所冷刺激に対する末梢の血管反応の動態を見た本実験結果からも，この様相をうかがい知ることが出来た。

(5) 結果（実験Ⅱ：秋季）

夏季の実験では，幼児には，山梨県，東京都ともに hunting が認められたが，就学後の児童には，特に全館冷暖房二重窓防音校舎の東京都H小学校に hunting が見られなかった。また5年生の反応パターンは，他年齢層と異なることが明らかにされた。

この2点を更に確かめるとともに，他地域でも同様の傾向が見られるかを追証するために，東京都H小学校，山梨県T小学校，更に青森県・宮崎県の保育所と幼稚園，小学校と対象地域を広げ計12校（園）の現場調査を行なった。ここではそのうちの東京都H小学校と山梨県T小学校の局所性耐寒性と病欠・疾病罹患傾向についての結果の概要を述べ，夏季に行なった東京都H幼稚園，山梨県T保育園の結果も加え，総合して考察を行なう。

① 冷刺激による皮膚温の低下パターンについて

図4-18～図4-20は，東京都H小学校の皮膚温低下パターンである。小学2年生女子が被験者として得られなかったが，全体として小学校5年生の反応パターンは，夏季の場合とほぼ同様に変動が少ない傾向が見られる。このパターンを下降定常型と呼ぶ。Hunting 現象はほとんど見られない。

図4-21～図4-28は，山梨県T小学校のそれである。個体差が大きいが，小学5年生の下降定常型は東京都H小学校の場合のようにはっきりしないが小学2年生に比べるとその傾向が認められる。

② 抗凍傷指数およびその他の寒冷血管反応評価指数について

①では10分間の冷水刺激による皮膚温の経時的変動パターンをそのままグラフ化して，hunting の現れ方を観察したわけであるが，ここでは，この皮膚温の経時的データを吉村寿人らの方法により指数化して比較してみる。

表4-1は，山梨県T保育園（はだか保育），東京都H幼稚園，東京都H小学

第4章 209

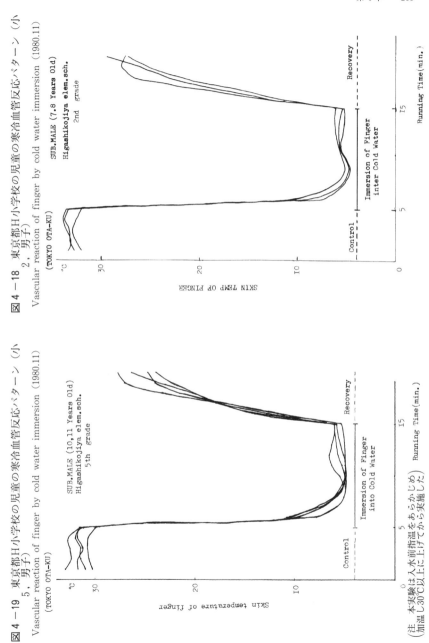

図4-18 東京都H小学校の児童の寒冷血管反応パターン（小2, 男子）
Vascular reaction of finger by cold water immersion (1980.11)
(TOKYO OTA-KU)

図4-19 東京都H小学校の児童の寒冷血管反応パターン（小5, 男子）
Vascular reaction of finger by cold water immersion (1980.11)
(TOKYO OTA-KU)

（注：本実験は入水前指温をあらかじめ加温し30℃以上に上げてから実施した）

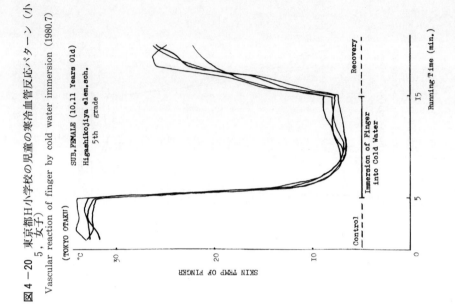

図 4-20 東京都H小学校の児童の寒冷血管反応パターン (小5, 女子)
Vascular reaction of finger by cold water immersion (1980.7)

第4章 211

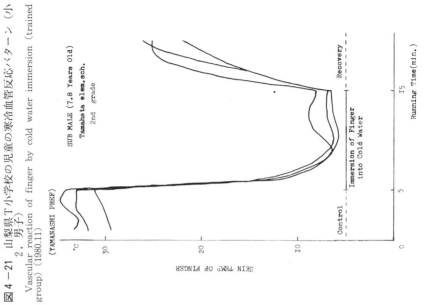

図4-22, 山梨県T小学校の児童の寒冷血管反応パターン（小2，男子，T保育園卒）
Vascular reaction of finger by cold water immersion (trained group) (1980.11)

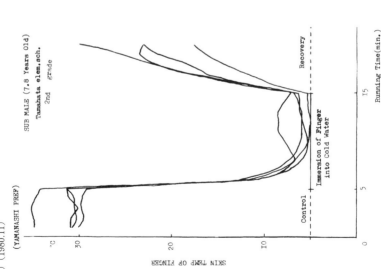

図4-21, 山梨県T小学校の児童の寒冷血管反応パターン（小2，男子）
Vascular reaction of finger by cold water immersion (trained group) (1980.11)

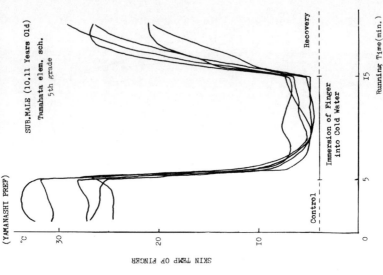

図 4-23 山梨県T小学校の児童の寒冷血管反応パターン (小5, 男子)
Vascular reaction of finger by cold water immersion (1980.10) (YAMANASHI PREF)

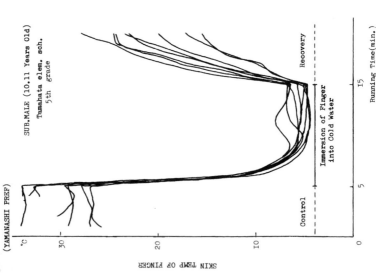

図 4-24 山梨県T小学校の児童の寒冷血管反応パターン (小5, 男子, T保育園卒)
Vascular reaction of finger by cold water immersion (trained group) (1980.10) (YAMANASHI PREF)

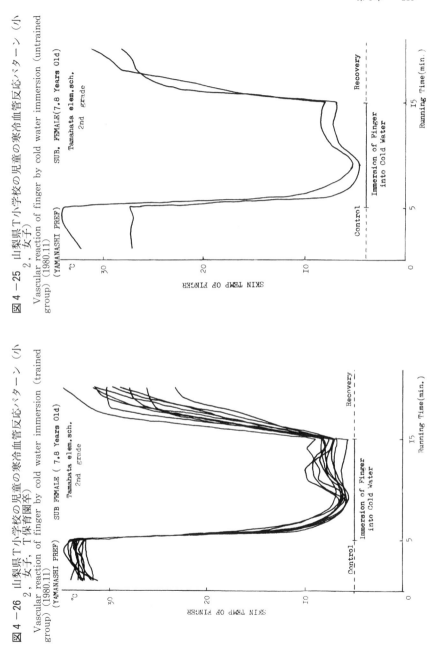

図4-25. 山梨県T小学校の児童の寒冷血管反応パターン (小2, 女子)
Vascular reaction of finger by cold water immersion (untrained group) (1980.11) (YAMANASHI PREF)

図4-26. 山梨県T小学校の児童の寒冷血管反応パターン (小2, 女子, T保育園卒)
Vascular reaction of finger by cold water immersion (trained group) (1980.11) (YAMANASHI PREF)

214

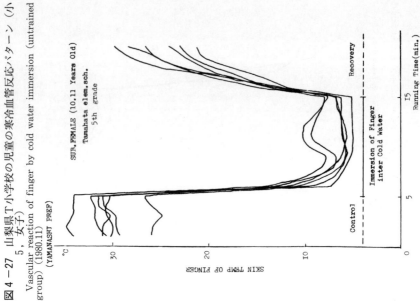

図4-27 山梨県T小学校の児童の寒冷血管反応パターン (小5, 女子)
Vascular reaction of finger by cold water immersion (untrained group) (1980.11)
(YAMANASHI PREF)

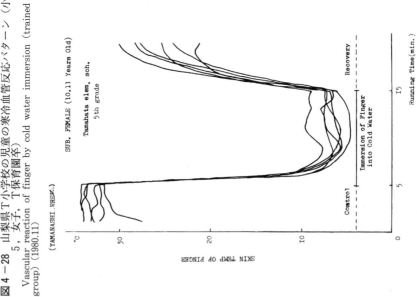

図4-28 山梨県T小学校の児童の寒冷血管反応パターン (小5, 女子, T保育園卒)
Vascular reaction of finger by cold water immersion (trained group) (1980.11)
(YAMANASHI PREF.)

校の抗凍傷指数（RI），浸水中の指先皮膚温の平均値（MST, 5〜10分），寒冷血管反応が発現するまでの時間（TTR），寒冷血管反応が現れた時の温度（TFR）および年間平均病欠日数（KEI54）を示したものである。ここから，幼稚園は山梨県T保育園の方がRIや平均皮膚温はやや高く，発現時間はやや短く，発現温度はやや高い傾向が見られる。同様に山梨県T小学校の方がRI, TTR, TFRに関して良好な結果が得られた。

③ 病欠および疾病罹患傾向について

KEI54（54年度の年間病欠日数）は，保育所と幼稚園では登園日数が異なるため年間に休んだ日数をそのまま比較すると山梨県T保育所の方が大であるが，月別に登園日数を修正した病欠率で比較すると山梨県T保育所の方が低い。

小学校の場合は，年間授業日数がほぼ等しいのでそのまま比較すると，山梨県T小学校が年間平均2.7日（SD3.4）であるのに対し，東京都H小学校では7.1日（SD6.0）で有意に高い（表4－1，表4－2，図4－29）。

疾病罹患傾向については，幼児期は，東京都H幼稚園にアレルギー性鼻炎はやや多かったのみで特に違いは見られなかったが，小学校では，表4－3に見るようにアレルギー性鼻炎，喘息，側わんなど過敏性体質と関連が見られる疾病の罹患率の高いことが認められた。

(6) **考察（実験Ⅱ）**

以上，寒冷血管反応パターンおよびその評価指数について人工環境下の東京都H小学校児童と自然環境下の山梨県T小学校の児童と対比してみたところ，はだか保育卒園児を含む山梨県T小学校の児童には現れているhunting現象が冷暖房完備の東京都H小学校の児童には現れにくかった。また吉村法による評価指数を算出してみると，山梨県T小学校に比較して抗凍傷指数は若干低く，TTRは遅く，TFRは低く，MSTも低いという傾向が認められた。このことは，全館冷暖房完備という人工的温度環境下での生活時間が長い都市の児童と農村地域の自然環境に恵まれた山梨県T小学校の児童とでは寒冷に順化するための環境刺激の振幅が異なることがまず挙げられる。寒冷刺激が大きいことは，寒冷血管反応の発現機序に関する文献[1]を総合して考えた時，アドレナリン系物質に対する分泌，および交感神経系の緊張を要する寒冷刺激への適応体制，更に末梢血管の反応性

表4-1 山梨県のT保育所およびT小学校の寒冷血管反応指数と平均病欠日数／年

Variables of hunting reaction to cold and a yearly sickness absence
(T nursery school and T elem. school children at Yamanashi prefecture)

YAMANASHI

TAMAHATA NURSERY SCH. (N=26)

	RI	MST	KEI54	TTR	TFR
M±SD	7.042±1.429	8.749±1.927	9.880±9.506	3.279±1.101	7.683±2.796
KURTOSIS	−0.640	−0.363	−0.383	−0.563	0.818
SKEWNESS	−0.372	0.553	0.827	−0.631	1.326
MIN	4.0	6.1	0.0	1.0	4.3
MAX	9.0	13.14	32.0	4.8	14.2
RANGE	5.0	7.4	32.0	3.8	9.9

TAMAHATA ELEM. SCH. (N=53)

	RI	MST	KEI54	TTR	TFR
M±SD	5.583±1.217	9.326±2.273	2.723±3.424	5.088±1.228	5.733±0.819
KURTOSIS	1.085	−0.040	3.696	−0.163	2.335
SKEWNESS	−0.165	−0.030	1.841	0.921	0.995
MIN	3.0	5.5	0.0	3.5	4.5
MAX	9.0	12.9	15.0	8.0	8.7
RANGE	6.0	7.4	15.0	4.5	4.2

TAMAHATA ELEM. SCH. (grade 2) (N=26)

	RI	MST	KEI54	TTR	TFR
M±SD	5.708±0.908	7.175±1.146	3.720±3.974	4.872±1.069	5.752±0.655
KURTOSIS	2.551	−0.400	2.090	2.964	−0.824
SKEWNESS	−1.256	−0.067	1.485	1.684	−0.051
MIN	3.0	5.0	0.0	3.5	4.6
MAX	7.0	9.6	15.0	8.0	6.9
RANGE	4.0	4.6	15.0	4.5	2.3

TAMAHATA ELEM. SCH. (grade 5) (N=27)

	RI	MST	KEI54	TTR	TFR
M±SD	5.571±1.208	6.633±1.292	1.647±2.448	5.312±1.361	5.712±0.975
KURTOSIS	1.122	−0.103	4.313	−1.206	2.719
SKEWNESS	−0.137	0.050	2.000	0.147	1.340
MIN	3.0	4.7	0.0	3.5	4.5
MAX	9.0	9.32	9.0	7.7	8.7
RANGE	6.0	4.62	9.0	4.2	4.2

第4章　217

表4-2　東京都の全館冷暖房校舎H幼稚園・H小学校の寒冷血管反応指数と平均病欠日数／年

Variables of hunting reaction to cold and a yearly sickness absence
(H kindergarten and H elem. school children in Tokyo)

TOKYO

HIGASHIKOJIYA KINDER. (N=30)

	RI	MST	KEI54	TTR	TFR
M±SD	6.630±1.245	7.978±1.336	5.345±5.614	3.731±0.686	6.534±1.381
KURTOSIS	1.926	0.671	2.147	2.509	4.180
SKEWNESS	−0.514	0.630	1.423	0.022	1.941
MIN	3.0	5.4	0.0	2.1	5.0
MAX	9.0	11.16	23.0	5.7	11.10
RANGE	6.0	5.76	23.0	3.6	6.10

HIGASHIKOJIYA ELEM. SCH. (N=18)

	RI	MST	KEI54	TTR	TFR
M±SD	5.833±1.425	6.671±1.413	7.176±6.085	4.944±0.910	5.983±1.321
KURTOSIS	−0.543	−1.067	1.529	−0.054	−1.287
SKEWNESS	−0.359	0.076	1.272	0.794	0.563
MIN	3.0	4.22	0.0	3.8	4.6
MAX	8.0	8.96	23.0	6.8	8.5
RANGE	5.0	4.74	23.0	3.0	3.9

HIGASHIKOJYA ELEM. SCH. (grade 2) (N=4)

	RI	MST	KEI54	TTR	TFR
M±SD	4.750±0.957	5.375±0.816	5.250±4.031	4.150±0.173	4.850±0.252
KURTOSIS	−1.289	2.212	2.031	2.889	2.227
SKEWNESS	0.855	−1.336	1.469	1.540	1.129
MIN	4.0	4.28	2.0	4.0	4.6
MAX	6.0	6.12	11.0	4.4	5.2
RANGE	2.0	1.90	9.0	0.4	0.6

HIGASHIKOJYA ELEM. SCH. (grade 5) (N=14)

	RI	MST	KEI54	TTR	TFR
M±SD	5.833±1.425	7.041±1.339	4.333±2.517	5.171±0.909	6.307±1.327
KURTOSIS	−0.543	−1.136	0.0	−0.179	−1.562
SKEWNESS	−0.359	−0.217	0.586	0.450	0.192
MIN	3.0	5.04	2.0	3.8	4.8
MAX	8.0	8.96	7.0	6.8	8.5
RANGE	5.0	3.92	5.0	3.0	3.7

図4-29 山梨県T小学校と東京都H小学校の年間病欠日数別累積相対頻度分布
Distribution of Frequency of sickness absence days/year
(Yamanashi T Kindergarden, T elem. school and Tokyo H kind., H elem. sch.)

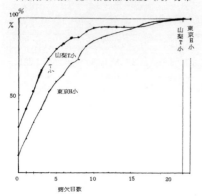

年間病欠日数に見た累積相対頻度（％）分布

年間病欠日数の頻度分布

	東糀谷				王幡		野々上			
	幼稚園		小4		保育園		小2		小5	
	分布	率	分布	率	分布	率	分布	率	分布	率
0	23	29.5	20	11.8	18	29.5	5	29.4	5	41.7
1	4	5.1	20	11.8	8	12.0	1	5.9	3	25.0
2	10	12.8	15	8.9	6	9.8	3	17.6	1	8.3
3	5	6.4	17	10.1	8	13.0	3	17.6	0	0.0
4	7	8.9	17	10.1	5	8.1	1	5.9	1	8.3
5	4	5.1	9	5.3	4	6.6	1	5.9	0	0.0
6	3	3.8	14	8.3	2	3.8	1	5.9	1	8.3
7	2	2.6	9	5.3	1	1.6	0	0.0	1	8.3
8	2	2.6	8	4.7	0	0.0	0	0.0	0	0.0
9	1	1.3	7	4.1	4	6.6	0	0.0	0	0.0
10	1	1.3	8	4.7	1	1.6	0	0.0	0	0.0
11	2	2.6	4	2.4	0	0.0	0	0.0		
12	3	3.8	3	2.9	0	0.0	0	0.0		
13	3	3.8	2	1.2	0	0.0	1	5.9		
14	0	0.0	2	1.2	0	0.0	0	0.0		
15	0	0.0	2	1.2	0	0.0	0	0.0		
16	2	2.0	3	1.8	0	0.0	0	0.0		
17	0	0.0	2	1.2	1	1.6	0	0.0		
18	0	0.0	2	1.2	1	1.6	1	5.9		
19	0	0.0	0	0.0	0	0.0				
20	0	0.0	1	0.6	0	0.0				
21	0	0.0	0	0.0	0	0.0				
22	1	1.3	1	0.6	1	1.6				
23	1	1.3	1	0.6						
24	0	0.0								
25	0	0.0								
26	2	2.6								
27	1	1.3								
28	1	1.3								
	78人	100%	169人	100%	61人	100%	17人	100%	12人	99.9%

　をはだか保育の子どもは，すばやく，うまく作っていけるものと考えられる。
　また，疾病罹患傾向の結果にも過敏性体質との関わりのある疾病が都市化された環境に多い傾向があったことと，この寒冷血管反応の発現が抑制されていることは，末梢血管の冷刺激による動態と自律神経がその背景にあることが予想される。しかしこの問題の深い分析は個々の子どもの体質傾向のチェックと血管反応

表4-3 T小学校およびH小学校の疾病罹患率および全国平均値，男女別
Mobidity rate of T elem., H elem. school children including the average of all of Japan

(%)

対象\項目	2年生 T小	2年生 H小	2年生 全国	5年生 T小	5年生 H小	5年生 全国
脊柱・胸郭異常	0.00	2.42	1.09	6.25	3.95	1.07
裸眼視力1.0未満	27.61	45.63	16.66	21.88	59.32	18.38
結膜炎	2.99	22.82	2.52	1.04	11.30	2.31
中耳炎	0.00	0.49	0.16	0.00	0.00	0.16
その他・耳疾異常	0.00	0.49	2.31	0.00	1.13	1.90
慢性副鼻腔炎	0.00	0.97	1.15	0.00	0.56	1.01
扁桃肥大	1.49	2.43	6.35	1.04	2.26	4.54
鼻・咽頭炎	18.65	7.77	5.34	15.63	12.99	3.88
寄生虫卵保有	5.97	3.40	6.47	9.38	0.00	2.90
喘息	0.00	1.46	0.33	0.00	1.13	0.41

(%)

対象\性別\項目	2年生 T小 男	2年生 T小 女	2年生 H小 男	2年生 H小 女	2年生 全国 男	2年生 全国 女	5年生 T小 男	5年生 T小 女	5年生 H小 男	5年生 H小 女	5年生 全国 男	5年生 全国 女
脊柱・胸郭異常	0.00	0.00	3.85	0.98	1.08	0.64	7.69	4.55	6.52	1.18	0.89	0.57
裸眼視力1.0未満	25.68	30.00	50.00	41.18	13.30	17.39	32.08	20.45	48.91	70.59	14.13	20.20
結膜炎	0.00	6.67	24.03	21.57	2.40	2.80	1.92	0.00	11.96	10.59	2.35	2.31
中耳炎	0.00	0.00	0.00	0.96	0.23	0.12	0.00	0.00	0.00	0.00	0.11	0.15
その他・耳疾異常	0.00	0.00	0.96	0.00	2.31	2.28	0.00	0.00	2.17	0.00	1.95	1.91
慢性副鼻腔炎	0.00	0.00	1.92	0.00	1.44	0.93	0.00	0.00	1.07	0.63	1.07	0.63
扁桃肥大	0.00	3.33	2.88	1.96	7.11	6.19	0.00	2.27	1.09	3.53	4.45	4.38
鼻・咽頭炎	21.62	15.00	9.62	5.88	6.22	3.78	25.00	4.55	19.57	5.88	4.50	3.00
寄生虫卵保有	6.76	5.00	3.85	2.94	5.74	4.92	9.62	9.09	0.00	0.00	3.24	2.41
喘息	0.00	0.00	1.92	0.98	0.57	0.17	0.00	0.00	2.17	0.00	0.50	0.29

パターンとの関連性の詳細な検討に待たなければならない。

(7) 結論と今後の課題

　昭和55年，7月～9月，11月の2期にかけて，山梨県はだか保育園児とその卒園児および，卒園児を含む同地域のT小学校児童と人工冷暖房完備防音校舎の東

京都H幼稚園とその卒園児の入学する東京都H小学校児童を対象にして，吉村寿人らによる方法を修正した小児用局所耐寒性テストを行なうとともに病欠等の疫学データの収集も加えて行なった。

その結果

① 寒冷血管反応の出現しにくい年齢層が発育過程としては5年生に存在しているであろうこと。そしてその傾向は冷刺激を受けることの少ない，また自律神経，特に交感神経を緊張させる機会の多い人工環境下の小児ほどその傾向が強いこと。

② 自然環境下で積極的に鍛錬してきたはだか保育園児とその卒園児を含む山梨県T小学校児童が，TFRは高く，TTRは短く，反応が大きく出ているのに対して，東京都H小学校の場合は，反応の発現しない者が多く，またそのTFRは低く，TTRは長く，MSTも短い。

③ 幼小児期の冷刺激の受け方による違い，すなわち生育環境が，山梨県T保育所と東京都H幼稚園では極端に異なるにもかかわらず，寒冷血管反応パターンには小学校で見られるような違いは認められなかった。このことは，幼小児期の末梢血管拡張傾向は，生物学的な発育過程の中ではかなり安定した特性として働いているため，その時点で受けた環境刺激がプラスの因子，マイナスの因子として働き，一つの反応系としての影響にまでは出現しないことによるものと思われる。すなわち，幼小なるほど生物学的な適応能の働きが有意で，幼小児期から繰り返し受けた刺激のプラスまたはマイナスの効果すなわち生理的適応能の獲得効果は，就学後，特に5年生以降に大きく現れてくるものと推察出来る。この辺は今後の課題として更に検討していきたい。

3．結果（その2）
山梨県某小学校における児童の血管反応，病欠・疾病罹患傾向についてのはだか保育園卒園児と非卒園児との比較検討

(1) 実験目的

気象条件の厳しい山梨県甲府盆地にあるはだか保育園は，いわゆる暑さ，寒さの自然環境からの温度刺激を最も多く受けているわけであるが，他地域の園児に

比して病欠は少なく,局所性耐寒性テストの成績も良好であることが明らかになった。このようなはだか保育という経験が,小学校入学後まで残存しているかどうかを見るために,前期と同様の実験を同地域の東京都H小学校2年生,5年生を対象に実施した。就学前に受けてきた保育環境の違い,ここでは特に寒冷・暑熱刺激(積極的運動鍛錬も同時になされている)が,その後の成長過程にどのような遠隔効果を挙げているかを明らかにすることは,保育や教育環境を考える上では,特に重要な課題と言えよう。

(2) **実験の対象と方法**

実験は,昭和55年11月24日,山梨県N郡R町T小学校2年生26名,5年生27名計53名を対象に,うちはだか保育T園の卒園児20名,非卒園児33名を対象に水温5℃に10分間中指骨遠端位まで浸水による前記同様の耐寒性テストを行なった。浸水前後5分間を含めた経時的皮膚温の変動の様相と心拍数のそれとを同時記録し2群間の違いを寒冷血管反応の指標および心拍数の変動率等の指標を用いて両群間の差を検定した。

(3) **実験結果**

① 病欠および疾病罹患傾向について

図4-30,図4-31は現2年生・5年生の前年度月別病欠率(月別総病欠数/人数/その月の登校日数×100)である。卒園児を含めた群と卒園児のみの群を比較すると,2年生についてその前年度,すなわち1年の冬季(12月・1月・2月)にのみ有意差が認められた。

疾病罹患傾向については,例数が少ないため,はだか保育児の方がむしろ鼻炎の罹患率が高く,全体として,疾病罹患率が低いだろうという仮説を検証するには至らなかった。

② 冷刺激による皮膚温の低下度と心拍数の変動について

冷刺激による生体反応として,指先皮膚温の低下度および寒冷血管反応の現れ方には両群に有意差は認められず,むしろはだか保育園卒園児の方が低下度が大きい傾向であった。しかし心拍数については図4-32に見るように,入水前の心拍数も低く,入水後の増加も有意に少ない。全体として,はだか保育園卒園児は非卒園児に比して心拍数は平常低く,刺激による変動も少ないことが有意な差を

図4-30 平均病欠率の月別変動（T小学校1, 2年のT保育園卒園児との比較）
Monthly trend of average sickness rate (Trained and untrained group)

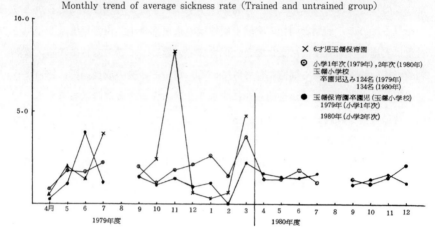

図4-31 平均病欠率の月別変動（T小学校4, 5年のT保育園卒園児との比較）
Monthly trend of average sickness rate (Trained and untrained group)

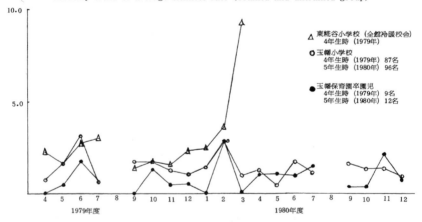

もって示された。Araki et al.[2]は，運動鍛錬児と非鍛錬児が同一刺激を受けた時の心拍数の変動と耐寒反応を実験した結果では，冷刺激による寒冷血管反応の現れ方，すなわち耐寒性に対しては差が認められず，心拍数の変動に有意な差をもって鍛錬児に低く，刺激に対する変動も少ない傾向が明らかになった。

本調査の対象集団の鍛錬児群は就学前はだか保育を3か年以上受けてきた者の

図4-32 はだか保育園卒園児群と非卒園児群の冷刺激による心拍の経時的変動
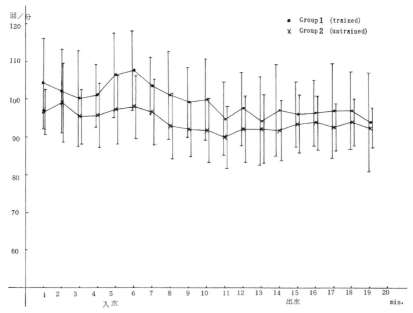
Timely trend of pulse rate by cold water immersion

集団であるが，このはだか保育園の保育形態は，いわゆる規律ある集団保育で積極的な戸外での全身運動が取り入れられているため，呼吸循環機能の効率の改善という側面への影響はうなずける。

寒冷血管反応の指標から見た局所性耐寒性については個体差大で，また入学後1年もしくは4年経た児童と対照となった児童の日頃の冷刺激の受け方は変わらず，着衣はしているものの甲府盆地の寒冷・暑熱刺激を両群とも同様に受けていると解釈することが出来る。

したがって1年前または4年前に受けた冷刺激が現在の局所性耐寒性にまで及ぶか否かについての結論は否定されたことになる。

(4) 結論

自然環境下での暑熱・寒冷刺激を受けて，積極的な心身鍛錬保育（ここでは，はだか＋運動鍛錬）を幼児期に受けてきたことが，入学後の病欠・疾病罹患傾向および局所性耐寒性にどのような影響が残存しているかを明らかにするために，

はだか保育園卒園児20名，非卒園児を対象に両群の差を検討した。例数が少ないこととまたはだか保育を受けない群でも，かなり厳しい冷刺激を受けていること，また一人一人の健康状態の個体差のチェックを十分にしていないため，得られたデータの客観性が乏しいが，以下のような結果が得られた。

　i．病欠は冬季のそれが入学後1年までは有意に少ない傾向が見られた。
　ii．疾病罹患傾向については差が認められなかった。
　iii．局所性耐寒性，特にRI，MST，TFR，TTR等には差が認められなかった。
　iv．心拍数は冷刺激を受ける前，すなわち安静時に既に低く，冷刺激による増加率も有意に低かった。

以上を総合すると，就学前の積極的運動トレーニングを入れたはだか保育の就学後の残存効果は，呼吸循環器系統と病欠など身体的要因のほかにがまん強さ，集団への規律等，心理的要因が介在するであろう指標に対しては，ある程度認められたということが出来よう。しかし凍傷へのなりにくさの指標とも言える局所性耐寒性に対しては，なんら違いは認められなかった。今後，更に例数を増やし多面的な検討を加えていく所存である。

4．結果（その3）
青森県M市全館冷暖房二重窓防音校舎と同県農村地域の木造平屋建てN小学校児童の寒冷血管反応および病欠・疾病罹患傾向について

(1) 実験目的

第2章第3節，冬期暖房時の教室内温度環境が，児童の健康に及ぼす影響に関する調査研究にて，寒冷地青森県M市の全館冷暖房二重窓防音校舎と同県下農村地域にある木造平屋建てN小学校を対象に，温度条件を中心とした教室内空気環境の測定と児童の咽頭粘膜のブドウ球菌の検査を行なった。ここでは特に，セントラルヒーティングの防音二重窓校舎の室内温度条件は，冬季にもかかわらず上昇の一途を超え，30℃，20％という高温低湿状態が東京都H小学校の場合と同様明らかになった。この教室内に滞在する児童の皮膚温，深部温には部位差の少ない放熱に有利な夏型の温度分布状態を示していた。したがって，寒冷地青森県下

でもこのような建築様式，暖房法など人工環境下によって，寒冷地順化の機会は全く少なく，しかも帰宅後も家庭での暖房による居室内温度は28℃にまで至る状態であった。

　一方，同地域農村地帯木造のN小学校では，スキーの強化練習および陸上トレーニングと積極的な運動トレーニングを行なっている健康優良校である。教室内温度は，その日の気象条件に左右され，著者らの測定による教室内温度は最も上昇しても20℃に満たなかった。したがってN小学校の場合はかなり自然の寒冷刺激を受けることが予想される。このような自然の寒冷環境から全く隔離されていると言って良い人工温度環境下に滞在するM市立M小学校と，木造で寒冷地域の気象条件からの刺激の多いN小学校の児童の寒冷血管反応に，どのような違いが見いだせるかを明らかにするために，前述と同様の局所耐寒性テストを行なった。

(2) **対象**

青森県M市M小学校（2年生・5年生計28名）
　　　　M市I幼稚園（3～6歳児計32名）
　　　　S町N小学校（2年生・5年生計29名）
　　　　S町N保育所（3～6歳児計16名）

測定期間，昭和55年9月30日～10月4日
測定手順および分析の視点については前述のようである。

(3) **結果**

① 冷刺激による皮膚温変動パターンについて―特に年齢段階別に見た寒冷血
　　管反応の出現に視点をおいて

図4-33～図4-40は全館冷暖房二重窓防音校舎M小学校の寒冷血管反応と同地域の木造モルタル平屋建てI幼稚園のそれである。

　ここでI幼稚園は同地域にあるが，園舎はM小学校と同じではなくかなり自然環境に近い建築である。暖房法のみセントラルヒーティングである。

　ここで皮膚温低下パターンは，幼少なほど末梢血管の拡張性が大なることを示唆するhunting現象が大きく現れ，5年生になるとhuntingが抑えられ，いわゆる下降定常型になっていく様子が認められる。この反応パターンと傾向は前述の全館冷暖房二重窓防音校舎の東京都H小学校に見られた傾向と同様であること

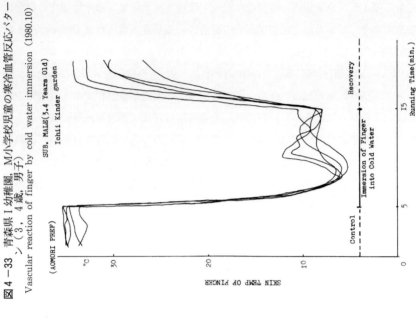

図 4-33 青森県 I 幼稚園, M 小学校児童の寒冷血管反応パターン (3, 4歳, 男子)
Vascular reaction of finger by cold water immersion (1980.10)

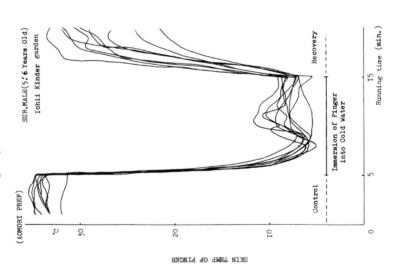

図 4-34 青森県 I 幼稚園, M 小学校児童の寒冷血管反応パターン (5, 6歳, 男子)
Vascular reaction of finger by cold water immersion (1980.10)

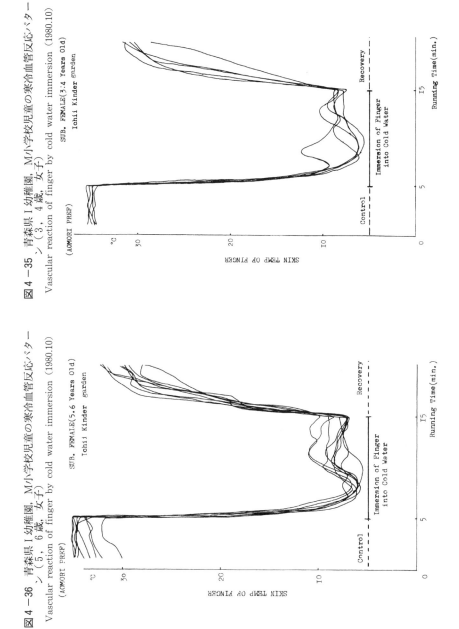

図4-35 青森県I幼稚園, M小学校児童の寒冷血管反応パターン (3, 4歳, 女子)
Vascular reaction of finger by cold water immersion (1980.10)

図4-36 青森県I幼稚園, M小学校児童の寒冷血管反応パターン (5, 6歳, 女子)
Vascular reaction of finger by cold water immersion (1980.10)

228

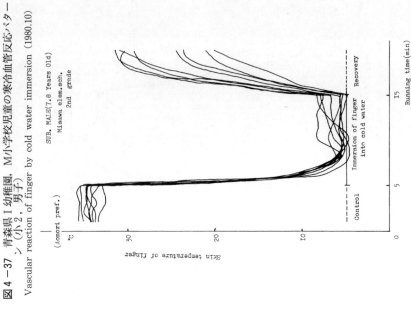

図4-37 青森県I幼稚園, M小学校児童の寒冷血管反応パターン(小2, 男子)
Vascular reaction of finger by cold water immersion (1980.10)

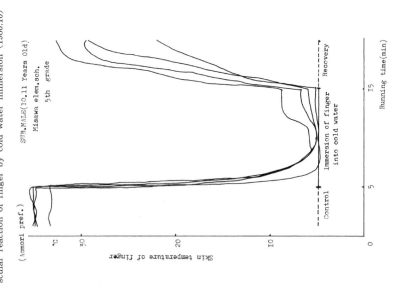

図4-38 青森県I幼稚園, M小学校児童の寒冷血管反応パターン(小5, 男子)
Vascular reaction of finger by cold water immersion (1980.10)

第4章　229

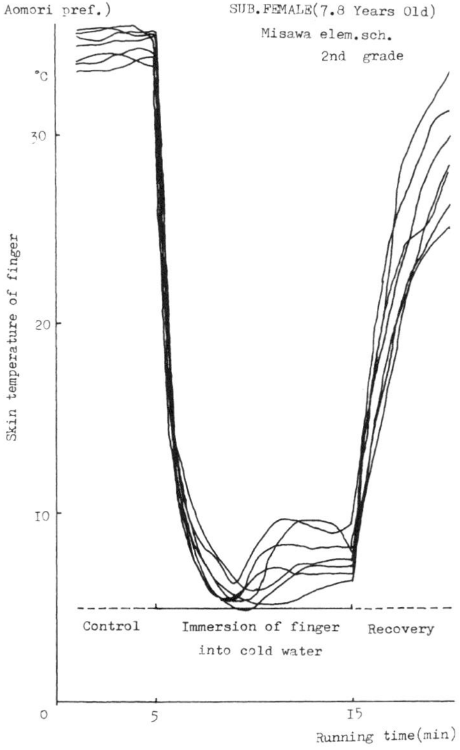

図4-40 青森県 I 幼稚園，M小学校児童の寒冷血管反応パターン（小5，女子）
Vascular reaction of finger by cold water immersion (1980.9)

図4-39 青森県 I 幼稚園，M小学校児童の寒冷血管反応パターン（小2，女子）
Vascular reaction of finger by cold water immersion (1980.9)

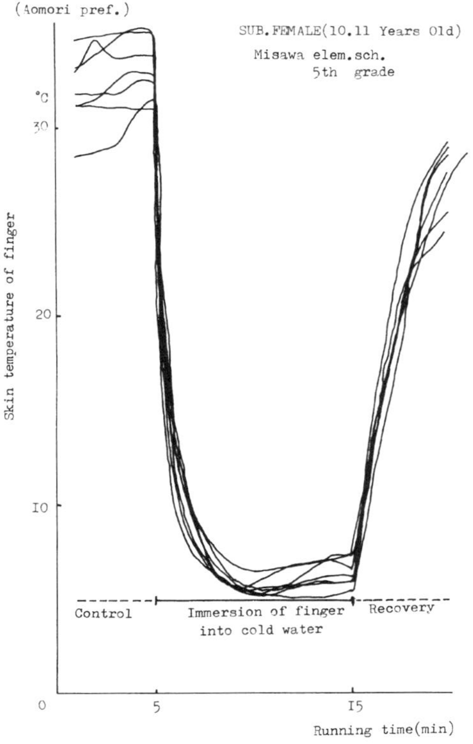

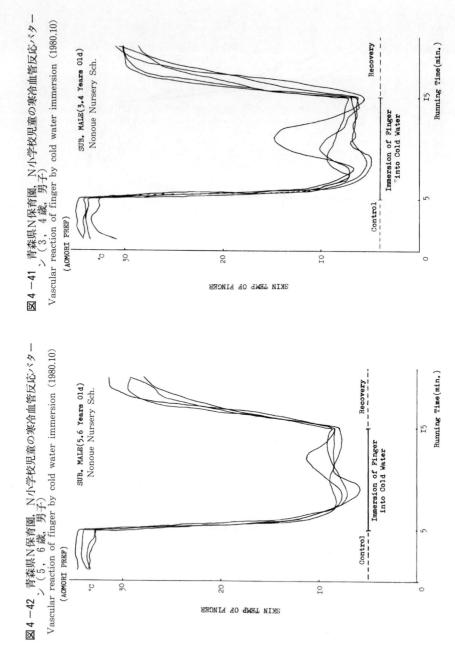

図4-41 青森県N保育園, N小学校児童の寒冷血管反応パターン(3, 4歳, 男子)
Vascular reaction of finger by cold water immersion (1980.10)

図4-42 青森県N保育園, N小学校児童の寒冷血管反応パターン(5, 6歳, 男子)
Vascular reaction of finger by cold water immersion (1980.10)

第4章　231

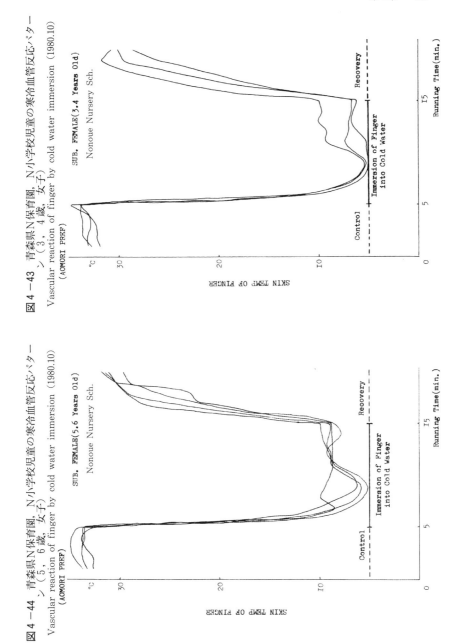

図4-43　青森県N保育園，N小学校児童の寒冷血管反応パターン（3，4歳，女子）
Vascular reaction of finger by cold water immersion (1980.10)
(AOMORI PREF)

図4-44　青森県N保育園，N小学校児童の寒冷血管反応パターン（5，6歳，女子）
Vascular reaction of finger by cold water immersion (1980.10)
(AOMORI PREF)

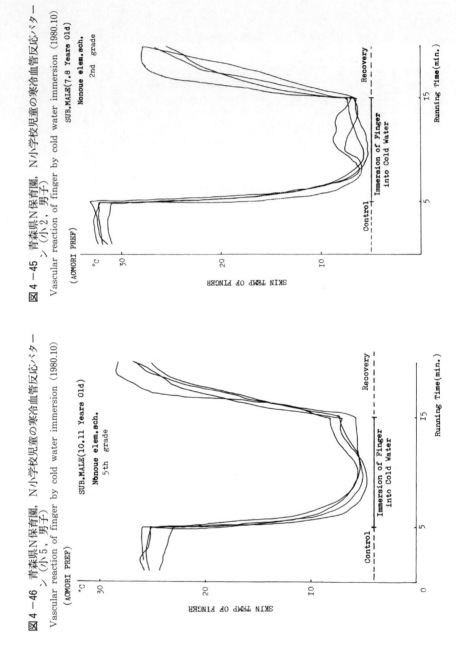

図4-46 青森県N保育園, N小学校児童の寒冷血管反応パターン（小5, 男子）
Vascular reaction of finger by cold water immersion (1980.10)
(AOMORI PREF)

図4-45 青森県N保育園, N小学校児童の寒冷血管反応パターン（小2, 男子）
Vascular reaction of finger by cold water immersion (1980.10)
(AOMORI PREF)

第4章　233

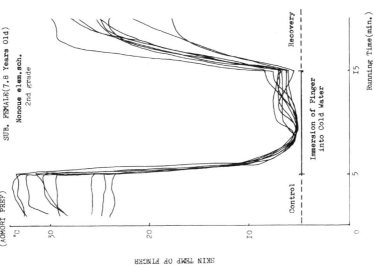

図4-47　青森県N保育園，N小学校児童の寒冷血管反応パターン（小2，女子）
Vascular reaction of finger by cold water immersion (1980.10)

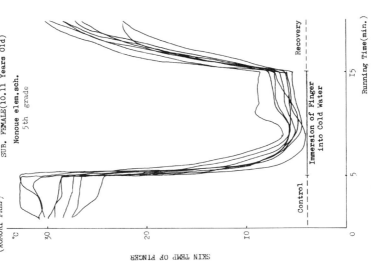

図4-48　青森県N保育園，N小学校児童の寒冷血管反応パターン（小5，女子）
Vascular reaction of finger by cold water immersion (1980.10)

に注目したい。次に，木造平屋N小学校と同保育所の例を図4－41～図4－48に示す。

ここでは，東京都H小学校，青森県M小学校ではっきり見られた小学5年生の下降後定常型が男女とも下降後上昇し，また出水後の回復も著しく良好であることに注目したい。

② 抗凍傷指数（RI）およびその他の耐寒性評価指数について

表4－4～表4－5は青森県M小学校，N小学校，I幼稚園，N保育所のRI（抗凍傷指数），MST，TTR，TFRであるが，両校とも，幼児期と学齢期の違い，すなわち幼児の方がRIは高く，TTRは短く，MST，TFRは高いことが認められるが，M小学校とN小学校の差は，N小学校の方がややTTRが短いのみで，ほとんど差が見られない。

③ 修正値による先指皮膚温の低下度および低下パターン

ここでM小学校とN小学校とでは，入水前の皮膚温に違いが見られる。入水前の皮膚温と入水後および出水後の皮膚温との関係式（回帰一次方程式）に当てはめた修正値を用い，入水前皮膚温を0としてグラフ化したものが図4－49～図4－51である。ここから，青森県N小学校の方がM小学校よりも低下度が少なく，また回復度も高い。この傾向は幼児期よりも学齢期に大きく，また小2よりも小5と年齢が長じるにしたがって，その差が大になることが分かる。

④ 病欠・疾病罹患傾向について

病欠については，幼児期にはI幼稚園の方が少なく，就学後はN小学校の方が急激に減少するのに対してM小学校のそれは，東京都H小学校ほどではないが学年が進むにつれて，減少度が少ないため，全体としてN小学校の方が病欠は少ない傾向が認められる。疾病罹患傾向については認めるべき差はなかった。

(4) 考察

同じ寒冷地でも本調査対象となったM小学校とN小学校は，学校建築様式の違いから子どもたちの受けている教室内の温度環境は，冬季では10～15℃以上異なる。特にM小学校は，全館冷暖房二重窓防音校舎という自然環境から隔離された人工環境化が子どもたちの，暑さ，寒さなどの気象条件の変化による刺激の受け方を極端に少なくしている。更に冬季では，寒冷刺激量を少なくするばかりでな

表4－4　青森県の木造平屋建てストーブ暖房N保育園・N小学校の寒冷血管反応指数と平均病欠日数／年

Variables of hunting reaction to cold and a yearly sickness absence.
(N nursery school and N elem. school children at Aomori prefecture)

AOMORI

NONOUE NURSERY SCH. (N=29)

	RI	MST	KEI54	TTR	TFR
M±SD	6.457±1.711	8.169±1.524	17.00±15.642	3.550±0.777	6.250±1.109
KURTOSIS	−0.382	1.037	0.463	0.579	−0.879
SKEWNESS	−0.334	0.632	1.007	−0.901	0.552
MIN	3.0	5.9	0.0	1.8	4.9
MAX	9.0	11.62	14.0	4.7	8.3
RANGE	6.0	5.72	54.0	2.9	3.4

NONOUE ELEM. SCH. (N=29)

	RI	MST	KEI54	TTR	TFR
M±SD	6.207±0.819	6.391±1.002	1.207±1.497	4.555±0.759	5.207±0.640
KURTOSIS	−0.683	1.268	2.370	−0.259	1.652
SKEWNESS	0.007	−0.302	1.472	−0.117	−0.04
MIN	5.0	3.9	0.0	3.1	3.8
MAX	8.0	8.84	6.0	6.0	6.9
RANGE	3.0	4.98	6.0	2.9	3.1

NONOUE ELEM. SCH. (grade 2) (N=17)

	RI	MST	KEI54	TTR	TFR
M±SD	6.118±0.928	6.327±075	1.294±1.649	4.565±0.855	5.229±0.717
KURTOSIS	−0.779	1.04	2.874	−0.565	2.096
SKEWNESS	0.276	8.04	1.549	−0.015	−0.083
MIN	5.0	4.16	0.0	3.1	3.8
MAX	8.0	3.86	6.0	6.0	6.0
RANGE	3.0	8.04	6.0	2.9	3.1

NONOUE ELEM. SCH. (grade 5) (N=12)

	RI	MST	KEI54	TTR	TFR
M±SD	6.333±0.651	6.483±0.981	1.000±1.500	4.542±0.633	5.175±0.543
KURTOSIS	−0.337	−0.198	0.825	0.764	0.175
SKEWNESS	−0.439	0.123	1.429	−0.583	−0.057
MIN	5.0	5.22	0.0	3.2	4.2
MAX	7.0	8.84	4.0	5.6	6.2
RANGE	2.0	3.62	4.0	2.4	2.0

表4-5 青森県全館冷暖房二重窓防音校舎M小学校と木造モルタル温風暖房Ｉ幼稚園の寒冷血管反応指数と平均病欠日数／年

Variables of hunting reaction to cold and a yearly sickness absence
(I kindergarten and M elem. school children at Misawa, Aomori prefecture)

AOMORI

ICHII KINDER. (N=32)

	RI	MST	KEI54	TTR	TFR
M±SD	6.774±0.805	8.359±1.221	13.625±14.983	3.639±0.904	6.065±0.705
KURTOSIS	−0.019	0.231	2.171	5.842	9.454
SKEWNESS	−0.375	0.137	1.496	1.505	3.491
MIN	5.0	5.88	0.0	1.70	5.1
MAX	8.0	10.96	61.0	7.0	9.0
RANGE	3.0	5.08	61.0	3.30	3.9

MISAWA ELEM. SCH. (N=28)

	RI	MST	KEI54	TTR	TFR
M±SD	5.154±1.120	6.659±1.228	1.857±3.217	4.823±1.057	5.385±0.387
KURTOSIS	−0.719	−0.194	7.050	1.635	−0.641
SKEWNESS	0.229	0.748	2.504	0.902	0.059
MIN	3.0	5.0	0.0	3.40	4.7
MAX	7.0	9.46	14.0	8.0	6.1
RANGE	4.0	4.46	14.0	4.60	1.4

MISAWA ELEM. SCH. (grade 2) (N=16)

	RI	MST	KEI54	TTR	TFR
M±SD	5.467±1.187	6.999±1.229	1.000±2.160	4.420±0.766	5.385±0.387
KURTOSIS	−1.499	−0.622	7.701	−1.382	−0.756
SKEWNESS	0.091	0.466	2.721	0.386	−0.024
MIN	4.0	5.4	0.0	3.4	4.7
MAX	7.0	9.3	8.0	5.6	6.1
RANGE	3.0	3.9	8.0	2.2	1.4

MISAWA ELEM. SCH. (grade 5) (N=12)

	RI	MST	KEI54	TTR	TFR
M±SD	4.727±0.905	6.053±0.804	2.571±2.573	5.373±1.182	5.336±0.364
KURTOSIS	−0.054	0.359	0.805	2.028	0.012
SKEWNESS	−0.344	0.159	1.429	0.630	0.098
MIN	3.0	5.10	0.0	3.4	4.7
MAX	6.0	8.06	4.0	8.0	6.0
RANGE	3.0	2.96	4.0	4.6	1.3

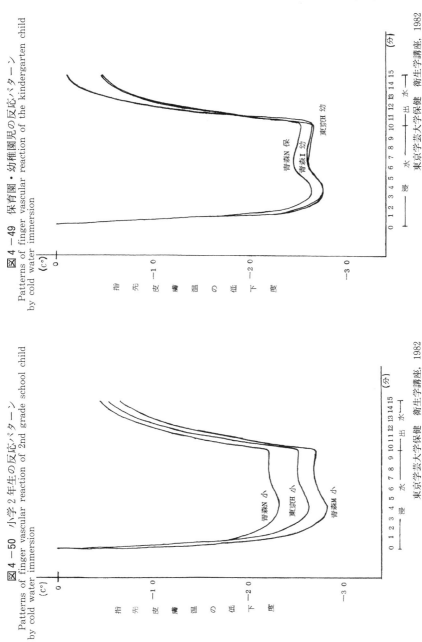

図4-49 保育園・幼稚園児の反応パターン
Patterns of finger vascular reaction of the kindergarten child by cold water immersion

図4-50 小学2年生の反応パターン
Patterns of finger vascular reaction of 2nd grade school child by cold water immersion

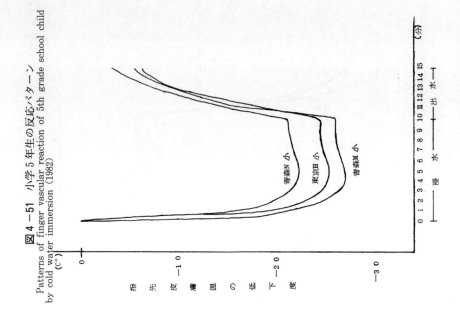

図 4−51 小学 5 年生の反応パターン
Patterns of finger vascular reaction of 5th grade school child by cold water immersion (1982)

く30℃,20%という冬季の気候に順化する方向とは全く逆の暑熱負荷をかけている結果が第2章第3節で明らかになった。このような,異なる温度環境に日々生活している児童の寒冷血管反応パターンは,幼児期にはその違いは見られないが,小学5年生のhunting現象の抑制されたパターン,すなわち下降定常型となる傾向が認められた。このパターンは,体質・自律神経系の発達の流れの中での一つの傾向であることが予想されるが,しかし寒冷刺激を受けた時の生体の適応機序としては,末梢血管は反応性に富み,全身性耐寒性との関わり合いを含めて,寒冷血管反応は比較的高い温度で早く現れた方が有利である。この点を青森県N小学校の例で見ると小学2年生より大きな振幅でのhuntingが認められ,TTRもM小より早い。

更に測定時の室温は,N小学校,M小学校とも24〜26℃にコントロールしてあるにもかかわらず,N小学校の方が,入水前皮膚温が低い。ここで,M小学校児童のように末梢の皮膚温を平常高く保っていることは,暑さに適応した生体反応であり,秋季から冬季にかけてこのような状態であることは,耐寒性,すなわちこれから寒くなる季節に向けての生体側の気候順化としては不利である。したがって同一冷刺激を受けた時の末梢皮膚温の低下度はM小学校の方が,回復も遅い。N小学校の場合,自然環境からの直接の刺激を多く受けているため,秋季の安静時皮膚温はM小学校に比して常に低く保たれ身体からの平常時の放熱は少なくする適応機序が発現しやすいと考えられる。

(5) 結論

寒冷地青森県下で暖房法の異なるN小学校とM小学校を対象に局所性耐寒性テストを行なった。その結果,

① 小学5年生の冷刺激による皮膚温低下パターンは,M小学校は東京都H小学校と同様huntingの出現しない下降定常型を示したが,N小学校の場合は,一度降下するがその後上昇する下降上昇型を示した。

② RI,MST,TTR,TFRなど指数化した尺度を用いてM小学校とN小学校を比較すると,差が見られなかった。このことは,既に安静時皮膚温に違いが見られたこと,すなわちN小学校は安静時皮膚温がM小学校に比して低いことに起因すると思われる。

③ 安静時皮膚温と入水後の皮膚温との関係から導かれた理論方程式（回帰直線）を用いて入水後および出水後の皮膚温を修正して，低下度をグラフ化するとM小学校はN小学校より低下度が大で，出水後の回復も遅いことが認められた。また，その傾向は，幼児→小学2年生→小学5年生の順で大になった。

④ 秋季における安静時皮膚温が，N小学校はM小学校に比較して低いことは，寒さへの気候順化を獲得した生体が，秋季に示す適応反応と解釈した時，M小学校の安静時皮膚温が高いことは，寒さへの適応という点から考えた時むしろ不利な状態と考えた。このことが1年のうちの冬季が長い青森県で人工化された過剰暖房下で，1日の大半を過ごす児童にもたらされた，マイナス面の適応現象，すなわち耐寒性が阻害されて夏型に移行していると解釈出来るか否かについての詳細な検討は，今後の継続研究結果に待ちたい。

5．結果（その4）
九州宮崎県下の海浜部と山間部における小学校・保育園（幼稚園）児童寒冷血管反応および病欠・疾病罹患傾向について

(1) 実験目的

温暖地九州宮崎県の海浜部は，気候が温暖なため冬でもストーブなどの人工的な温度調節はなされていない。しかし同県下でも，山間部へ行くにつれて日較差，年較差は大になり，そこで当然冬には暖房が必要となる。本実験対象となった宮崎県 Hi 小学校と Za 幼稚園は，海浜部日向市内にあるため暖房は用いていない。一方，山間部の西郷村内にある宮崎 Ta 小学校，Ta 幼稚園・保育所は，ストーブ暖房を用いている。建築様式は海浜部 Hi 小学校，山間部 Ta 小学校は共に鉄筋4階建てであるが，Hi小学校は床面がプラスタイル，T小学校は木材である。幼稚園または保育所は共に木造モルタル平屋建てである。冬季の平均気温は，海浜部で7～9℃（最低気温－2℃，最高気温21℃），山間部で4～6℃（最低気温－6℃，最高気温18℃）である。教室内温度条件の測定は行なっていないが，山間部 Ta 小学校でもストーブ暖房のため，室内温の著しい上昇はないであろうと思われる。

以上のように地域の温暖な自然環境に恵まれた海浜部の児童たちは、冬でもオーバーなし、ストーブなしで過ごしている。このことが適度な温度刺激となって、寒冷地青森県の場合の寒冷刺激とは違った意味で、末梢血管の適応力を高めるのではないか。これに対して山間部の日較差、年較差が海浜部より大なる温度環境下の児童には、同一刺激を与えた時の反応に違いが見られるか否かを明らかにするために、前述と同様な方法にて局所耐寒性テストを行なった。

(2) **実験対象**

海浜部：Hi 小学校（2年生・5年生計32名），Za 幼稚園（5・6歳計32名）
山間部：Ta 小学校（2年生・5年生計36名），Ta 保育園・幼稚園（2～6歳計36名）

調査期間，昭和55年10月

(3) **結果**

① 冷刺激による皮膚温変動パターンについて

図4-52～図4-57は海浜部 Hi 小学校と Za 幼稚園の冷水10分間浸水中およびその前後の指先皮膚温の変動パターンである。全体として幼稚園児の方が小学生より hunting はすばやく現れ、その振幅も大きいことは他地域のそれと同様であるが、5年生が2年生よりも反応が大きいことに注目される。特に女子では、2年生で既に下降後定常型が7名中4名に現れており、5年生では7名中4名が下降後定常型または上昇型が、他の3名は大きな振幅の hunting 現象が認められる。男子の小学2年生は女子ほどではないが、下降後定常型は6名中1名、下降後上昇型が4名、hunting 型が1名である。5年生では6名中 hunting が2名、下降後定常型が2名、下降後上昇型が2名である。全体として他地域で5年生に見られた反応幅の少ない下降後定常型が2年生に現れて、5年生になると反応性が高まり、hunting 現象が現れていることが特徴として挙げられる。

山間部 Ta 小学校と Ta 幼稚園・保育所の皮膚温変動パターンは図4-58～図4-65に示すように、幼児期と学齢期の差が少なく、特に女子5年生の hunting はすばやく現れ、しかもその振幅は大である。下降後定常型を示すものは見られなかった。2年生は3名のみで例数は少ないが3名とも hunting 型である。男子は2年生で下降後定常型が6名中2名で、反応性の大なる hunting 型が2名、

242

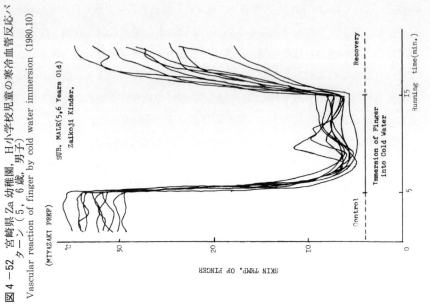

図4-52 宮崎県 Za 幼稚園, H小学校児童の寒冷血管反応パターン(5, 6歳, 男子)
Vascular reaction of finger by cold water immersion (1980.10)

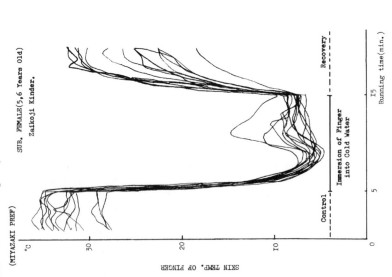

図4-53 宮崎県 Za 幼稚園, H小学校児童の寒冷血管反応パターン(5, 6歳, 女子)
Vascular reaction of finger by cold water immersion (1980.10)

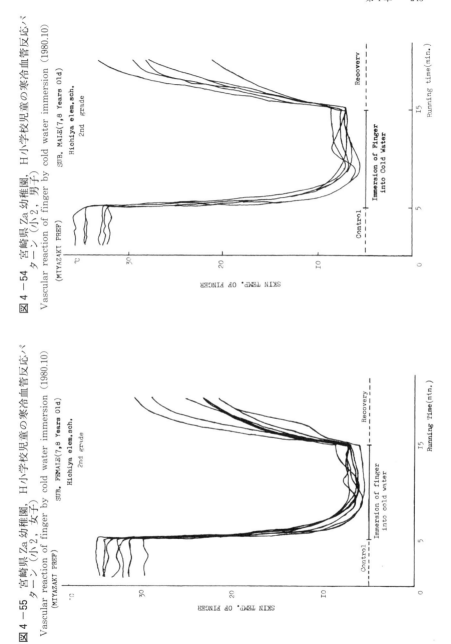

図4-54 宮崎県Za幼稚園, H小学校児童の寒冷血管反応パターン(小2, 男子)
Vascular reaction of finger by cold water immersion (1980.10)

図4-55 宮崎県Za幼稚園, H小学校児童の寒冷血管反応パターン(小2, 女子)
Vascular reaction of finger by cold water immersion (1980.10)

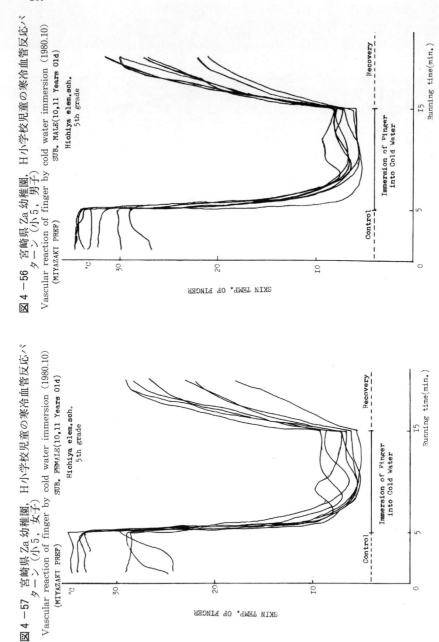

図4-57 宮崎県 Za 幼稚園，H小学校児童の寒冷血管反応パターン(小5，女子)
Vascular reaction of finger by cold water immersion (1980.10)

図4-56 宮崎県 Za 幼稚園，H小学校児童の寒冷血管反応パターン(小5，男子)
Vascular reaction of finger by cold water immersion (1980.10)

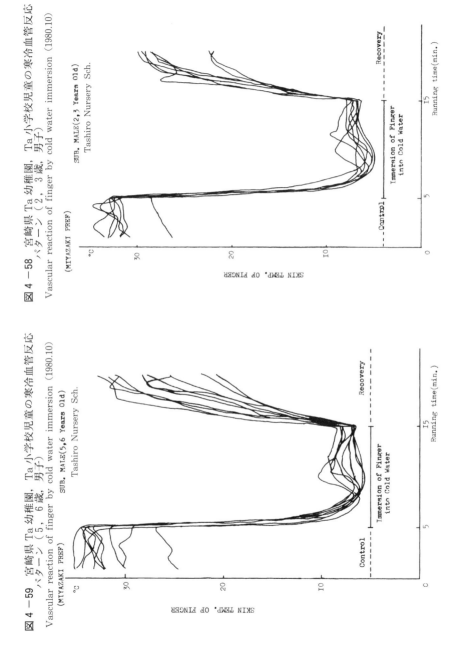

図4-59 宮崎県 Ta 幼稚園、Ta 小学校児童の寒冷血管反応 パターン（5、6歳、男子）
Vascular reaction of finger by cold water immersion (1980.10)

図4-58 宮崎県 Ta 幼稚園、Ta 小学校児童の寒冷血管反応 パターン（2、3歳、男子）
Vascular reaction of finger by cold water immersion (1980.10)

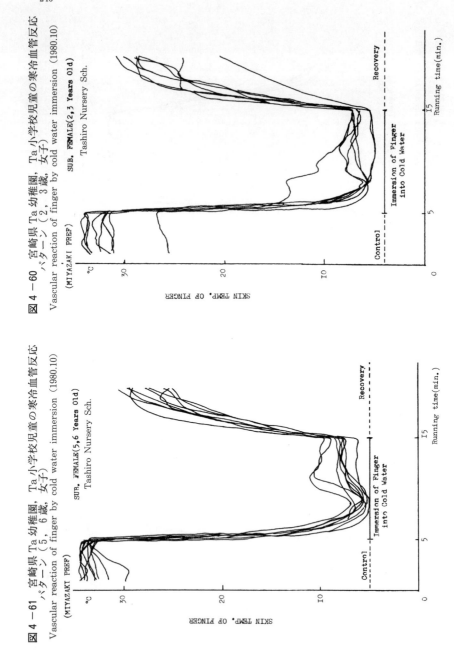

図4-60 宮崎県 Ta 幼稚園、Ta 小学校児童の寒冷血管反応
パターン（2，3歳，女子）
Vascular reaction of finger by cold water immersion (1980.10)

図4-61 宮崎県 Ta 幼稚園、Ta 小学校児童の寒冷血管反応
パターン（5，6歳，女子）
Vascular reaction of finger by cold water immersion (1980.10)

第4章 247

図4-63 宮崎県 Ta 幼稚園, Ta 小学校児童の寒冷血管反応パターン (小2, 女子)
Vascular reaction of finger by cold water immersion (1980.10)
(MIYAZSKI PREF)

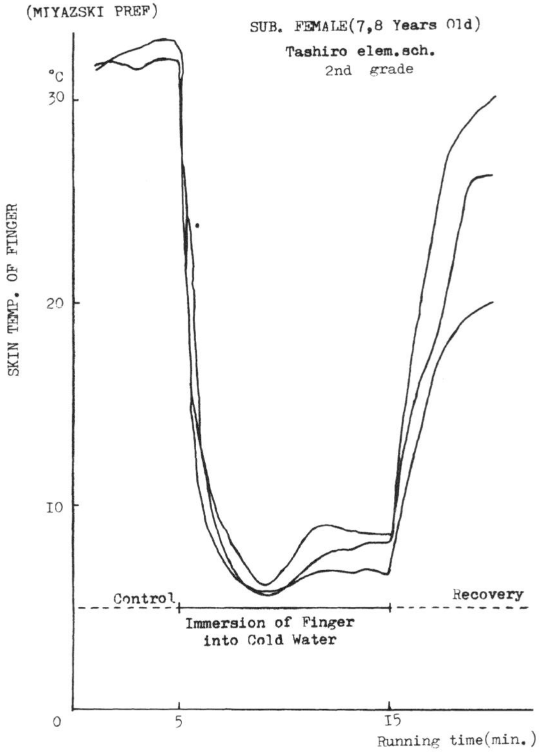

図4-62 宮崎県 Ta 幼稚園, Ta 小学校児童の寒冷血管反応パターン (小2, 男子)
Vascular reaction of finger by cold water immersion (1980.10)
(MIYAZAKI PREF)

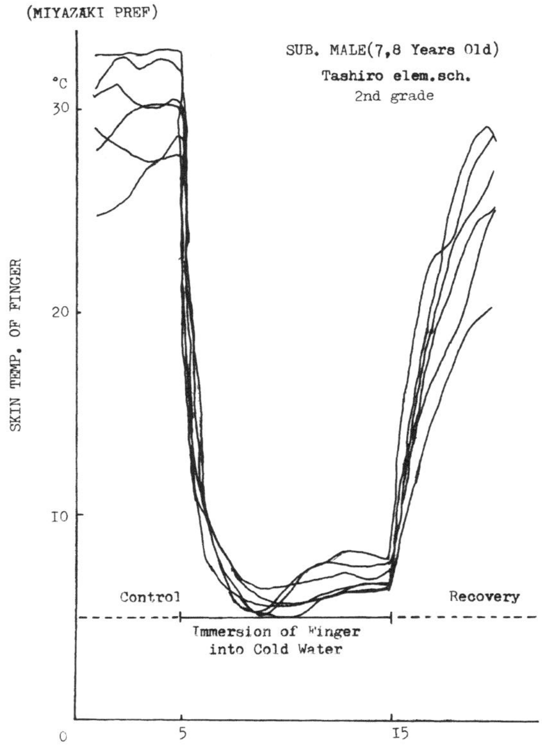

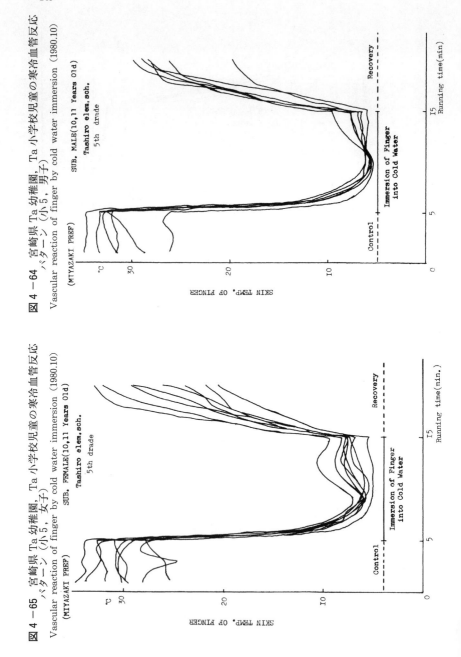

図 4-64 宮崎県 Ta 幼稚園, Ta 小学校児童の寒冷血管反応パターン(小5, 男子)
Vascular reaction of finger by cold water immersion (1980.10) (MIYAZAKI PREF)

図 4-65 宮崎県 Ta 幼稚園, Ta 小学校児童の寒冷血管反応パターン(小5, 女子)
Vascular reaction of finger by cold water immersion (1980.10) (MIYAZAKI PREF)

反応性の小さい hunting が2名である。5年生になると下降定常型が2名で，残り5名は振幅が大きい下降上昇型を示している。海浜部と山間部に特に大きな違いは見られないが，山間部の場合は，入水後の低下のパターンに個体差が少なく，一様に水温近くまで低下し，その後大きく血管反応が現れている。海浜部では個体差大で主として2年生，そして5年生にも見られるのに対し，山間部での下降定常型は少なく，特に女子には，5年生1名に見られたのみである。

(4) 抗凍傷指数（RI）およびその他の耐寒性評価票について

⑴において寒冷血管反応パターンを山間部，海浜部について観察したが，全体として山間部は個体差が少なく，各年齢段階別に一様な変化を示しているのに対して，海浜部は個体による差が大きく，かつ5年生に現れていた反応性の抑えられた下降後定常型が既に，2年生に現れていることが注目された。そのことが，抗凍傷指数（RI）に対しても同様に認められる。表4－6は，地域別，年齢別，男女別に見た RI である。

全体として地域，年齢，男女，個体差のそれぞれの要因についての相互作用が大であるため，単独で有意差が見られるのは年齢差のみである。そこで年齢を横軸にとり，RI の変動を海浜部，山間部別に見ると，海浜部では男女とも幼↘2年生↗5年生で2年生が最も低く，山間部では男子は幼↗2年生→5年生，女子では幼↗2年生↘5年生のようにその傾向に違いがあるが，5年生に最も低い値が認められた。

最も低い RI が認められる年齢差が海浜部では，2年生に現れていること，また山間部の場合は，他地域と同様5年生に現れてはいるが，しかし男子では2年生と5年生は同値であり，また反応パターンとしては下降定常型ではなく，一度下降はするものの再び緩やかな上昇傾向を見せていることが注目される。

MST，TTR，TFR および病欠については，幼児と小学生のみに大別して，海浜部，山間部の違いを見ると，表4－7のように海浜部の小学生は，TFR，MST が高く，TTR が短く，KEI54（54年度平均病欠日数）は少ない傾向がやや見られる。幼児期については，山間部の方が平均値としては MST，TFR が高く，TTR が短いが，統計的な有意差はどの指標にも認められない。

表4－6 地域別，年齢別に見た抗凍傷指数（RI）
Resistance Index (RI) by region and by age

	NONOUE Nursery Sch. Elem.		ICHII Kinder., MISAWA Elem.		HIGASHIKOJIYA Kinder., Elem.	
	MALE	FEMALE	MALE	FEMALE	MALE	FEMALE
3～6	6.375±1.847	6.500±1.690	6.812±0.911	6.732±0.704	5.750±1.389	6.810±1.123
7～8	6.000±1.000	6.200±0.910	5.125±0.991	5.875±1.345	4.750±0.957	no date
10～11	6.500±0.577	6.250±0.707	4.500±1.000	4.857±0.900	5.400±1.517	6.556±1.236

	TAMAHATA Nursery Sch. Elem.		TASHIRO Kinder., Elem.		ZAIKOJI Kinder., HICHIYA Elem.	
	MALE	FEMALE	MALE	FEMALE	MALE	FEMALE
3～6	7.167±1.295	6.667±1.862	6.000±0.926 / 6.500±0.527	6.889±0.782 / 6.333±1.118	6.231±1.092	6.750±1.238
7～8	5.385±1.044	6.000±0.603	6.000±0.000	6.556±0.527	6.000±0.577	5.750±0.463
10～11	4.800±1.317	5.929±1.439	6.000±0.000	6.000±0.500	6.375±1.061	5.875±1.458

```
* * * * * * * * * * * * * * * * * ANALYSIS OF VARIANCE * * * * * * * * * * * * * * * * * *
    RI
  BY CHIIKI
     AGE
* * * * * * * * * * * * * * * * * * * * * * * * * * * * * * * * * * * * * * * * * * * * *
```

SOURCE OF VARIATION	SUM OF SQUARES	DF	MEAN SQUARE	F	SIGNIF OF F
MAIN EFFECTS	60.996	6	10.166	8.295	0.000
CHIIKI	1.308	3	0.436	0.356	0.785
AGE	58.330	3	19.443	15.866	0.000
2-WAY INTERACTIONS	21.825	7	3.118	2.544	0.015
CHIIKI AGE	21.825	7	3.118	2.544	0.015
EXPLAINED	82.821	13	6.371	5.199	0.000
RESIDUAL	415.441	339	1.225		
TOTAL	498.262	352	1.416		

(5) 考察

　温暖な地域における海浜部および山間部の気象条件が末梢血管の動態に与える影響のメカニズムを明らかにしながら，海浜部，山間部の幼児・学齢期に見られた寒冷血管反応の特徴を解釈していく試みは，この領域における文献の少ないこと，また文化的環境がそこに介在するため非常に困難である。

　ここでは，九州宮崎県下の海浜部，山間部で行なった本実験結果から得られた寒冷血管反応パターンは海浜部，山間部とも他地域のそれに比して反応性が大なること，また成人型体温調節への移行期である5年生の下降定常型が，海浜部では既に2年生に現れ，5年生ではhunting型または下降後上昇型が認められた

表 4 - 7　宮崎県海浜部無暖房鉄筋校舎 H 小学校と無暖房木造校舎 Za 幼稚園の寒冷血管反応指数と平均病欠日数／年

Variables of hunting reaction to cold and a yearly sickness absence
(Za kindergarten and Hi elem. school children at Miyazaki prefecture)

MIYAZAKI

ZAIKOJI KINDER. (N=32)

	RI	MST	KEI54	TTR	TFR
M±SD	6.517±1.184	7.319±1.523	4.750±5.737	4.421±1.192	5.683±0.595
KURTOSIS	0.098	2.296	2.495	3.384	1.860
SKEWNESS	0.233	0.998	1.529	1.701	0.840
MIN	4.0	5.02	0.0	2.8	4.8
MAX	9.0	12.28	13.0	8.5	7.5
RANGE	5.0	7.26	19.0	5.7	2.7

HICHIYA ELEM. SCH. (N=32)

	RI	MST	KEI54	TTR	TFR
M±SD	6.000±0.966	6.921±1.045	1.964±6.045	4.952±1.191	6.106±0.787
KURTOSIS	0.789	−0.778	6.653	1.313	−0.877
SKEWNESS	0.711	0.069	2.868	0.592	0.366
MIN	4.0	5.12	0.0	0.0	5.0
MAX	8.0	9.02	20.2	8.3	7.7
RANGE	4.0	3.90	20.2	5.8	2.7

HICHIYA ELEM. SCH. (grade 2) (N=16)

	RI	MST	KEI54	TTR	TFR
M±SD	5.867±0.516	6.787±0.853	no data	4.793±0.846	6.047±0.676
KURTOSIS	1.401	−0.309	no data	−0.270	−1.161
SKEWNESS	−0.282	0.136	no data	0.263	−0.392
MIN	5.0	5.44	no data	3.3	5.2
MAX	7.0	8.54	no data	6.5	7.2
RANGE	2.0	3.10	no data	3.2	2.0

HICHIYA ELEM. SCH. (grade 5) (N=16)

	RI	MST	KEI54	TTR	TFR
M±SD	6.000±0.966	7.056±1.221	0.091±0.302	5.100±1.436	6.162±0.897
KURTOSIS	0.789	−0.102	11.000	0.686	−1.021
SKEWNESS	0.711	−0.014	3.317	0.413	0.281
MIN	4.0	5.12	0.0	2.5	5.0
MAX	8.0	9.02	1.0	8.3	7.7
RANGE	4.0	3.90	1.0	5.8	2.7

表4－8 宮崎県山間部の鉄筋ストーブ暖房校舎T保育園・幼稚園・小学校の寒冷血管反応指数と平均病欠日数／年
Variables of hunting reaction to cold and a yearly sickness absence
(T. kindergarden and nursery school and elem. school at Miyazaki prefectur)

MIYAZAKI

TASHIRO NURSERY SCH. (N=17)

	RI	MST	KEI54	TTR	TFR
M±SD	6.471±0.943	6.902±0.871	no data	3.918±1.559	6.135±2.235
KURTOSIS	−0.692	0.215		1.094	15.126
SKEWNESS	−0.158	−0.638		0.410	2.799
MIN	5.0	5.2		0.7	4.8
MAX	8.0	8.34		7.5	14.6
RANGE	3.0	3.14		6.8	8.9

TASHIRO KINDER. (N=19)

	RI	MST	KEI54	TTR	TFR
M±SD	6.421±0.838	7.718±1.179	no data	4.000±0.769	5.842±0.475
KURTOSIS	3.007	−0.020		1.953	−0.179
SKEWNESS	−0.990	0.519		1.350	0.026
MIN	4.0	6.02		3.1	4.9
MAX	8.0	10.20		6.1	6.7
RANGE	4.0	4.18		3.0	1.8

TASHIRO ELEM. SCH. (N=36)

	RI	MST	KEI54	TTR	TFR
M±SD	6.143±0.430	6.76±1.035	3.647±6.873	5.271±0.962	5.563±0.451
KURTOSIS	1.805	1.069	13.254	0.293	0.821
SKEWNESS	0.865	0.882	3.516	0.601	0.432
MIN	5.0	5.18	0.0	3.8	4.9
MAX	7.0	9.9	29.0	8.0	6.9
RANGE	2.0	4.27	2.9	4.2	2.0

TASHIRO ELEM. SCH. (grade 2) (N=18)

	RI	MST	KEI54	TTR	TFR
M±SD	6.278±0.461	6.667±0.799	no date	5.250±0.863	5.517±0.388
KURTOSIS	−0.942	0.407		−1.144	−0.816
SKEWNESS	1.085	0.933		0.073	−0.182
MIN	6.0	5.48		3.9	4.9
MAX	7.0	8.58		6.7	6.2
RANGE	1.0	3.10		2.8	1.3

TASHIRO ELEM. SCH. (grade 5) (N=18)

	RI	MST	KEI54	TTR	TFR
M±SD	6.143±0.430	6.905±1.262	4.385±7.763	5.294±1.083	5.612±0.516
KURTOSIS	1.805	0.050	10.077	0.936	1.113
SKEWNESS	0.865	0.062	3.072	0.891	0.598
MIN	5.0	5.18	0.0	3.8	4.9
MAX	7.0	9.90	29.0	8.0	6.9
RANGE	2.0	4.72	29.0	4.2	2.0

ことについて，以下のように解釈してみたい．

　九州宮崎県の海浜部日向市では，冬でも暖房なし，また厚手の外套も着用することなく生活することが出来る．このように温暖な自然に恵まれた気候環境下の児童は，時々刻々変化する気温，気湿，風速，日射などの気候要素を日常生活の中で適切な環境刺激として，直接皮膚に受ける機会が与えられる．このような自然環境からの刺激は，児童の成長ホルモンをはじめとして，内分泌，神経系の調和的発達を導くことになり，特に温暖なる海浜部の気象条件は，血管調節域の発動を促し末梢血管の反応性は高められる．

　一方，このような海浜部に対して，日較差・年較差大なる山間部は，自律神経，特に交感神経の緊張傾向をもたらし，この際分泌される末梢血管収縮物質であるノルアドレナリンに対し，血管の感受性の域値が繰り返される冷刺激により広くなるという適応能が獲得されることが予想される．

　寒冷血管反応の出現に介在する機序は，以上のように，自律神経系のコントロールに対する末梢血管の感受性による部分と，自律神経とは独立した末梢血管独自の収縮・拡張性に依存した部分の2つの側面を有するわけである．

　ここで，自律神経とは独立した血管そのものの収縮・拡張性は，その時々の固体による変動が大きく，それに対して自律神経を介した末梢血管の感受性の部分は，繰り返しの温度刺激によるものなので，その地域の気候的環境と年齢因子が組み合わさった，個体差の少ないパターンが出現する可能性が高いことが予測される．本実験結果で得られた，海浜部の児童の寒冷血管反応パターンには個体差が大きく認められ，また山間部のそれには個体差が少なく，各年齢層ごとに一様な反応パターンが得られたことは，まさにこの寒冷血管反応の発現機序の二面性を物語ると解釈した．また海浜部，山間部ともに，東京都の人工冷暖房防音二重窓校舎下の寒冷地青森県下の人工冷暖房二重窓防音校舎の児童に最も著しく認められた5年生の，反応性を抑えられた下降後定常型を示す児童が少なく，全体として末梢血管の反応性が大きく見られたことは，この血管調節機序の発動が，緩和なる自然環境からの適切なる刺激によって，より促されていることになると思われる．

　次に，海浜部の5年生に認められるはずの反応パターンが，既に2年生で現れ

てきたことは，自然環境下の気象の変化を受け，このことが体温調節の発達刺激になると考えたいが，詳細な論拠は今後のデータの積み重ねに待ちたい。

(6) 結論と今後の課題

温暖な自然環境である九州宮崎県下の海浜部，山間部の幼児および小学生を対象に，5℃の冷水に10分間手指を浸水させた際の寒冷血管反応パターンおよび各種耐寒性評価指標を用いて，その地域の気候的環境が児童の耐寒性にどのような違いが見られるかを観察した。

その結果

① 海浜部，山間部とも全体的に末梢血管の反応性が高く，特に小学5年生に反応性大なるhunting現象が認められたことは，他地域に見られない特徴であった。

② 海浜部では，既に小学2年生に，小学5年生に見られる下降定常型が現れていること，またどの年齢層でも山間部に比べて反応パターンおよび低下度に個体差が大であることが認められた。

③ 病欠は海浜部より山間部の方にやや多い傾向が見られた。

これらの結果から，温暖なる海浜部の気候環境は，児童の末梢血管の反応性を促す適切な環境刺激となって，温度への適応能（acclimatization）の発達が促された結果として，小学2年生に現れた反応パターンと解釈したが，この点については，更に生体内の体温調節機構に及ぼす気候要素の検討をしなければならない。また，同じ温暖地域ではあるが海浜部に比して刺激的な気象条件の山間部については，自律神経系を介して末梢血管の反応性をより敏感にし，更に病欠の多さに現れているように，刺激に対して過敏な反応を示す諸症状との関連として理解することが出来る。

6．総括と今後の課題

人の発達や生理的適応能の獲得過程において，生育環境から受ける適切な刺激が重要な役割を果たすことはよく言及されるが，具体的にそれらを裏付ける科学的データは乏しい。

本研究は各種異なる温度環境下で生活生育する小児の生理的適応能の発達を見

るために，局所的冷刺激による寒冷血管反応の出現の有無およびその特徴を観察した。ここでは，IBP（ヒトの適応能部門）[3][4]で開発された局所耐寒性テストを小児用に改良した方法を用いて，(1)東京都の公害指定地域の全館冷暖房二重窓防音校舎で生活生育している児童，(2)自然環境を積極的に鍛錬に取り入れている山梨県のはだか保育園児と同地域の小学生，(3)寒冷地青森県下の木造校舎で労作教育と健康教育に励む小学校と同保育所，(4)青森県M市の全館冷暖房二重窓防音校舎の小学生と同地域の普通幼稚園，(5)温暖地宮崎県の山間部と海浜部の小学校・保育所など計12か所の幼児（2～6歳）と学齢児（小学2年生，5年生）計368例を対象に現地調査を行なったわけである。その結果，どの地域でも校舎は鉄筋化され，子どもたちの遊びも人工化された社会環境の影響を受け，上記対象の(2)および(3)を得るのがやっとであったが，残された各地域での気候・風土あるいはそれに基づく生活環境の違いと思われるものが寒冷血管反応の動態と病欠，疾病罹患傾向に見いだされた。すなわち寒冷血管反応は，人工温度環境下の児童にはその反応性が抑制的で，特に小学5年生では全くhuntingが現れなかった者が多かった。すなわち東京都でも青森県でも全館冷暖房二重窓という建築様式を持ち，家庭でも人工温度環境下で生活することを余儀なくされているH小学校とM小学校では，その反応パターンが極めて類似していることが認められたわけである。

　また，これらの学校の児童の病欠は，幼児期には比較的少ないが，加齢に伴い一般に認められる病欠の減少傾向が小さく，したがって小学校入学後の病欠数は，自然環境下の児童に比して多く，また冬季に集中するという傾向を定期健康診断等の結果から推測すると，喘息，アレルギー性鼻炎，アレルギー性結膜炎などが全国平均に比べて4～5倍で，これらは地域の大気汚染も含めて人工環境化がもたらす一つの傾向であろうことをうかがい知ることが出来る。このような体質性疾患の多さと局所耐寒性としての寒冷血管反応の出現が抑制されるということは，自律神経系の過敏な緊張性と結び付くことが予測された。これに対する宮崎県の温暖で，冬季も暖房なしで過ごす海浜部と日較差大なる山間部の児童は，自然環境からの温度刺激を受ける機会が多いためか，寒冷血管反応の発現は促進的でかつ海浜部では個体差が大であった。

局所耐寒性テストで用いられるこの寒冷血管反応が起こる機序についてはまだ多くの問題が残され，今後検討されなければならないが，しかしここで12か所のそれぞれ異なる温度環境下に生育する児童に，地域による特性と年齢差が認められたことは，重要なことと思われる。

特に幼少児ほど末梢性血管の反応性に富み，小学5年生あたりを境にして，成人型パターンに移行していくことが予測されたことは，第1章での人工気候室を用いた実験結果，すなわち冷房室内での児童の皮膚温の変動パターンから見られた年齢的消長と全く一致するものである。

以上，地域，気象条件，建築様式の異なる温度環境に生活生育する小児の寒冷血管反応を観察してきたが，これら諸因子のRIへの寄与度を数量的に明らかにするための試みとして重回帰分析を行なった。

ここではとりあえず，局所耐寒性の指標として，抗凍傷指数（RI）を従属変数として年齢（X1），建築様式（X2），気象（X3），性（X4），皮下脂肪厚（X5），地域（X6）を説明変数とし，次のような理論推定式を得たわけである。

$y = 5.703466 - 0.3347942 (X1) + 0.2632389 (X2) + 0.1020422 \times 10^{-24} (X3) + 0.2967802 (X4) + 0.03391334 (X5) + 0.59651041 (X6)$

すなわち，RIに最も寄与度の高い因子は年齢で，次いで性と建築様式である。気象条件はほとんどない。

また，RIと病欠日数にはほとんど相関は認められなかった。

病欠についても同様に，年齢（X1），建築様式（X2），地域（X3），皮脂厚（X4）を説明変数として重回帰分析を行なった。その結果

$y = 12.64053 - 4.397702 (X1) + 0.9611537 (X2) - 0.2616626 (X3) + 0.4112995 (X4) + 0.7037500 \times 10^{-25} (X5)$

が得られた。この推定理論式は，実測数と自己相関のバラツキが多く，当てはまりが悪かったが，年齢と建築様式が病欠の説明変数としては有効であり，特に年齢との相関係数は0.42336と高いことが証明された。

以上，地域，気象，建築様式等々の諸条件により冷刺激の受け方，すなわち生育温度環境が異なるわけであるが，地域，気象条件よりも温度環境の人工化を規定する建築様式の方がより耐寒性や病欠に影響を与えていること。そして更に，

これらの環境温度差よりも年齢段階差の方が現時点でのデータからは大であることが重回帰分析の結果からも明らかになったわけである。このことは次のように解釈される。すなわち，人の環境適応の発達は生得的な成長過程があり，人工温度環境化による適応能のゆがみは若干存在するが，我が国の小児の現時点でのデータからその年齢因子を超えるほどには至っていないことが理解されたわけである。

今後更に自然環境下で生育している異なった民族を対照にして，基礎データを積み重ねた上，今後ますます進展するであろう環境の人工化が小児の生理的適応能の獲得過程に及ぼす影響を明らかにしていきたい。

参考文献

(1) Keating, W.R., The return of blood flow to fingers in ice-water after suppression by adrenaline and noradrenaline, J. Physiol., 1961, p.159
(2) Araki, T. et al., Thermoregulatory Responses of Prepubertal Boys to Heat and Cold in Relation to Physical Training, J. Human Ergol., 9, 1980, p.69～80
(3) 生物圏動態ヒトの適応能分科会編『日本人の適応能』講談社，1970年
(4) H.Yoshimura, H.Kobayashi(ed), Physiological Adaptability and Nutritional Status of The Japanese, JIBP SYNTHESIS, Vol.13, Univ. of Tokyo Press, 1975

謝　辞

本研究を進めるに当たって，直接の動機をお与えいただいた故須藤春一元教授（元東京大学），その後引き続き「小児の環境順応能」に関するご指導をいただいた船川幡夫教授（元東京大学）また「環境衛生調査」に際してご指導いただいた大場義夫教授（元東京大学），そして本論文の具体的作成に当たって貴重なお時間をさいての数々のご教示を賜りました高石昌弘教授（東京大学）に心より御礼申し上げます。

そして，この間，高城義太郎教授（玉川大学）には多くの励まし，お力添えをいただきました。感謝御礼申し上げます。

また現地調査に際しましては，青森県教育委員会，宮崎県日向市教育委員会のご援助をはじめとして，東京都東糀谷小学校・同幼稚園，京橋小学校，都南小学

校，川崎市立寛政中学校，山梨県竜王町立玉幡小学校，私立玉幡保育園，宮崎県日向市立日知屋東小学校，私立財光寺幼稚園，西郷村立田代小学校・同保育所，青森県三沢市立三沢小学校，上久保小学校，私立いちい幼稚園，七戸町立野々上小・中学校・同保育所，六ヶ所村立上弥栄小学校（廃校），室久保中学校の校長（園長）先生をはじめ，諸先生そして児童の皆様の暖かいご協力に深謝します。

また，昭和45年度当時，東京大学大学院柳井晴雄氏（現千葉大学助教授）には因子分析をはじめ，コンピューターのご指導をいただき，更に実験測定に際しましては，当時東京大学大学院小林芳文氏（現横浜国立大学名誉教授），行方令氏（在米），斎藤歓能氏（現東京福祉大学教授），更に東京学芸大学では，黒田芳夫元教授（現名誉教授）のご支援を受けながら，白石淑江（現同朋大学教授），故大国博子（元実践女子大学副手）のご助力をいただいたことに深謝します。そして現在，本論をまとめるに当たりまして，タイプに図表づくり，また現地調査に支援してくださった東京学芸大学大学院木村康一（現山野美容短期大学教授），藤沢多嘉央君に心より感謝御礼申し上げます。

なお，本研究は，昭和55年度文部科学省研究補助金「人工環境が小児の環境適応能力の発達に及ぼす影響に関する研究」（代表者鈴木路子）一般C，によって実施した。

第5章 環境教育への展開
―本研究結果の保健教育カリキュラムへの
位置づけと教材の構造化の試み―

まえがき

　本研究は人工冷・暖房という人工温度環境が小児の心身にどのような影響を及ぼしているかを知るために，小児の皮膚温の変動パターンを継年的に観察することから出発したが，結果を検討するうちに，人間の温度環境への適応能の発達というテーマの重大さに気付き，室内および地域を統一的に捉えて，地域小児集団の気候的環境への適応という課題にまで視点を広げてきた。

　人間を取り巻く環境は，その要因として物理的，化学的，生物的，社会文化的などに分類され，温度環境は物理的環境要因の一つである。しかし，現実の人間をその生活環境の中で捉えれば，温度環境は他の多くの環境条件と深い関わりを持っていることが容易に理解出来る。

　例えば，第2章で明らかになった全館冷暖房二重防音校舎の東京都H小学校，青森県M小学校の教室内温度温熱条件が，冬季であるにもかかわらず，気温は30℃を超え，相対湿度は20％と低かった。このような高温低湿環境が児童の温感，疲労感および学習意欲の減退につながり，ひいては空中微生物の増加を促進し，病欠の多さの背景として air borne contagion の問題へと導かれた。更に児童の生理的な温度環境への適応能の一つとしての局所性耐寒性に学校建築様式の差，すなわち全館冷暖房下の児童の反応に違いが見られたわけである。このような人工環境は，その地域の騒音や大気汚染などの環境対策と関連させて，これからも学校環境衛生やその基礎科学としての環境生理・教育生理などの分野で検討されなければならないだろう。

　このように，社会的，文化的背景と切り離してはありえない教室内温度の問題

を環境生理学的検討をも加えて，主体―環境の両側面からその室内の環境の測定評価を行なってきた。そこから明らかになった人工温度環境の問題点を地域の気象条件を含めた生気象学，生態学的視点に立った現地調査を試みたわけである。これら一連の研究過程の中から，著者は，今後ますます増加するであろう人工的保護的環境で児童が生活することを余儀なくされた場合，人の温度環境への生理的適応の発達に何らかの影響をもたらされるであろうことを指摘する中で，人間の健康と環境温度条件との関わり合いを教材化しようとした。

温熱条件は環境諸要因の中でも最も基本的なものであり，かつ日常的に誰にでも知覚される高温，低湿の生理学的影響についても，既に体験的に知っている部分もあり，小学校の保健の教材として取り上げることが可能である。また，生理学的，行動的体温調節機構はまだ未知の部分が多く，専門分化した高度なカリキュラムを作ることが出来る。人工的温度環境は省エネルギーの問題も含めて社会的，文化的問題にまで広がりを持っている。これらのことを考慮すると人間の生活環境条件としての温度条件は，低→高水準の保健教育のテーマとして可能かつ適切であり，幅の広い環境教育の中で他の教科と関連した統合性の強いカリキュラムを計画することも可能である。

第1節　保健教育内容，領域「保健と環境」のカリキュラム化に当たって

著者は既に，10年前に本論をまとめたが，当時としてはあまり聞き慣れない「環境教育」の考えを導入した。その際の手掛かりとなった文献は，1970年米国のニクソン大統領に宛てた環境問題に関する米国議会の年次報告[1]のみであった。そこでは，「環境問題の解決は，結局のところ国民ひとりひとりの意識の中で，環境に与える価値が他の事柄に与える価値よりどれほど大きいかということに帰着する。このことに関して，すぐなすべきことは，環境問題についての学校教育・成人教育への系統的な取り組み以外にない」ことが指摘されている。その後「ベオグラード国際環境教育会議」で検討された環境教育の基本指針である「ベオグラード憲章」等，1970年頃を境にして環境教育は国際レベルで急速にクローズアッ

プされ，学校教育に取り入れられるに至り，ここ10年余りの環境教育は理念の上でもまた応用面でも社会的に定着し始めたと言える[2]。

諸外国の環境教育の文献を日本環境協会（1977年設立）[2]~[7]より入手し，検討を試みたが，それぞれの国の置かれている社会的文化的背景が異なり，それぞれの国独自の方法での取り組みがなされていること，しかしその中で共通点として捉えられている具体的目標は，主として，野外教育の場を通して，身の回り，地球環境に，(1)関心（awareness）を持たせ，測定や採集等を通して，(2)知識（knowledge）を深め，更に人と環境との両立，相互作用の認識の上に立った環境保全への態度（attitude）を養わせ，更には，具体的な環境を保全する上で必要な技能（skills）の修得，そして人と環境とをトータルな視点に立っての環境の評価能力（evaluation ability）を身に付けて具体的な実践活動に参加（participation）するところまで至らしめる，というプログラムが組まれていたわけである。

当然，多くの指導的スタッフと長期的な展望が必要で，我が国での試みは，生物学の領域で，8年間で総数1万人の生徒を動員し，江戸川の生態学的研究を行なった例が挙げられる[8]（和洋女子大学国府台附属高校「江戸川の生態学的研究」1978・1979年）。

このように学校教育の場で，正面きって環境教育が取り上げられているのはむしろ例外で，主として，理科，地理，社会，保健などの従来の教科の中で，それぞれの教科目標のための手段として，環境の項目が導入されるにすぎない現状である。人と環境とは共存することを人の健康や生活活動とのつながりから認識させ，「環境保全」の必要性の認識から態度，技能，評価能力，参加にまで至る総合教育としての捉え方にまではまだまだ遠い。

このような環境教育の学校教育の場への導入の背景の中で，本論に示した温熱環境と人との関わり合いの問題は，日常生活と感覚性に優れているのみならず生理学から工学，社会学・地理学に及ぶ広く深い内容をも含むので，これまでの実験と調査を踏まえて，カリキュラム編成への糸口をつかんでみたい。

第2節　我が国の保健教科内容に見られる環境教育の変遷

　環境教育は，自然教育，自然史教育，自然保護教育，環境保全教育（公害教育を含む），環境科学教育，更に加えて「環境保健教育」など各領域からそれぞれ独自な捉え方が出来る。

　沼田真[9]によれば，我が国の環境教育は，1951年尾瀬ヶ原の自然保護問題をきっかけとして発足した日本保護協会が「自然保護教育」の必要性を政府へ陳情し，小・中学校の具体的な単元として取り上げられるようになったことから出発したと言われている。また一方では，環境問題＝公害という捉え方がなされ，環境教育は公害教育から出発したとの見方も大きな部分を占めている。

　本節では，人の健康や発育，生活・生存にとって最も密着した教科である保健体育「保健」領域に現れている主として環境と人の健康との関わり合いに関する内容が戦後の学習指導要領および保健教科書にどのように触れられ，今日に至っているかを明らかにしたい。

1. 中学校教科書に見られる「環境と健康」に関する内容の変遷

　昭和29年，戦後初めての中学校保健教科書（大修館）の教科内容は9領域からなり，表5－1に見るように主体と環境との関わり合いで人の健康を捉えた内容および記述は全くない。

　昭和31年に検定済の『新中学保健全』では，7領域から成る。表5－2および「環境と健康に関する内容」に見るように，既に第1章で，健康な生活の中で身近な生活環境に触れ，また第2章の心身の発達では，からだの発育と季節，地域との関わり合いを，第5章の学習や仕事と環境では，勉強や仕事の能率が環境によって影響されることに触れ，気温と仕事の項で初めて「至適温度」の概念が出てくる。至適温度は13～17℃とかなり低い範囲が示されている。環境保全に関するものは，まだ見られない。

表5-1　戦後初めての中学校保健科教科書（大修館）の教科内容

I	私たちの健康	1．健康とは　2．健康を高めるには　3．わが国の健康状態　4．かかり易い病気　5．健康を守る学問
II	健康と発育	1．私たちはどのように発育してきたか　2．私たちのからだはどのように組立てられているか
III	健康と栄養	1．食物・栄養素　2．消化　3．吸収　4．肝臓・脂肪　5．歯　6．エネルギー量　7．正しい食事　8．調理献立
IV	健康と病気	1．伝染病　2．病原体　3．免疫　4．結核性疾患　5．寄生虫
V	私たちのからだと感覚	1．目の構造と機能　2．目の調節と異常　3．耳の構造・病気・衛生　4．味の感覚，においの感覚　5．皮膚の感覚
VI	運動と健康	1．筋肉の働き　2．心臓―血液の循環　3．血液―リンパ　4．肺の働き　5．排泄　6．神経の働き　7．疲労と休養　8．けがと手あて
VII	成熟期への到達	1．からだの変化　2．からだの調節　3．正しい交際　4．遺伝　5．精神衛生
VIII	健康と社会生活	1．社会の設備（保健所，病院，診療所，上下水道，学校）　2．社会の健康制度
IX	健康と職業	1．職業の選び方　2．職業病　3．職場災害・事故

（杉本良一ほか3共編『中学保健全』大修館書店，昭和29年文部省検定済）

表5-2　検定済の『中学保健全』の7領域

I	健康な生活	1．健康とは　2．健康な生活　3．健康を高めるために　4．学校生活を楽しく送るには　5．家庭生活を明るく送るには　6．健康にするには
II	心身の発達と中学生活	1．中学時代の心身発達の特徴　2．心身の発達と生活　3．発達の測定
III	安全な生活	1．災害と事故　2．けがと安全　3．救急処置とけがの手当
IV	健康なからだと病気	1．からだの働きと調節（呼吸，循環，消化器，脳，神経，排泄，ホルモン）　2．いろいろの病気（伝染病，結核，寄生虫etc）
V	学習や仕事と環境	1．住居と仕事場　2．勉強や仕事と能率　3．疲労と休養　4．生活時間の設計
VI	心の健康と生活	1．心の健康　2．心の健康障害　3．心の健康を守るための生活
VII	明るい社会と健康	1．国民の健康状態　2．社会の施設　3．社会の健康を保つためには　4．社会生活の健康のための制度　5．健康な社会生活（職業）

（杉本良一ほか『新中学保健全』昭和31年文部省検定）

「環境と健康に関する内容」

○第1章健康な生活で「清潔で明るい環境を作ろう」の項に「私たちの住んでいる所が汚水や汚物でいっぱいになっていたらどうであろう，また反対に私たちの周りがいつも整理され，衛生的で美しい環境であったらどうだろう。不潔な場所からは病気も発生しやすいし，生活も暗くなる。このような所があったら，一

日も早く明るい清潔な……努力しなければならない。……」「保健活動には喜んで参加しよう」では，「校庭や街路の清掃，植樹，溝の消毒など……，これらの活動の意味を理解し……協力……社会の健康を高めるように努力しよう」と身近な環境と健康生活との関わり合いに関心を持たせ行動化をはかっている。

○第2章心身の発達と中学生活のうち，2．心身の発達と生活における「からだの発育と季節・環境」の項では「……このようにからだの発育は季節や地域によって違うが，いろいろな生活によっても影響される」

ここでは，自然環境による影響，また都市と農村など社会文化環境も加え，環境に対する視点を広げている。

○第5章学習や仕事と環境

「明るい健康な生活を送るには，……私たちを取り巻く自然環境や社会条件が大きく影響する」

「私たちのからだは，ある程度これらの環境に適応する能力をもっているが環境条件が悪いと，仕事や勉強の能率が悪くなるばかりでなく，健康を保つ上にも障害になり……事故や病気の原因になる」「生活や学習は住居や教室の環境条件によって著しく影響される。私たちの生活や環境……つねに健康に適し，能率があるように改善しなければならない」身近な学習環境・住居環境条件に注目させ，主体側への影響すなわち環境作用の概念と環境衛生対策に触れている。

「勉強や仕事と能率」の項では環境要因として，採光・照明，騒音，気温，換気と通風，設備，更に姿勢，整頓と美化，気分が加わる。

ここで「仕事をするのに適した温度10～25℃の間として，13～15℃ぐらいが最も適当で，これを「至適温度」という」と記述されている。「至適温度は仕事の種類や性質によって違う」こと，「筋肉作業では7～10℃，知的作業では15～17℃」としている。ここで初めて至適温度の概念が現れ，この至適温度は主体側の諸条件，すなわち仕事の種類や性質によって変わることが述べられ，主体―環境との関わり合いと身近な学習環境・作業環境から理解させようとしている。

昭和36年に文部省検定済の『中学保健体育』保健編では，第2学年，第3学年の2年間で表5－3のような内容を行なうが，ここでは，Ⅰ．心身の発達の領域の「からだや心の発達に影響を及ぼす条件」で環境を挙げ，土地，日光，水など

表5−3　文部省検定済の『中学保健体育』保健編の第2学年，第3学年の内容

第 2 学 年		
I	心身の発達	からだの発育，心の発達，中学生の行動の特徴，からだの発育の測定，からだや心の発達に影響を及ぼす条件
II	栄養と食生活	栄養の所要量，食品の栄養価・選択，栄養障害，食生活の改善
III	けがの防止処置	けがとその防止，事故災害とその防止，けがや急病と救急処置
IV	環境の衛生	環境と心身の関係，環境の衛生検査，環境の衛生的処置
V	疲労と作業	疲労と学習や仕事の能率，疲労回復，学習や仕事の能率と生活の調和
第 3 学 年		
I	病気の予防	伝染病・寄生虫病・循環器・消化器・精神神経系・その他の病気とその予防，病気の処置と病後の注意
II	心の健康と生活	心の健康，家庭生活・社会生活，不健康な心と行動，心の健康を守るための生活
III	国民の健康	国民の健康状態，健康な国民生活，健康と保健活動

(今村嘉雄ほか『中学保健体育』大修館，昭和36年検定済)

の自然環境と文化的社会的環境の影響を漠然と触れている。具体的なデータはない。III．けがの防止と処置のうち「事故災害とその防止」の項で労働災害の原因として「作業場の採光・照明が不完全だったり，機械・器具の配置がよくない場合……」という記述がある。データは示されていない。IV．環境の衛生では，1．環境と心身との関係で，「適応」および「適応性の限界」の概念を暑さ寒さに対する体温調節を「汗」「とりはだ」を例に出して説明，また適応性の限界に対しては「暖房」によって環境の変化の影響を少なくすることが簡単に述べられている。メカニズムに関する記述および生理的適応・文化的適応等の概念に触れる記述はない。

　また心身に及ぼす影響，すなわち環境作用として水，気温・気湿・気流，一酸化炭素・二酸化炭素，照度，じんあい，騒音，その他（汚物によるねずみ，はえ，か）の各要因について概説している。

　ここで，「気温・気湿など」の項を例にとると「気温は高すぎても低すぎてもからだに悪い影響を与える。気温が高すぎる場合は頭がぼおっとして頭の働きがにぶり，ものごとを考えるのもいやになる。あまり高くなると熱射病にかかり，反対に低すぎると凍死することもある。また空気中の水分のことを気湿というが気湿や風は，実際の温度より蒸し暑く感じさせたり，うすら寒く感じさせたりす

る」と解説されているが，具体的にどの程度の温度の上昇で頭の働きがにぶくなるのか，また凍死や熱射病についての具体的な気温と体温調節との関わり合いを示唆するデータおよび記述はない。

「環境の衛生検査」に関しては，衛生的な環境の改善の第一歩として「環境を正しく調べること」の必要性を述べ，1）飲料水の検査，2）気温・気湿・気流の測定，3）一酸化炭素・二酸化炭素，4）換気，5）じんあいとばい煙，6）照度，7）騒音の測定方法およびその判定基準についてデータおよび測定器具を写真入りで解説している。

「環境の衛生学的処理」では，「私たちにもできるような比較的やさしい環境の改善の仕方についての知識や技能を身につけることにしよう」ということで，1）水の簡易ろ過，2）採光・照明，3）保温と防暑，4）汚物，廃棄物の処理，5）ねずみや有害な昆虫の駆除，6）消毒法について述べられている。

昭和43年度学習指導要領の改定による昭和46年度文部省検定済の教科書『中学保健体育保健編』の中で，環境と健康に関する内容は，主として第1学年で行なう第3単元「環境の衛生」で総合的に扱われる。ここでは，特に環境が健康成立のための条件であることが明示され，社会環境にまで視点が広げられていることが注目される。ここで初めて「環境の衛生」の単元に「公害と健康」の内容が取り込まれたわけである。全体としては昭和36年と同様，室内環境測定から始まり，水，汚物，衛生動物の駆除など従来の環境衛生学的な基礎が内容の中心を占める。更に個々の環境因子について具体的な測定方法と器具を用いての測定（実験）が取り入れられ，内容的には36年度より具体的かつ高度になっている。しかし，一つ一つの測定法の持つ意義，すなわち人の健康との関連性についての客観的データは見られない。関連領域として第2学年の「健康な生活設計と栄養」の「能率の向上」の項に学習や作業の能率を高めるための環境の整え方として温湿度，気流，換気，採光・照明を適切にすることが触れられている。

以上のような過程を経て，昭和53年に改定された学習指導要領による現行の教科書（昭和55年文部省検定）では「健康と環境」が全体の内容を構成する4つの柱のうちの1つとして重視されるに至った。このことは，社会環境の急激な変化に伴う児童・生徒の健康や疾病構造の変化など，環境と人の健康とのあまりにも

表5-4　昭和43年度学習指導要領の改定による内容

第 1 学 年	
Ⅰ　健康のなりたち Ⅱ　からだの発達 Ⅲ　環境の衛生	健康の考え方，健康な状態，健康成立の条件，日常生活と健康の保持増進 からだの発育（実習），からだの働きの発達（実習） 室内の環境条件（実験），飲料水と水の浄化法（実験），汚物とその処理，有害な動物とその駆除，公害と健康
第 2 学 年	
Ⅳ　生活の安全 Ⅴ　健康な生活設計と栄養	事故災害・交通事故とその防止，救急処置（実習），外傷・急病 栄養の基準と食品の選択，栄養障害と食中毒，薬品・し好品と健康，疲労と休養，能率の向上，健康な生活の設計
第 3 学 年	
Ⅴ　病気の予防 Ⅵ　精神の健康 Ⅶ　国民の健康	伝染病とその予防，青少年のかかりやすい病気，成人に多い病気，職業病，成人の看護 精神の発達，精神の障害，健康な精神と生活，精神とからだの関係 国民の寿命，傷病，保健制度，社会保障，公衆衛生の進歩

　密接な関連性が，社会的背景として現存してきたことであろう。これらの現象は，学校保健管理面にも見られ，例えば昭和48年の保健体育審議会「児童生徒らの健康の保持増進に関する施策について」が答申されたことや，また昭和53年には学校保健法に「安全，環境衛生の点検に関する規程」が加わり，改定されたことにもうかがい知ることが出来る。

　ここで，昭和43年度の学習指導要領に示された内容と，昭和53年度改定後のそれを対比すると表5-5のようである。

　昭和53年度では，保健体育の授業時間数が125時間から105時間に削減されたために，領域内容に多くの変動が見られるが，特に環境教育の領域は従来の「環境の衛生」という単元から「健康と環境」と単元名が変わり，衛生学的視点が多くの部分を占めているが，生体―環境系としての見方が特に適応の項と環境保全の項に認められる。ここでは特にある環境下での生体の適応を体温調節機序など具体的な生理的現象に視点を当てて環境との関わり合いを解明していることが注目される。また教科書によって内容の小項目以下の記述がだいぶ異なるが，昭和55年に検定された『中学保健体育』（東京書籍）には，環境の変化に適応する例として地域差，民族差などに触れたいわゆる生態学的視点の導入が見られる。

　例えば，「適応力の育成」の中での研究課題：人体の働きは環境の違いとどの

表5-5 昭和43年度と昭和53年度の「学習指導要領」による内容の対比

（昭43）内容構成	（昭53）内容構成
1）健康と身体の発達 2）環境の衛生 3）生活の安全 4）健康な生活の設計と栄養 5）病気とその予防 6）精神の健康 7）国民の健康	1）心身の発達 2）健康と環境 3）障害防止と疾病予防 4）健康と生活 主体－傷病－環境－生活

削除された項目
健康の成立及び精神障害，井戸の衛生的条件やそ族・昆虫の駆除，赤痢以下個別の疾病，病人の看護，栄養障害，食中毒，薬品・し好品

移行された項目
「身体の発育」→小学校へ 「心身の健康」のうち「心身相談」→高校へ 「環境の衛生」のうち「公害と健康」→高校へ 「疾病とその予防」のうち「職業病」→高校へ 「国民の健康」→高校へ

ような関係があるかを考えよう。民族による能働汗腺の数のデータを挙げ，また話し合いとして，環境の変化に適応する例として，私たちのからだにはどのような働きがあるかに対して，熱帯と極地の人々の生活様式が絵で提示されている。

以上のような内容は，従来の狭義の環境衛生学的視点から環境生理学的視点が導入され，更に環境生態学的への展開が認められる。これらは最終的には自然保

表 5－6　昭和53年度検定，中学保健体育教科書に見られる内容

I	心身の発達	からだの発達，精神の発達
II	健康と環境	自然環境とその利用，環境と適応，至適条件と許容範囲，廃棄物と環境の保全
III	障害防止と疾病予防	傷害の発生とその防止，応急処置，病気の発生とその予防，病気の悪化防止
IV	健康と生活	健康の増進と運動，健康と栄養，疲労とその回復，社会生活と健康

（豊田章ほか編著『中学保健体育』学習研究社，昭和55年検定）

表 5－7　昭和53年度検定，中学保健体育教科書に見られる内容

I	心やからだの発達	からだの働きの発達，運動能力の発達，心の働きの発達，欲求と行動
II	健康と環境	環境と適応，環境と能率，自然のめぐみ，廃棄物・廃棄物の処理
III	けがの防止と病気の予防	けがとその防止，応急処置，病気の要因とその予防，病気の悪化の防ぎ方
IV	健康と生活	運動と生活のかかわり，学習・運動・作業とエネルギーの消費，栄養と健康，疲労とその回復，個人と集団の健康

（『新しい保健体育　中学全』東京書籍，昭和55年検定済）

護教育，環境保全，環境科学へと総合されたいわゆる「人の健康と環境」との関連を見いだす独自な方法論による「環境保健教育」への体系化が今後の課題として残されよう。

昭和53年度検定，中学保健体育教科書に見られる内容の概要は表 5－6，表 5－7のようである。

第3節　環境教育のカリキュラム編成の試み

1．カリキュラム編成の視点と構造化

カリキュラム編成の基本的な方法論として，児童にどのような概念（concept）を形成させるか，更に，学習者側の取り込みの領域として，知識，認識，理解の領域（cognitive domain），情緒の領域（affective domain），実践化の領域（action domain）の3側面から教材の基本的枠組みを構成する。

(1) 第1段階（cognitive domain）として

「温度環境と私たちの身体とがどのように関わり合っているか」を生理学的，疫学的，生態学的に捉え，認識，理解させる。

ここでは，人と自然環境との相互作用を理解させる。

Concept 1：人と温度環境とのつながりは，人の生命現象の基本であり，生活生存にとって欠かせない要素である。

Concept 2：人は暑さ，寒さに身をさらした時，生体内部の調節機構を発現させて，自らの体温の恒常性を維持することが出来る。

Concept 3：人は生まれてから日々受けている気候的環境刺激により，暑さ，寒さに対する適応能を獲得していく。

Concept 4：気候・風土に応じた衣・食・住の生活様式を持ち，それぞれの文化を作り，その気候的環境に対し文化的適応能を獲得している。

(2) 第2段階（affective domain）として

具体的に，ある人工温度環境（冷房または暖房室）に入室して，ある一定時間学習活動を行なった時の心身の諸反応について注目させる。

ここでは，人と人工温度環境との相互作用を理解させる。

Concept 1：自然環境に適応した身体が，急激に温度差が10℃以上も異なる人工環境に出入りした際，生体には生理的負荷がかかること，そしてそのような日々の生活が健康の障害となって現れる場合もあること。

Concept 2：同じ寒冷地域でも木造校舎と全館冷暖房二重窓防音校舎という建築様式の違いによって室内の温熱環境が全く違うこと。特に全館冷暖房という，空調設備と二重窓防音構造がもたらす異常な高温低湿環境を生む原因となっていること。

(3) 第3段階（action domain）として

教室という微気候を作り出す様々な要因を知る中で，児童自身が自ら教室内温度条件を評価する能力（evaluation ability）を身に付けさせ，主体的により良い環境形成を行なうための技能（skill），更に，具体的な実践活動（participation）に至らしめる。

ここでは，人工的環境の背景となっている地域社会，文化的環境を理解させ，

日々の学習活動をより良い状態で過ごすために，身近で出来うる主体管理，環境管理の実践化を計る。

Concept 1：気密な二重窓防音校舎は，地域の環境公害対策の一環として生まれたもので，問題解決には地域ぐるみの環境影響評価（環境アセスメント）を行なう必要があること。

　　　　　教室内温度環境←学校建築様式←地域の環境問題←生態圏
　　　　　　↓
　　　　　児童の学習意欲
　　　　　　　　　　　→適応能力への影響
　　　　　生理的反応

Concept 2：全館冷暖房機械換気という固定された空調システムの中で学習する児童は，自らの教室内温度条件を測定し，加湿装置の工夫や衣服の調節，皮膚の鍛錬などの自立的環境管理の必要があること。（討論）

Concept 3：日々の環境衛生管理活動の実践プログラムを作成し，学校保健組織活動として実践していく行動力を養う。

2．本研究結果を教材としての指導案の作成

本研究で得られた結果を中学校保健教材として利用するに際して，その要素（小概念）を大別すると以下のようである。

第1章からは「人工温度（冷房環境）に発育途上の小児が滞在した時，同一温度条件下でも年齢によって生体に及ぼす影響が異なること。このことは体温調節の発達レベルが年齢によって異なることがその背景となっていること」が明らかにされた（cognitive domain）。

上記の概念を形成させるための教授学習過程を表5－8に示す。

以上，人工気候室内での生体反応に関する実験結果を中学校保健体育「保健」教科の第2単元「健康と環境」のうち「暑さ寒さに対する身体の適応能力」の教材として授業案の作成を試みた。

教科書に示されている内容および事例はすべて成人についてのデータであるが，ここでは子どもたち自身に主体的立場に立たしめて，子どもの体温調節機能に視点を置いて考えさせたところに特徴がある。そのための手掛かりとなる事例とし

表5-8 概念を形成させるための教授学習過程

段階	指導過程(学習課題)	学習活動	教材・教具等
導入	人は暑さ寒さに対してどのようにからだを調節しているのだろうか。 暑さ寒さの中で生活する時,人は生理的調節機能を発動させる部分(生理的適応)と冷暖房など環境を変える部分(文化的適応)があることを認識させる。	30℃を超える夏季,外で遊んでいた子どもが急に冷房室に入った時,からだはどのような反応を示すかを考える。	
展開	冷気に暴露された時,生体は皮膚の表面温度を下げて体熱の放散を防ぐ防御反応が現れる。このことを物理的調節と言う。 冷気に暴露された時,人は末梢の血管を吸収させ放熱を防ぐ物理的耐寒体温保持調節と体熱を産生して体温を保持しようとする化学的体温保持調節が必要に応じて発動する。	冷気に暴露された時,成人より子どもの方がからだから奪われ,熱量が多いのはなぜかを考える。 ・体表面積/kgが大 ・末梢血管が拡張しやすいことなど放熱しやすい子どもの特徴を学習する。 年齢段階の低い子ども(10歳以下)は,化学的体温保持調節が発動しにくいから皮膚温の低下度が大でまた下降し続けると考える。	20℃冷房室に50分間滞在した時の身体各部皮膚温の反応パターンのグラフ 化学的体温保持調節の発動の指標としてO₂消費量の増加のグラフ 体温調節範囲の諸区分の図
まとめ	成人と子どもの体温調節の発現機序は異なる(体温下降防止機能が未発達,緒方,1966年)。子どもは血管の拡張性が高く,体熱が放散しやすい状態にしてある。末梢,躯幹,皮膚表面と深部との温度勾配が少ない。 30℃を超える夏季に外で遊んでいた子どもが外気温との差が10℃もある冷房室に入室した際,幼少児ほどその冷刺激の受け方が大きい。すなわち,皮膚温の低下が大きくまた温度勾配,体内温度分布が少ないことから,躯幹,深部にまで冷刺激が及ぶことが予想される。	同じ温度の冷房室に滞在した時,皮膚温が低下し続けることは深部の温度まで低下しているのであろうか。 冷房室に入室した際の身体の反応を思い起こし,夏の暑さに適応したからだの状態とは全く逆の反応を強いられていることを話し合う。	Acshoff体内温度分布の図

て第1章から得られた実験研究結果は，極めて有効であると思われる。また単に温度環境に対する生体側の体温調節の発現機序のみにとどまらず，自然環境に適応した生体が急激に10℃以上の低温の人工環境（冷房室）に入室した時のcold shock，また暑熱環境に戻った時のheat shock，更には自律神経系への影響を含めた，いわゆる冷房病等への関心にまで導かれることになろう。

これらの環境生理学的視点に立った，環境に対する生体反応を理解することを第1のステップに，更に第2のステップとして自然環境が人の手によって，人の生活・生存しやすい環境として変えられ，自然環境との差が人の生理的適応能に対してどのような影響を与えるかについての視点が導入されなければならない。この点については，次の第2章の結果が教材として利用される。

第2章からは，「教育の実践の場である教室における温度条件は，地域の気象条件，建築様式，暖房等の諸因子によって様々である。特に鉄筋全館冷暖房二重窓校舎は，外気温との差が20℃以上にも及ぶ高温低湿環境であることが明らかになった。このような極端な温度条件の人工化が児童の学習および健康に及ぼす好ましくない様相を認識し，より良い環境温度管理の実践化を図ることの必要性」が強調された（affectiveおよびactionのレベルの教材）。

上記の概念を形成，保健行動に至らしめるための教授―学習過程は表5－9のようである。

以上，寒さ暑さを防ぐための文化的適応として，また地域の公害対策の一環としての全館冷暖房二重窓防音校舎の環境保健学的調査事例を中心に，教材の編成を試みた。この領域は現行の中学保健教科書では，「環境と能率」「室内の空気と健康」が該当するが，この領域における理解と関心から出発し，より積極的に本論文の序論に示した「環境教育→児童→温度条件の評価→実践的により良い環境形成」という第2の軸への展開をねらった。より良い環境形成のための具体的な実践例および技術に関しては，ここで触れていないが本論第2章第1節の論述も含めて，児童・生徒等の学習課題としたい。

第3章からは，「全館冷暖房二重窓防音校舎という人工温度環境下の児童は，冷刺激を受けた時の寒冷血管反応パターンおよび病欠に法則性があること」が推察された。

表5-9　保健行動に至らしめるための教授―学習過程

段階	指導過程（学習課題）	学習活動	教材・教具等
導入	ストーブ暖房の学校，セントラルヒーティング施設を持つ学校など，暖房法は学校ごとに様々である。更に建築様式やその地域の気象条件によっても教室内温度条件は異なる。 　ここでは，寒冷地青森県と東京都にある7つの小・中学校の教室内温度環境の実態と，そこに学ぶ児童の学習や心身状態についてどのような影響が及ぼされるかに注目しながら，学習環境としての教室内温度を考えてみよう。	児童たちは採暖時の教室内温度条件（温湿度，気流，輻射熱）の測定を行ない，室内温度がどのように上昇しているかを知る。また空気の性状，換気の良否を知るためにCO_2の測定も加える。	・温湿度計[1] ・タカ寒暖計[2]または熱線風速計 ・黒球温度計[3]などの器具およびその使用法についての説明。
展開	地域，暖房法，建築様式の異なる東京都，青森県の小・中学校の教室内温度環境と自校の教室内温度条件の測定結果も含めて，いろいろな温度条件の学習環境があることを知る。 　それぞれの学校で学習する児童の体感，疲労感，および学習意欲についての実態から温度環境と在室児の心身状態との関連性を明らかにする。 　（高温環境（30℃） 　　至適環境（20℃） 　　低温環境（10℃）） の3つの温度条件下のうち，特に高温環境は疲労感，心拍等の生理的負荷となり，また思考の広さ，速さ，深さの阻害因子となることを明らかにする。 　冬季暖房時の高温低湿環境は冬季の寒さに適応した生体反応とは全く逆の生理的負荷をかけていることを皮膚温，深部温，温度勾配および咽頭粘膜状態を理解させる。	グラフ，スライドを見ながらその地域の気象条件，建築様式，暖房法によってどのような特徴があるのかを話し合う。 　ストーブをつけ，閉めきった教室で学習した時の自覚症状を学級でチェックしてみる。 　事例の東京都H小学校や青森県M小学校のような傾向が見られるか。 　自らの教室が学習環境として適切であるかどうかを話し合う。 　なぜ高温環境が学習意欲や思考の阻害要因になるのかを調べ話し合う。	人工気候室を用いた実験データの利用
まとめ	激寒期における全館冷暖房二重窓校舎という環境条件は児童の体感，疲労感および学習意欲の阻害因子になるのみならず，自然環境への生理的適応とは全く逆の反応を強いていることを理解させる。このような人工環境がもたらす人の適応能の減退をも含め，児童が積極的に身の回りの環境へ目を向ける習慣，態度を形成させる。	今後ますます人工化が進むであろう中で，温度環境が生体に及ぼす影響および人の活動が広い視点から環境の人工化を進めてきたことを深く反省してみたい。	人工環境が人に及ぼす影響に関する概念図

その背景として　・自律神経，特に交感神経
　　　　　　　　・末梢血管の反応性
　　　　　　　　・免疫抗体産生能力

と温度環境との関わり合いを第3章では検討したが，しかし，この領域に関する研究は少なく不明な部分が極めて多い。

最終的なねらいは，「人は生活様式や空調など環境条件を変えることによって，至適条件環境を作り出してきたが，このような文化的適応への依存は，人が生来獲得していく生理的適応能の発達を阻害するおそれがあること」を認識させ，主体的にまた社会的にそれぞれの生活の場で人間の開発（development）に最適な温度環境を考え，作り出していく環境教育へと導かなければならない。

以上の概念を形成するための素材として，第3章の研究結果は有効であると思われるが，しかし，寒さへの適応能の指標としての寒冷血管反応そのものについても，未だ未確定の部分が多く，中学生の保健の授業として教材化をはかるにまでは至らなかった。更に，基礎的研究を積み重ねるとともに，熱帯地域，寒冷地域など各種気候環境への適応能の発達過程を現地調査により明らかにしていく所存である。

第4節　保健科で扱う環境教育内容と総合カリキュラムとしての内容の検討

既に第2章において，我が国の「保健」の教科書で扱われている環境教育の内容の変遷を見てきた。ここから得られた結果は，人が健康生活を営む上で必要な身近な生活環境に触れたのは，昭和31年検定の教科書からであり，清潔で明るい環境作り，勉強や仕事の能率を高めるための環境作りから出発していることが明らかになった。ここでは，すなわち主体はあくまで人間であって，客体としての環境を主体に都合の良いように整備，調整するといった視点で扱われているわけである。人の健康の保持増進のための科学であり技術である「衛生学」および「環境衛生学」（人の発育や健康に有害な影響を及ぼし，また及ぼすおそれのある物的環境の一切をコントロールする科学であり技術である（WHO環境衛生専門

委員会の定義）が中学保健の学習内容として導入されたことになる。

　昭和36年になって，「適応」および「適応性の限界」が暑さ寒さに対する体温調節を「汗」「とりはだ」を例に説明している。いわゆる環境生理学的視点がここに初めてわずかではあるが現れたわけである。しかし全体としては，「環境の衛生学的処理」として，環境の改善の仕方についての知識や技術を身に付けさせるために，水のろ過・採光・照明など各々の環境要因の測定法やその判定基準の解説がなされている。更に昭和46年検定の教科書では，公害と健康について若干触れている程度で，やはり能率の向上のために環境改善という視点にとどまる。そして今日の環境衛生→環境生理→環境生態学的視点の導入が見え始めた。しかし新学習指導要領に示された内容構成には，基本概念による系統性がねらわれてはいるが，その具体的な内容は，表5－10のようにいかにも個々バラバラな小概念の寄せ集めであると思われる。特にその基本概念として「環境は人の健康にとって不可欠な条件と快適な条件および有害な条件とがあること」と明示されているが，ここには環境と人間の生活・生存とは共存あるいは相互作用系にあるという視点が欠如している。

表5－10　環境と健康

環境と健康	環境は，人間の健康にとって不可欠な条件と快適な条件および有害な条件とがあること	1．人体の環境適応能力 （小概念） 人間にはある限度まで生物的適応能力があること	・寒暑に対する適応能力
		2．自然環境の至適範囲と許容範囲 （小概念） 自然環境には健康にとって至適な範囲と許容範囲があること	・室内の温度条件 ・室内の空気条件 ・照度の基準
		3．自然環境（日光，水）の利用 （小概念） 健康の保持増進をはかるため自然環境を利用していること	・日光の利用 ・水の確保
		4．生活・産業活動の廃棄物の処理 （小概念） 人間の生活・産業活動によって生じた廃棄物は衛生的に処理しなければならないこと	・廃棄物の衛生的処理

出典：田村靖昭「保健の教材研究―保健教材作り（中学）―」『学校保健研究』21(6)，1982年，266～271頁

人は環境から受ける影響（環境作用）とともに，人の生活・生存が環境を次第に汚染または破壊していくなど環境形成作用を加えていかなければならないが，この点で上記の基本概念には環境作用のみが注目されている。

積極的環境保全は人と環境との共存関係が認識され，価値観として取り込まれて初めて実践化，行動化することが可能なわけである。環境作用の一方的な理解のみでは人の快適さや経済性によって環境を変えていくことになり，全体の永続的な主体―環境系の理解を度外視したことになる。そのような環境教育はありえない。

1972年のストックホルムの環境会議および1982年のナイロビの環境会議にも見られるように，たった一つの地球号の自然破壊をこれ以上することは，すべての人類の生活・生存に今後関わってくる問題であり，人を主体，環境は人の健康や生活・生存のために利用される立場，すなわち客体としての考え方の危険性が特に危惧されるものである。

さて，このような環境保全教育は，確かに高校で扱われている内容であるが，しかし義務教育の中学レベルで，人が自らの至適環境作りから生態圏のバランスを崩すに至る「環境形成作用」を人の経済，消費生活，生産活動とのつながりとしてトータルに理解せしめることは，保健教科の中でとりわけ注目されなければならない視点であると思う。

生態圏や物質循環の具体的な内容については理科（生物）の領域で，また経済性や生産性，人の消費活動等については社会科で扱われることになろうが，ここで各教科が独立して，個々別々の「環境教育」が共通理解もなしに行なわれているのが現状ではないだろうか。総合カリキュラムとして，生涯教育として幼少児から成人また老人まで一貫した環境教育を現行の教科または，あらゆる教育の場で展開していくことは緊急の課題であろう。

第5節　結　論

1970年ニクソン大統領に宛てた環境問題に関する年次報告[1]の中で，環境に与える価値の大きさを国民一人一人の意識の中に定着させるために緊急に必要なこ

とは，学校教育の場での系統的な取り組みであることが訴えられた。1972年ストックホルムの国際環境会議，そして1982年ナイロビでの環境会議と，環境教育はもはや国際レベルでの問題となった。

我が国における環境教育の現状は，1951年尾瀬ヶ原の自然保護問題[9]をきっかけに「自然保護教育」として小・中学校の具体的単元として取り上げられ，また一方では「公害教育」として，更には「野外教育」「生物学」等々で個々に行なわれてきた。

人の健康や生活・生存に密着した教科である保健体育「保健」領域で扱われてきた環境衛生または，健康と環境に関連した内容は，昭和31年に検定を受けた教科書の記載が初めてであった。身の回りのいわゆる衛生環境に注目させるものであった。人の健康にとって不可欠な環境は時には有害な影響を及ぼすおそれもあり，それら物的環境要因の一切を調整する科学，そして技術の修得に視点が置かれてきた。この点はいわゆる総合的視点すなわち環境と人とを共存させた考え方に基づく「環境教育」と若干ずれのあるところである。しかし，知らず知らずに人の健康に影響が及ぶことを科学的に認識することは，基本的に重要な課題である。

本研究でも，実験および現地調査で明らかにされた冷暖房など人工環境の実態とそこに滞在する児童の健康や生理的諸反応に関する基礎的資料を用い，保健教材としての展開を試みた。

この教材はあくまで個体のレベルでの環境と人との関わり合いで，特に冷房または暖房という人工温度環境から受ける影響（生理的作用）を年齢的消長という視点から扱った。

同一環境に人が滞在した時，その温度環境への反応パターンが年齢によって異なることは，体温調節そのものに発達レベルがあることにつながり，その発達はその生育過程で受けてきた温度刺激の量と質によって異なる。すなわち気候順化（acclimatization）のレベルに視点が広げられる。この気候順化はその生育過程の中で暑さ寒さから保護される割合が多いほど獲得されにくくなるもので，本研究第3章の結果はまさにそのことを推察する教材として利用することが出来る。

本論文での教材として利用出来る研究成果はそこまでであるが，いわゆる融合

カリキュラムとしての「環境教育」はここから出発する。すなわち人は環境からの適切な刺激を受けながら獲得されている適応能を阻害する文化的環境因子の存在にこのレベルとして注目させるところまで行きついた。この時点からマクロのレベルとしての「環境保全」教育，自然保護教育は出発するわけである。

　保健の教科としての独自性と「環境教育」への役割は，人と環境とのつながりをしっかりと生物学および，保健学的に認識させることであろう。そのことが出来て初めて，自然環境がいかに人の生活・生存にとって大切であるかを知ることが出来るとともに，生産活動，消費活動によって変えられていく自然環境破壊（環境形成作用）が人類の生活・生存を脅かすことになろうこと，そしてこのことは，国際環境会議の意義として捉えることになろう。「生理的適応能の発達は文化的適応に依存することによって減退する」という基本概念の形成は，身近な生活環境の適性な管理および主体的な保健行動へ導かれていくものと確信する。

参考文献
(1) The First Annual Report of the Council on Environmental Quality, The President Message to Congress, 1970
(2) Trends in Environmental Education, UNESCO, 1977
(3) 平塚益徳『環境教育の研究』日本環境協会，1971年
(4) Project Environment, Education for Environment, Published for the School Council by Longman, 1973
(5) National Education Association, Update on Report of the NEA Task Force on Environmental Education, Today's Education, September, p.33~48
(6) Education and the Human Environment, OECD : Environmental Policy in Sweden, 1977
(7) The Belgrade Charter—A global Framework for Environmental Education, 1975
(8) 伊藤礼子（1978年）・畑井寛子（1979年）編「江戸川の生態学的研究」和洋女子大学附属国府台高等学校生物部
(9) 沼田真「自然の保護」『日本科学技術史大系』（日本科学史学会編）11，自然，第一法規，1968年，531~564頁

おわりに
―東京福祉大学大学院「臨床教育学」専攻への教育生理・生態学的接近―

準備期：著者の学位論文作成過程で修得した「教育生理・生態学的視点」

　博士学位論文は，昭和57年6月，東京大学大学院教育学研究科に提出された。
　主査高石昌弘教授（医学博士，国立公衆衛生院（現国立保健医療科学院）院長を兼務）によるご指導と審査委員会による審査等々が行なわれ，昭和58年3月に学位（教育学博士）が授与された。東京大学と国立公衆衛生院（当時）とを併任なされ，秒刻みのお立場であった高石教授のご指定の場（国立公衆衛生院）にお伺いして，ご指導を賜った。「環境適応能の発達は，これからの教育にとって重要な課題である」とのお言葉，丹念に論文の構成，図表と論文とは合本が良いか，別冊が良いかに至るまで，真剣に考えられたお姿への感動が昨日のように蘇ってくる。一人の博士学位取得論文の主査となって下さった先生のご心労は如何ばかりか，思い至ると胸が締め付けられる。我が国の発育学の第一人者であられる高石教授に，「学習環境としての室内至適温度に関する教育生理学的研究―小児の温度環境への適応能力の発達に視点をおいて―」（昭和57年6月，学位申請論文（東京大学））の主査となっていただけたのは，当時お世話になっていた高城義太郎先生のご紹介によるものであった。高城先生は，厚生科学研究費等行政施策につながる研究プロジェクトの一端を担当させていただく機会を院生時代よりいただき続けてきた。院生ではあるが，研究代表者の下で分担された課題を持っての研究は，責任とやり甲斐が感じられた。高城先生には博士課程在籍中，博士論文の構想を持って行ってはご意見を頂いた。
　東京大学大学院教育学研究科健康教育学専攻では，須藤教授の退官後，船川教授・大場教授，そして高石教授へと主任教授が受け継がれた。
　須藤先生には修士課程から博士課程の2年生までご指導いただいた。修士課程での研究課題「潜在危険論に基づいた主体的安全教育に関する実践研究」を都市

のマンモス団地居住者を対象に1年間フィールドに入り，須藤教授の潜在危険論に基づく主体的安全教育活動を行なった。社会調査論に基づいた理論化までには至らずに，現地踏査による教育実践研究の難しさを，真髄から浸透し，多くの学びの体験を頂いた。当時助教授であられた大場義夫先生の「衛生学実験」ゼミの一環で行なった「すしづめ教室内空気環境の実態調査」からの学びも大きかった。研究室院生全員が，測定器具と一緒にトラックに乗って，立川の基地地域の学校での現地調査を行なった。この研究によって，測定技術・方法の修得が出来たように思える。一人当たりの気積が建築衛生学的基準では，10立方メートル以上必要であることの具体的データの裏づけとその必要性を体験知として得ることが出来た。また時系列的に変化する二酸化炭素濃度や温湿度条件等の環境因子の変化など，このフィールド調査による体験知は，その後の方法論の基盤となる教育現場に入っての実測への必要性に導かれた。

　二酸化炭素の測定は，検知管法ではなく，フイゴで風を送って捕集した空気をバリット法で滴定するものであった。滴定は，学校薬剤師の皆様が行ない，私の担当は空気捕集までであった。

　須藤先生の後任は，国立公衆衛生院（現国立保健医療科学院）母子保健室長であられた船川幡夫博士であった。学校保健は小児保健の一分野であること。母性保健（児にとっての胎内環境である母体・母性）と小児保健（出生後の児の成長過程）を連携して捉える母子保健の視点が，小児の成長過程を見る上で不可欠であること，母性・小児を一貫して捉える母子保健の視点は，医療や社会医学的に必要不可欠なだけではなく，教育上にも不可欠な視点であること，こうした流れの中で昭和40年に成立した母子保健法の考え方をもっと，学校保健法にも導入することが必要であること。

　例えば，溶血性連鎖球菌感染症など，小児期に罹患した感染症が，急性糸球体腎炎を誘発し，学齢期での腎疾患・心疾患など慢性疾患へ移行する潜在した可能性を有するので，早期発見早期治療のためには，学校保健法に基づく定期健康診査の中に既往歴・生育歴の質問事項を入れた「保健調査」を導入することが必要であること，尿検査・心臓検診を検査項目に加えることの必要性を提唱された。学校健康診断の方法や技術開発も，常に学校保健を支える養護教諭との連携の中

で行なわれていた。

　小児の発育の見方，考え方の根底を身に付けることは，養護教諭は勿論のこと，学校の教師が，学級経営をはじめ，あらゆる教育活動を行なう上での基本原理であると考える。

　具体例としての体験知は，以下のようである。すなわち，船川教授の指導の下，杉並区の小・中学校をフィールドにして，尿検査・心臓検診・起立性調節障害の検査等々を大学院生全員が出向いて行なった。私の担当は尿検査であった。試験紙を用いた場合，スルホサルチルサン法を用いた場合の検出結果の相違，小児期の既往歴としての溶血性連鎖球菌感染症と急性腎炎の関係等を学んだ。昭和48年学校保健法の改正によって，尿検査と心臓検診および保健調査が，導入された。更には，出生前医学の専門領域，体質学の考え方も含めて，書籍や短いお言葉での指導を受けたのも船川教授時代であった。法令の改定の背景には，多くの基礎調査を，積み重ねと時代背景（社会的ニーズ）を有していることを実感することが出来た。東京学芸大学に教官として赴任したのち，平成4年の学校環境衛生の基準改定においても船川教授を班長とした委員の一人として，基礎調査に参画させていただいた。「学校保健学」「小児保健学」領域の授業や出版物を記述する場合のその根底に流れる考え方，一貫した生命の流れの中での児童・生徒等，学齢児の発育や発達の特性があり，その流れの中には出生前の，また乳幼児期での疾病り患や生活環境，生育歴等が相互に影響し合って，現在の発育発達や健康の現状に現れていること，現時点の心身の発育や健康現象を横断的に，平均値からの偏差で単一的に評価することのないよう，我々教育に当たる者や母親となる者の教育に留意せねばならぬことを命がけで教えて下さったのは船川教授であったと，今頃やっと気付いた次第である。

　教育とは，受け継がれるものである。師匠から弟子へ，教師から児童・生徒へ，親から子どもへ。我が身の受けてきた体験や生活，教育内容が，どのように昇華されてゆくか？また昇華してゆく過程で得られた新たな方法論と学問領域の創造とその構築が，教育に携わるものにとって重要な課題であろう。

　多くの内外の文献，人との交流，学会活動，多くの情報コミュニケーションか，これからの社会をまた地球環境を支えてゆくか，破壊に導くかは，人間そのもの

の手にかかっているのではないであろうか？

臨床教育学への発育学の導入

「教育の原点は，人の命を育むことである」「命を育む胎内環境，すなわち母性も含めて，成長過程を理解してゆく方向性を人間の教育の根底に置くことへの気づき」は，母子保健の専門家であったかつての指導教官，故船川幡夫博士（医学博士）にあることを再確認した次第である。発育の屈曲点，発育の一貫性と段階性，発育の流れ，出生時に発育の生理的ゼロ点は，出生時ではなく胎生期からの流れで見ること，受精卵の胎内での発育状態が，出生時の児の発育や健康状態を規定する要因であることなど，人間の現時点での成長・心身状態・健康・生活・生存の現状を把握する時，平均値的なものの見方，横断的な見方を超えて，常に時系列的に人間−環境系を観察し，生命の流れを基盤にして日々の健康現象を見据えてゆくことは，教育学における人間の生命・生存を把握する上での共通の原理であることを再認識した次第である。医学と教育とは同じ人間に関わる学問領域での車の両輪のごとく存在することを改めて提示してゆきたい。

東京福祉大学における課程認定へのプロセスとして，平成20年〜22年度の養護教諭養成に関する研究プロジェクト申請，実施，そして平成23年度大学院教育学研究科臨床教育学専攻の認可開設に向けて

このような見方，考え方に則って，東京学芸大学の30年間の研究・教育活動を行なってきた。平成16年3月退官，4月より東京福祉大学教授としての教育活動が開始された。主として資質力量ある教師・養護教諭養成課程およびその設置申請に関わった。設置後の学生たちの教育実践に関わりながら，全国にまたがる出身地域での実習巡回指導も含めて，学生が変容してゆくことを観察，設置後の成果を予測しながら，平成20年度：教育・学習方法等改善支援〈学部教育の高度化・個性化支援メニュー群〉課題名：福祉の理念を基盤にした「養護教諭」養成課程の設置とその成果に関する実証的研究―学生の教育実践体験場面から見た授業過程への改善―（私立大学事業団）の研究プロジェクトの申請に至った。

ここでの対象集団としての東京福祉大学学生の福祉を基盤にした「養護教諭」

という次世代を担う児童・生徒，学生および幼児の命を守る（養護をつかさどる）教育職としての養護教諭の育成にどう関わるかを明らかにするための実態調査，教育課程の流れの中でキャリア教育を行ない，資質力量を形成していくその過程を明らかにしながら，学部教育の高度化・個性化を支援していく研究プロジェクトであることに直結してゆくものである。研究代表者としての鈴木路子自身の博士課程での学びとその研究成果の一端をここに提示しておくことの必要性を教員養成大学の教育の在り方を考えるための一助とすることから出発した次第である。教育現場で児童・生徒等の養護をつかさどる「養護教諭」に端を発した本研究の過程は大学および大学院にて教鞭をとる大学人としての生涯の学びの過程を提示しながら，学部教育から，大学院教育への一貫した流れを汲んでゆくこともまた重要な「高度化・個性化」のコンセプトに繋がるものと考えた。

このプロジェクトで言う「福祉の心」に関しては，今後継続した研究成果の提示の中で述べてゆきたいと思う。

平成23年4月，東京福祉大学大学院教育学研究科臨床教育学専攻が新設された。平成20年度・21年度・22年度の3年にわたった上記の研究プロジェクトの成果は，従来の縦割りに分化し高度化した「科学の知」は，人間と共に共存する資質力量ある教員の養成課程には必要条件ではあっても十分条件ではないこと。また近代科学の知で，児童・生徒等の心や体の発達過程を見た場合，平均値的横断的見方が助長され，子どもの発達の可能性をその土壌である生育環境や生活そのものを土台にして，生命の流れの中で，すなわち成長過程のある一時期であるという見方・考え方・方向性とはどうもずれが生じるように思われ，敢えて研究代表者鈴木路子の研究・教育者としての成長過程から考えた「臨床教育学」の構築につながる教育生理・生態学的視点の提示をすることの必要性が，現代の学校教育の場で出現している各種病理現象の解決には必要であろうことに気付いた次第である。

『教育生理・生態学序説』出版に際して

博士学位取得論文は，一個人のものと解釈されがちであるので，上記研究プロジェクトの開始初年度の研究成果としての出版物として世に出すことは大いに躊躇された。しかし考えてみると，発育学者，高石昌弘博士の主査で出された学位

取得論文には，博士課程で学んだ成長の科学としての小児医学，身近な環境衛生学から主体環境系へ，更には児童・生徒等の生命観・環境観につながる環境教育への展開としての環境科学は，教育学研究科健康教育学専攻時代からの筆者の人生を賭けたオリジナルであり，教育学博士はその研究過程と生活・生存過程の中でこそ創造出来た臨床教育学への構築過程であろうと，多くの方々から受けたたくさんの学びと共生共存の宝をここに感謝をこめて提示し，出版する決意に至った。

平成20年度　教育・学習方法等改善支援〈学部教育の高度化・個性化支援メニュー群〉福祉の理念を基盤にした「養護教諭」養成課程の設置とその成果に関する実証的研究—学生の教育実践体験場面から見た授業過程への改善—（私立大学事業団）の研究プロジェクトの実施に当たる研究基盤として，本書を位置づけるものである。

養護教諭の養成には，児童・生徒等，それぞれの生活・生存する場，すなわち地域環境における気候風土，伝統文化，家庭・家族，地域住民の生活習慣，教育や人への価値観，家庭および学校の教育力，福祉・保健・医療・教育文化等の社会的資源の現状を総括した地域の教育力によって育成された一人一人の子どもたちの成長過程が存在することを充分に認識出来る養護教育力を養成する必要性をこのプロジェクトの究極の目標にしてゆく所存である。

最後に，この出版をお引き受け下さった家政教育社宮原佑弘社長に深謝する。

平成20年度に予定した出版原稿が，平成23年10月の出版に至るまでの時間を要したことは，その間，日々の社会現象に大きな変動があった。特に3月11日の東日本大震災を契機にした国民の意識改革，科学技術の有効性と限界性，予測力とシステム，教育内容のパラダイムの変換が否応なしに迫ってきた。特に縦割りの科学の限界性は，人間を環境と一体化した中で包括的総合的にアプローチしていく必要性を人々の意識の中で浸透してきたこと，人間本来の生き方を歴史的文化的変容の中で見据える必要性を誰しも感じたことであろう。またこのような時の流れの中で，宮原社長には，多くの示唆に富むお話と共に，同社での出版物をご提供いただき，家政学の分野の深さ，広さは，人間生態学分野と大いに共通性があると共に，人間が生きていく上での衣食住に直結した具体的な科学技術が凝縮

されていることも新たな発見であった。更に，関口富左著『家政哲学』（家政教育社刊）にあっては，私自身の教育生理衛生学，教育生態学的視点に教育哲学的洞察を導入することを考え続けてきたが，御著書はとうに家政学分野に哲学的視点を導入し，大学経営の基盤と成してこられたことに驚異と感嘆の念を禁じえなかった。更に宮原社長そのものが，「アメリカの家政学」を究明するために，50年以上も前に男性留学生として，移民船に乗って単身渡米なされていたこと，その時の日々の学びや発見をブログに整理されておられるとのことも深い感銘を頂いた。専門領域間の共通性を示唆いただいた家政教育社に深謝する。

ここから得られた学びや発見は，上記のプロジェクトのこれから続く成果報告，すなわち，学部教育における高度化，個性化に向けて，学部大学院一貫教育のシステムにも展開し，カリキュラム改革に生かしてゆくことを今後の継続した発展課題としてゆきたい。

東日本大震災を契機とした，学問研究への新たな視点

本書の出版の準備が，ほぼ完成に近くなった平成23年3月11日2時40分，伊勢崎キャンパスにある東京福祉大学教育学部長室にて執務中に強度の地震が来た。時計が落下し，開架書棚の本が雪崩のように崩れ落ちた。落下した時計の針は，地震の到来時を示したまま。ガラスのポットに入ったコーヒーが飛び散り，床のじゅうたんを汚し，ガラスの破片が散った。もう少しで，送信出来る書類が完成するので，そのまま仕事をしていると清掃をして下さるお二人の女性職員が，4階まで駆け上がってきた。先生すぐに外へ出た方がいい。その真剣な眼差しにただならぬ事態が察知された。新幹線が止まり，エレベーターが止まり，帰宅難民となった。東日本大震災であった。

被災地域では，その後津波が押し寄せ多くの命と家屋，全財産が流された。

水道，電気等すべてのライフラインが止まり，想像を絶する災害であったことが判明した。東京福祉大学は，通信教育のスクーリング真っ只中であった。

地震の影響は，その後，原子力発電所の建屋を破壊し，未曾有の人災が被災地を襲った。安全であると報道され，信じていた原発のメルトダウンはその後になって報道された。

被災地で命を失い，死者行方不明者は空前の数であった。本学職員・学生も影響を受けた。1か月間避難所で生活した本学教員の一人の体験も凄まじいものであった。

寒さと配給の食べ物をすべて授乳中の奥様へ，体温が低下してゆく赤ちゃんをやっと入手出来た毛布にくるみ必死で温め，配給された冷たいおにぎりは，授乳中の奥様へ。たまたま母校である東北大学大学院を訪問し，赤ちゃんと奥様を連れて海岸に向かっていた時の出来事であったとのこと。地震・津波の影響は後部を走る車は波にのまれ，奇跡的に助かった先生ご家族のその後の避難生活，大学での授業を始める頃になっても，心的後遺症が残った。その事例のみでも筆舌に尽くしがたい状態であった。その後の原発での放射線の影響，畜産農家での手塩にかけた家畜の処分，再生可能なエネルギーへの賛否両論，原発事故への現在まで続く対応の困難さ，住民への影響は，長崎・広島への原子爆弾の放射能の人類破壊は，人間の生命の尊厳を無視した戦争における必要悪と処理されるには余りにも生々しい出来事である。

福島での原発事故の放射線影響は，長期的に見た人間の健康影響を継続検診によって見ていくこととなった。次世代を担う成長期の児への影響をしっかり見極めた，人間の命の尊厳を原点とした研究プロジェクトの必要性を今ほど痛感されることはなかった。

ここに改めて，一人一人の人間の命を守ることの，これほどまでに多くの困難を抱え持った複合した課題が，我々の日常生活に入り込んで来ている。節電，異常気象，体温を超えた暑熱環境が，我々の日常生活を脅かし，熱中症での搬送が急増，毎日の熱中症による死亡が報道される。供給電力と使用電力のパーセンテージが報道される。家庭，学校，職場とも使用電力の15%減が要求される。地球温暖化と森林伐採，都市のヒートアイランド現象は，人々を死に追いやる結果を導くことは，誰しも想像することが出来るはずである。都市計画に街路樹を，家屋には樹木を，これだけ人が死に，生活・生命が脅かされるようになっても，人は生活・生存の場を人工化し，快適性，合理性の下に，樹木を伐採し，生きている樹木を剪定し，樹枝を切り落としてしまうのか？

恐ろしい現実を直視する毎日である。

直接に震災に遭った方々は，もっと悲惨な筆舌に語ることの出来ない「体験知」を有することと考える。ここに，改めて，被災地の皆様へのご冥福をお祈り申し上げる。

　この深刻なる出来事を風化させることなく，「科学の知」の有効性と限界性を充分に認識し，人類の生活・生存は大自然環境の一部として存在すること，自然界を支配する思い上がった考えと行動が，自然界を破壊してきたこの事実は，地球および人類のレベルでの滅亡に連続してゆくことを教員養成カリキュラムの根底に据えてゆきたい

　地球および人間生態系としての価値意識を自己反省と共に深く銘記して，自然生態系の一部として謙虚に生きてゆく所存である。気圏・水圏・地圏を包括した人類生態学は，この度の被災地の方々の厳しい生活・生存を理解する上で，また戦後の日本の復興と敗戦後の厳しい生活・生存の実態，失われた多くの尊い命，そして広島・長崎に落とされた原子爆弾の脅威，そして未だ引き続き問題解決の渦の中にある原子力発電の安全確保に関する多くの難関，人間生存の長い歴史の中で，改めて人間の生きる環境と一体化した人間の生き方，生きる力の中に自然環境（人間生態系）をどう保全してゆくかについての包括的視点の導入が緊急に必要であろう。教育の在りように重要な課題を投げかけられていることに十分な配慮をしてゆかなければならない。

　環境教育推進法（2003年）が制定された。

　「環境の保全のための意欲の推進および環境教育の推進に関する法律」で，環境省・文部科学省・国土交通省・農林水産省・経済産業省の5省が共管する法律で，2003年7月に制定されたものである。

　国民一人一人の環境保全に対する意識を高め，持続可能な社会づくりにつなげてゆくことを目的としている。28条から成り，国，地方自治体，国民，民間団体などの責務が定められている。理念としては，環境保全活動や環境教育について，自発的意思の尊重，多様な主体の参加と協力，透明性および継続性の確保，森林や河川など自然環境を育成することの重要性の理解，国土保全，公益との調整，以下省略。

　ここで環境教育は「環境の保全についての理解を深めるために行なわれる環境

保全に関する教育および学習」と定義されている。現在の社会的難関の中で、特に地球環境そのものの存続に危惧が現れている今日にあって、大変に重要な役割を演じることと考える。

この法律に準拠し、学習指導要領の改定も含めて、学校教育の場で児童・生徒等がどのような価値観を身に付け、自分の内的環境保全をも含めた教科内容の総合的内容の構築が必要であろう。特に人間の命の尊厳を守る学問体系を包括した環境保全への意識の高揚、持続可能な社会づくりに連動し、心身の調和のとれた人材育成につなげてゆくことが、今回の東日本大震災からの学びでもあろう。

現実の人の生き方や心の神髄に据えた現実の人間環境の存続を視野に入れた人類生態学、地球環境の存続として人類の生存を充分に教育の中に導入してゆくことがこれからの国の、地球の、人類の存続として、この価値観や生きる道を一体化させてゆくことが肝要と考え、これらの導入を教育生理・生態学として今後とも展開させてゆく所存である。

結びに代えて

教育学研究科に在籍していた大学院時代より、人間生態系を土台とした環境衛生学および環境教育を常に学校教育の現場にどう生かせるかを自らの生きる道の拠り所として、生きてこられたことに深謝する。この過程で沢山の恩師に出会えたことに深謝する。またこのような道を歩ませてくれた「銃後の守り」、祖母阿久津ひての存在に感謝する。

祖母の全身全霊を捧げ4人の子どもたち（子どもたちにとっては曾祖母であり、祖母にとってはひ孫）への育児支援、成長した4人の子どもたちは、医学部、文学部、相関理化学、法学部と異なる分野を専攻し、各自の専門領域での学位論文を完成させ、職業人としての社会貢献も果たしつつ、それぞれが、家族を持って真剣に生きるその姿に生前の祖母の教育理念を重ね、偉大なる地球上に共存する人々を包括する自然生態系の中での人間の営み、大地に根付く人類の存続として、心からの敬意を表し神の存在に深謝したい。

最後に、現在の筆者の教育研究の場、東京福祉大学大学院理事長中島範名誉博士と本学の創立者中島恒雄博士に深謝し、東京福祉大学の発展に自らの命の根源

を見出してゆきたい。また，東京福祉大学大学院で教育研究に携わる教職員の皆様と沢山の可能性を持って未来の教師・養護教諭を目指す学生の皆様方が，本学での充実した学びをもって，社会に貢献してゆかれることをここに祈念し，結びとしたい。

　この書が，学部教育の高度化個別化研究プロジェクトの一環として，福祉の理念を基盤にした養護教諭課程とその成果に資すると共に，更に充実した東京福祉大学大学院教育学研究科博士課程の設置とその成果に資することが出来れば望外の幸せである。

　　　　平成23年8月15日（終戦記念日）　　伊勢崎キャンパスにて

鈴木路子　略歴

昭和15年12月10日　上海に生まれる
昭和23年4月　　　水戸市立常盤小学校入学
昭和31年3月　　　東京都文京区立第1中学校卒業
昭和34年3月　　　東京都立小石川高校卒業
昭和38年3月　　　お茶の水女子大学文教育学部卒業
昭和41年3月　　　東京大学大学院教育学研究科修士課程卒業
昭和45年3月　　　東京大学大学院教育学研究科博士課程単位取得

＜学位＞
昭和41年3月　　　教育学修士（東京大学）
昭和58年3月　　　教育学博士（東京大学）

＜職歴＞
昭和45年4月　　　東京都民生局児童部主事（東京都立足立高等保母学院専任講師）
昭和49年12月　　　東京学芸大学教育学部講師
昭和52年4月　　　同上　　　　　助教授
昭和61年4月　　　同上　　　　　教授
昭和50年4月　　　東京学芸大学大学院教育学研究科修士課程専任講師
昭和52年4月　　　同上　　　　　助教授
昭和61年4月　　　同上　　　　　㊥教授
平成8年4月　　　東京学芸大学大学院連合学校教育学研究科博士課程，㊥教授
平成16年3月　　　同上　退官
平成16年4月　　　東京学芸大学名誉教授
平成16年4月　　　東京福祉大学社会福祉学部保育児童学科長・教授
平成21年4月　　　東京福祉大学教育学部長・教授
平成23年4月　　　東京福祉大学大学院教育学研究科臨床教育学専攻研究科長・㊥教授，現在に至る

＜海外調査歴＞
昭和56年度　日本学術振興会特定国派遣研究員（インドネシア。5か月間）
昭和63年度　文部省海外研究員（ブラジル，ボリビア，アメリカ）
　　　　　　「生気象学的にみた小児の環境適応能の発達に関する生理人類学的研究」

＜科研関係（研究代表者）＞
教室内視環境の調和に関する実験的研究―障子導入による教室内環境因子の緩和と児童の反応に視点をおいた環境保健教育教材開発―
　　研究機関1997～1999
　　研究分野：教科教育　研究種目：基盤C　研究機関：東京学芸大学
改質羊毛繊維のMRSA等薬剤耐性菌への抗菌性と環境浄化作用に関する応用開発試験研究―院内感染防止・環境保健対策として，羊毛繊維素材の医用材料への応用研究―
　　研究期間：1996～1996年度
　　研究分野：環境保全　研究種目：基盤研究A　研究機関：東京学芸大学
環境教育教材開発に関する基礎研究―森林内空気環境の実態を探る―
　　研究期間：1990～1990年度
　　研究分野：教科教育　研究種目：一般研究C→基盤研究C
児童生徒，学生の生活構造と生体リズムに関する健康教育学的研究―主体的学習教材開発に関する実験的研究―
　　研究期間：1990～1990年度
　　研究分野：教科教育学　研究種目：一般C　研究機関：東京学芸大学
人工環境が小児の温度適応能の発達に及ぼす影響に関する実験的研究
　　研究期間：1980～1980年度
　　研究分野：体育（環境生理）　研究種目：一般C　研究機関：東京学芸大学

＜私立学校事業団による経費補助＞
課題名：福祉の理念を基盤にした「養護教諭」養成課程設置とその成果に関する実証的研究―学生の教育実践体験場面からみた授業過程への改善―
　　研究期間：平成20年度～平成22年度
　　研究分野：学部教育の高度化・個性化支援群，教育・学習方法等改善支援
　　研究機関：東京福祉大学大学院

人間環境教育学
―教育生理・生態学的アプローチ―　　定価（本体2,600円＋税）

2017年（平成29年）3月1日　初版発行

著　者　　鈴　木　路　子
発行者　　宮　原　佑　弘
発行所　　㈲家政教育社
〒112-0015　東京都文京区目白台3丁目21番4号

発売元　　株式会社 建帛社 KENPAKUSHA
〒112-0011　東京都文京区千石4丁目2番15号
TEL（03）3944-2611
FAX（03）3946-4377
http://www.kenpakusha.co.jp/

ISBN 978-4-7679-2109-9　C3037　　　印刷・製本　信毎書籍印刷
Ⓒ鈴木路子，2017.　　　　　　　　　　Printed in Japan

本書の複製権・翻訳権・上映権・公衆送信権等は株式会社建帛社が保有します。
JCOPY〈出版者著作権管理機構 委託出版物〉
本書の無断複製は著作権法上での例外を除き禁じられています。複製される場合は、そのつど事前に、出版者著作権管理機構（TEL03-3513-6969，FAX03-3513-6979，e-mail：info@jcopy.or.jp）の許諾を得て下さい。